智慧思政：
中学思政课活动教学实践

孟祥萍 ◎ 主编

王志安　王瑞梅 ◎ 副主编

上海教育出版社
SHANGHAI EDUCATIONAL
PUBLISHING HOUSE

序

　　"智慧"是一个耳熟能详的词,看起来平常,细想起来却又意味深长。我们不妨用《辞海》的解释去理解,"智慧是对事物能认识、辨析、判断处理和发明创造的能力,或曰思维能力,如智慧过人,犹才智、智谋"。其中有一层深意,就是说智慧要有一种判断力,这种判断力是能够帮助人认识世界和改造世界的。智慧就像一座桥梁,它把深思熟虑的"认识"和敢作敢为的"实践"连接在一起。这样看来,智慧的实现是需要做一件事情的,做一件把感性认识上升到理性认识的事情。这还不算完结,智慧的实现还需要将理性认识进一步转化为德性的行动,如此,智慧才有实现的可能。

　　智慧的实现经历了"感性—理性—行动"的逐层进阶,但从感性上升到理性是需要方法的,从理性转化为行动也需要方法,这里的方法也一定是智慧的方法。智慧的方法需要生活经验和理论知识的支撑,更需要主体的认知自觉和实践自觉。但是,此时的智慧实现也仅是一种经验的判断和总结,还不能上升到学术的高度。因此,我们还需要将这个朴素经验,进一步地抽象为理论之学。这样,智慧才可能逐步上升为一门学问,或者称其为智慧之学。智慧之学的创始人是中国现当代著名哲学家与哲学史家冯契先生。

　　冯契先生初学于清华,后来成为华东师范大学哲学系的创始人。冯契先生早年在清华大学读书期间,师从金岳霖、冯友兰、汤用彤等哲学大师,系统地学习了中国哲学和西方哲学思想。冯契先生在求学期间便对"智慧"产生了研究兴趣,他的本科毕业论文的题目就是《智慧》,在晚年时又写出了《认识世界和认识自己《逻辑思维的辩证法》《人的自由和真善美》(合称为《智慧说三篇》)，为后辈继续研究智慧之学提供了重要参考。

1950年，冯契先生提出一个重要的哲学表述："化理论为方法，化理论为德性。"这是"智慧说"的构建原则，一方面要让哲学的抽象理论转化为可以指导行动的方法论，另一方面，哲学理论还需要转化为人们能够理解并达到的人格与品性。智慧的实现是需要经历检验的，需要经过理论的检验，也需要经过实践的检验。换言之，智慧的实现需要理论联系实际，并且转化为具体行动。如果做不到"化理论为方法，化理论为德性"，也就无法完成智慧的实现。智慧之学与教育的结合，正是对智慧之学的实践与检验。在这方面，我们非常信服智慧教学实践的提出者和倡导者——华东师范大学第二附属中学的孟祥萍老师。

孟祥萍老师和她的团队把冯契先生"智慧说"在基础教育领域付诸实践，具有开创性意义。我们为其在理论与实践中所取得的教育教学成果感到钦佩与高兴。这一路的智慧实践一定是不易的，需要付出太多的精力和心血。孟老师的智慧教学之路是从教近40年，一步步蹚出来、一关关闯出来的。孟老师始终认为教育的目的不仅是知识的传授，更需要启发学生的智慧、塑造学生的人格。智慧教学在于激发教师与学生的主体自觉，在教师的启发之下，学生能够实现转识成智、化智成德。孟老师的智慧教学是符合新时代中国教育改革发展方向的，具有前瞻性、引领性和实践性。

孟老师在2014年出版过一本关于智慧教学的书，书名叫《追寻智慧：思想政治课智慧教学探索与实践》，这本书是孟老师对智慧教学的一种实践性的阐述。今天这本《智慧思政：中学思政课活动教学实践》在理论层面更进一步，以智慧理论为牵引，延伸和辐射出更加广泛和多元的智慧之课。应该说，这本书是凝结了孟老师从教近40年的智慧教学经验的升华之作，对广大思想政治课教师上好思想政治课大有裨益。

2023年，在第三十九个教师节到来之际，习近平总书记在致全国优秀教师代表的信中指出："教师群体中涌现出一批教育家和优秀教师，他们具有心有大我、至诚报国的理想信念，言为士则、行为世范的道德情操，启智润心、因材施教的育人智慧，勤学笃行、求是创新的躬耕态度，乐教爱生、甘于奉献的仁爱之心，胸怀天下、以文化人的弘道追求，展现了中国特有的教育家精神。"孟老师用自己对教育的赤诚之心，不断地躬耕实践，真正做到了"启智润心"和"因材施教"。

孟老师的智慧教学是值得广大思想政治课教师学习和实践的。也真心希望，孟老师和团队编写的这本书能够帮助广大的思想政治课教师真正做到"化教育理论为教育方法"，真正实现"化教学知识为师生德性"。

夏国平 史俊

2024 年 4 月

目录

第一章　智慧思政：理念到实践 ·············· 1

第一节　智慧理论到智慧教学 ·············· 5

第二节　智慧教学到中学思政 ·············· 15

第三节　智慧思政到实践原则 ·············· 25

第四节　实践原则到活动教学 ·············· 34

第二章　思政小课堂典型活动 ·············· 51

第一节　生活体验 ·············· 53

第二节　教育戏剧 ·············· 62

第三节　案例研讨 ·············· 72

第四节　提出建议 ·············· 83

第五节　角色扮演 ·············· 95

第六节　时政演讲 ·············· 105

第三章　社会大课堂典型活动 ·············· 115

第一节　居委会选举调研 ·············· 117

第二节　社会参与 ·············· 128

第三节　实地考察 ·············· 138

第四节　模拟仲裁 ·············· 150

第五节　法律维权 ·············· 162

第六节　小课题研究 ………………………………………… 173

第四章　活动教学主要方法 …………………………… 187

第一节　对话教学 ………………………………………… 189

第二节　辩论式教学 ……………………………………… 200

第三节　"两难"处置 ……………………………………… 210

第四节　论证提纲 ………………………………………… 219

第五节　图表分析 ………………………………………… 229

第六节　微课制作 ………………………………………… 241

第一章

智慧思政：理念到实践

党的十八大报告把教育放在改善民生和加强社会建设之首,对教育提出了一系列新要求、新论断,首次提出"把立德树人作为教育的根本任务",坚强而有力地回答了这一事关党和国家前途命运的问题。它抓住了教育的本质要求,明确了教育的根本使命,符合教育规律和人才培养规律,进一步丰富了人才培养的深刻内涵,充分体现了党中央对教育事业的高度重视和优先发展教育的坚定决心。

思想政治课是落实立德树人根本任务的关键课程,立德树人是立育人之德与树有德之人的有机统一。立德树人也是有时代性的。立德,即立成"人"之德,这里既包含着成为人的共同德性,更是指向立时代之德,即时代的共同道德。作为社会主义建设者和接班人、时代新人,还有其特定的道德要求,具体包括坚定共产主义理想信念、牢固确立社会主义核心价值观、厚植中华传统美德、弘扬民族精神和时代精神、树立全球观念和生态意识。树人,即培养社会主义建设者和接班人,是中国特色社会主义教育的一贯目的。对新时代而言,德智体美劳全面发展的社会主义建设者和接班人还应成为"担当民族复兴大任的时代新人"。新时代,落实立德树人根本任务就是要从时代发展的现实基础与问题出发,在教育教学过程中培养德才兼备、德智体美劳全面发展的人,培养合格的社会主义建设者和接班人。

把追求"智慧"看作思想政治课教学的要旨,这种构思与实践既是面对时代巨变的必然选择,又是对教育本质的遵循。

动荡时代需要智慧。如何应对世界百年未有之大变局,俨然已成为当务之急。人类比任何时候都更需要大智慧来应对百年未有之大变局,重新找回发展的机会。

智能时代需要智慧。随着人工智能、大数据等信息技术的创新与发展,人类社会正逐渐逼近新一轮技术变革的临界点。智慧社会有望作为一种新的社会形态加速到来,进而改变人们的生产、生活和学习方式。人工智能的快速发展对教育提出了新的要求,全球正在积极摸索未来教育形式,加速培养适应时代要求的人才。

智慧教学意义重大,但又充满挑战。一方面,在教育教学实际中,"基于标准的教学"是评价教师教学的硬指标。虽然有教育专家提出要实行"基于标准又高于标准的教学",但在具体学科的教学实践中,缺乏方向指引与路径指导。所以,思想政治课教师在进行教学设计时,对于具有一定超越性的"智慧"理念的探索涉足甚少;另一方面,智慧的内容在古今中外典籍中莫衷一是,既有精深合理的意蕴,也有偏颇狭隘的认识。教师如何找到思想政治课教育教学与"智慧"内容的合理契合点,智慧如何体现在学生对社会的理解层面,如何表现为学生在一定情境甚至是不确定情境下对具体问题的解决能力方面,也是一大挑战。

如何在思想政治课教学中渗透"智慧",做一名智慧理念指导的思想政治课教师? 解决这个困惑,有以下几个问题需要阐述清楚:

第一,思想政治课教学中所追求的"智慧"究竟为何物,即思想政治课的智慧教学是在何种哲学理念的关照下展开的? 智慧教学与我们平时所说的教师的教学智慧有何关系?

第二,哲学中的"智慧"何以与思想政治课教学相融通,即智慧理念与思想政治课的关系是怎么样的。尤其是作为活动型学科课程,思想政治课应该如何设计才能更好地体现"智慧"理念的内涵?

第三,思想政治课的教学要做到有智慧,需要坚守哪些教学原则(基本方向)? 在"双新"推进过程中,如何把"智慧"的达成与学科核心素养的培养紧密结合起来,形成可视化的、对教师有明确指导的智慧教学路径?

第四,具体而言,智慧教学的落地与教师自身的素养密切相关,没有智慧型教师就没有智慧教学,智慧型教师的要求和表现是什么? 教师如何以学生的智慧生成为目的去进行教学设计? 智慧教学的成效如何表现为学生素养的发展?

上海市徐汇区教育学院　王志安

华东师范大学第二附属中学　孟祥萍

智慧理论到智慧教学

一、从"智慧"说起

古今中外,"智慧(wisdom)"是人类所关注的核心母题之一,追求智慧向来是今昔贤者的生命理想。就教育的任务而言,教育是培育人、塑造人的实践活动。尤其是人文学科,本质就是让学生在课堂内外的教育中,感受到人类社会在与种种困难的斗争中所取得的伟大成就,感受到人类真、善、美的力量,并从内心深处激发个人对真、善、美的追求,树立为人类和社会的持续进步做出自己努力的理想,形成健全人格,促进个人发展。如何建构一种"良善的"教育,怎样创获一种"智慧的"思想政治教育,这就要先从"智慧"两字说起。

(一)"好好存在"与"充满问题"的矛盾

对于智慧的讨论,可谓汗牛充栋,各家研究莫衷一是。总的来说,中外哲学家对智慧的理解有着千差万别,但它们都反映了人类对于真理、人生和人类自身的思考和探索,凸显了智慧的实践价值和人文价值。但在有些哲学思想中,例如印度哲学中,智慧通常被理解为对于真实本性的领悟,佛教哲学中,智慧即是"智慧禅",是通过对内心的观察和反思获得的。脱离了实践谈智慧,智慧就成了无源之水。

我们站在马克思主义立场,用辩证唯物主义和历史唯物主义的方法研究智慧,最根本的一点,就是从现实的人——从事着实践活动的人出发,去理解智慧。对此,我们认识到,研究智慧就必须从现实的人的境况来理解,这是用历史唯物主义眼光理解智慧的第一要义。马克思指出："整个所谓世界历史不外是人通过人的劳动而诞生的过程，是自然界对人来说的生成过程。"① 马克思说的人，是"现实的人"，换言之，"人的本质并不是单个人所固有的抽象物。在其现实性上，它是一切社会关系的总和"。② 他是在一定社会关系中，从事感性实践的活生生的能动者。离开现实的人，对智慧的理解只能停留在形而上学的抽象维度，而不能深入到感性具体中去。研究智慧之道，就要关注人，正所谓"道不远人"。

对于现实的人来说，"好好存在（well—being）"是重要的生命活动。"好好存在"是哲学的关键概念之一，其中的"存在（being）"具有多重含义，在存在论的语境中，人生在世，就是一种 being。莎士比亚（William Shakespeare）在《哈姆雷特》（Hamlet）中对人的存在提出终极感慨："是生存，还是毁灭。"（To be or not to be.）。人不仅要存在着，人更要"好好（well）"存在着。哲学家亚里士多德（Aristotle）在其著作《尼各马可伦理学》（The Nicomachean Ethics）中深入探讨了人如何才能"幸福地"度过一生，大多数译者索性把 well-being 翻译成"幸福"。亚里士多德为我们的"好好存在"指出两条道路，一条道路是人要合乎德性（virtue）地生活，另一条道路是进行思辨活动。"好好存在"不仅是哲学家的终极思考，也是教育的核心使命。联合国教科文组织曾经对教育的发展和改革提出了一个纲领性的文件，它的中心要义即"学会生存（learning to be）"③。人要学会学习、学会生活、学会做事等，而这一切最终瞄准的正是"好好存在"这个"靶心"。其实，在每个人的生命体验中，如何安排好生活、安顿好心灵、安置好生命之价值也始终为我们所关切（care）。

然而，要真正地去感受存在的美好，妥善地安顿自己生活，并不容易。因为，我们存在于世（being in the world），每天都要和世界打交道，遭遇人与事，而其中充满了各式各样的"问题（problem）"。如果有什么东西是人的存在须臾不可离的，除了空气、水之外，也许就是种种"问题"了。那么，世界上有哪些与人的存在相关的问题呢？马克思提出，"生命的生产——无论是自己生命的生产（通过

---

① ［德］马克思、恩格斯：《马克思恩格斯文集（第 1 卷）》，中共中央马克思恩格斯列宁斯大林著作编译局编译，人民出版社 2009 年版，第 196 页。

② ［德］马克思、恩格斯：《马克思恩格斯选集（第 1 卷）》，中共中央马克思恩格斯列宁斯大林著作编译局编译，人民出版社 1995 年版，第 56 页。

③ 联合国教科文组织国际教育发展委员会编著：《学会生存——教育世界的今天和明天》，华东师范大学比较教育研究所译，教育科学出版社 1996 年版，呈送报告第 2 页。

劳动)或他人生命的生产(通过生育)——立即表现为双重关系：一方面是自然关系，另一方面是社会关系；社会关系的含义是指许多个人的合作"①。

可见，大致上有两类问题事关人的存在。一是人与自然的问题。人要存在就要和自然世界打交道，这个活动中涌现出了各种问题。一方面，人要生存下去，就要向自然索取、改造自然，把自然之物变为我之物，完成主体客体化的过程。但是，人类是有限的，自然是无限的，如何用有限抵近无限，如何理解这个"实然"向"应然"转变的过程，这是一个难题。另一方面，自然并非完全消极被动，它也用或猛烈狂暴或悄无声息的方式，改变着人类的生存方式，改变着人的技能水平与价值取向。人类过往的历史无可辩驳地表明，这种客体主体化的过程是我们必须认真对待的生存问题。

二是人与他人甚至与自我的问题。人类的生产活动从一开始就以社会生产形式出现。一方面，"我"和"你"之间充满张力。"我"离不开"你"，没有了"你"，社会就没有办法存在，人类也就发展不下去。同时，"我"和"你"之间又存在着紧张和冲突。霍布斯(Thomas Hobbes)曾经将人与人的关系比作"狼与狼"的关系。我们必须要想方设法在各主体间安顿好自己。另一方面，人还要处理好与自我的关系。青年马克思曾就此问题提出了穿透性的概念"异化(alienation)"，其字面含义是"陌生化"，即人明明应该最熟悉自己的情志、能力，为什么在一定条件下，人连自我都不认识了呢？哲学家加缪(Albert Camus)用小说《局外人》(L'Étranger)生动地揭示了人的某种生存境况，即人遗忘了自己，遗忘了自己的存在和生活。

一端是人的存在，另一端是充满问题的世界。人如何才能面对来自世界的各种问题的拷问，处理好与自然、他人，甚至与自身的关系，从而安身立命，好好存在呢？答案是智慧。唯有智慧，才能帮助人类处理好从有限到无限、由此岸到彼岸的关系，在改造自然、改造社会与改造自身中获得自由。

(二)"化理论为方法、化理论为德性"的启示

哲学家冯契先生的"智慧说"哲学，给我们思考智慧议题以巨大的启发。冯

---

① ［德］马克思、恩格斯：《马克思恩格斯全集(第3卷)》，中共中央马克思恩格斯列宁斯大林著作编译局编译，人民出版社1960年版，第33页。

契先生是 20 世纪中国最有影响力的哲学家之一，是华东师范大学哲学系的学术奠基人，他的"智慧说"哲学近年来愈发受到海内外哲学界的关注。冯契先生在清华大学和西南联大时曾受教于金岳霖、冯友兰等哲学家，也曾赴延安参加革命。他将中国哲学、西方哲学、马克思主义哲学有机融合，结合他自己的生命实践，提出了具有原创性的哲学体系"智慧说"，其代表作有《智慧说三篇》，即《认识世界和认识自己》《逻辑思维的辩证法》和《人的自由和真善美》。

冯契先生"智慧说"的哲学世界，可谓致广大而尽精微。其中有一种思想启发了我们，为智慧教学提供了指引，点燃了我们运思的方向。这就是冯契先生所提出的"两化"思想，即"化理论为方法、化理论为德性"。冯契在《智慧说三篇》中指出："我在 50 年代中期提出了'化理论为方法，化理论为德性'这两句话，用以勉励自己，也勉励同学，用意就在于贯彻理论联系实际的方针，就是说理论联系实际可以从运用理论作方法和运用理论来提高思想觉悟两方面着手。我自己也确实是这样努力的。"①冯契先生关于"两化"的精彩论断，从一个侧面，揭示出智慧概念的丰富内涵。

第一，有智慧的人是懂得将理论转化为分析问题、解决问题的实际方法的人。有理论的人最多算作有知识，而由机械复述理论到熟练应用理论，从而分析解决各种问题，这中间还存在着巨大的鸿沟。从理论上看，马克思主义本身不仅是一种理论形态，更是一种思想和行动的指南。恩格斯指出："马克思的整个世界观不是教义，而是方法。它提供的不是现成的教条，而是进一步研究的出发点和供这种研究使用的方法。"②回到历史和现实中，我们也经常看到一些人虽然言必称马克思主义，却无法正确地运用马克思主义方法论指导生活实践，那些人在把理论变成方法的过程中失败了，常常陷入教条主义的泥沼。冯契先生强调"方法"，就是在强调智慧的动态方面，即智慧体现在分析问题、解决问题中的实践活动中。

第二，智慧始终把人的德性放在重要的位置。始终关注人的存在和发展是冯契哲学的一个鲜明特点。冯契曾经对广义认识论的核心问题意识做出如下表述："（1）感觉能否给予客观实在？（2）理论思维能否把握具体真理？（3）逻辑

---

① 冯契：《冯契文集（增订版）第 11 卷》，华东师范大学出版社 2016 年版，第 16 页。
② ［德］马克思、恩格斯：《马克思恩格斯文集（第 1 卷）》，中共中央马克思恩格斯列宁斯大林著作编译局译，人民出版社 2009 年版，第 691 页。

思维能否把握具体真理(首先是世界统一原理和发展原理)？(4)理想人格和自由人格如何培养？"①前三个问题是一般西方认识论或狭义认识论都关注的问题,而第四个问题则是冯契哲学与众不同的关注点,即探索理想人格的培育和发展。冯契先生强调把理论变成德性,便是强调理论在塑造人的本质力量中的重要作用,人的智慧除了知性、求真的一面,还包含着人的情感、意志、品格,是求真、求善、求美的综合统一。把理论与完整的人结合起来,进而打通理论王国和实践王国,是许多哲学家忽略的地方。

冯契先生"化理论为方法、化理论为德性"的思想强调的是在求知的过程中,增长与外在世界打交道的本领,也提升人的心性境界。这与思想政治教育追求的目的是契合的。以高中新课标对思想政治课程性质的规定为例来分析,高中思想政治课紧密结合社会实践活动,讲授马克思主义基本原理,特别是马克思主义中国化最新成果,引导学生经历自主思考、合作探究的学习过程,理解中国特色社会主义进入新时代的历史方位,了解中国特色社会主义经济、政治、文化、社会和生态文明建设和党的建设进程,培育政治认同、科学精神、法治意识和公共参与等核心素养,逐步树立共产主义远大理想和中国特色社会主义理想,坚定中国特色社会主义道路自信、理论自信、制度自信、文化自信,基本形成正确的世界观、人生观、价值观,为终身发展奠定思想政治素养基础。在新课标规定里,蕴含着"化理论为方法、化理论为德性"的价值追求,无疑是一个与"化"有关的"春风行动"！

冯契先生的思想对教育启示的精妙之处在于"化"字。今天我们使用"化"字的基本含义是"变迁、变更、变换"。"化,易也。"运动着的世界,从无到有、从生到死、从蒙昧到开明、从传统到现代,其实就是一个变迁、变易、变动的"化"的过程。从传统文化的典籍中,能发现"化"字更丰富的内涵与中国古人的智慧。"和故百物化焉。"这里不仅是一个被动的变化过程,也强调了主动的创造方向。"化,教行也。""以礼乐合天地之化",说的是顺时应变,也是教化的本义。而我们日常生活中常说的"春风化雨,润物无声",就是教育追求的一种境界。

以中国式现代化全面推进中华民族伟大复兴,将是一个澎湃激越的历史巨变,在这个"化"的过程中,我们如何以文"化"人,引导学生健康成长呢？这既是

---

① 冯契：《冯契文集第4卷》,华东师范大学出版社1997年版,第41—42页。

对教师智慧境界的要求,也是对教师智慧外化——进行智慧教学的考验。

(三) 从"智慧"向"智慧教学"转变是教师的专业自觉

首先,从"智慧"转向"智慧教学"是专业理想之自觉。百年大计,教育为本;教育大计,教师为本。思想政治课教师是立德树人关键课程的育人主体,其最大的智慧就是政治智慧。这里的政治智慧就是自身应该厚植爱国主义情怀,要把马克思主义的信仰同中华民族伟大复兴的中国梦结合起来。如今,我们身处百年未有之大变局的时代境域,国内外环境深刻变化带来新机遇新挑战,这必然要求广大中学思想政治课教师以立德树人作为根本任务,通过智慧教学做好铸魂育人、启智增慧、为党育人、为国育才的育人工作。中学思想政治课归根结底是一门德育课程,它旨在让教师不忘教育初心,牢记教育使命,努力培养学生树立共产主义理想信念,引领学生坚定走中国特色社会主义道路,拥护中国共产党的领导,自觉践行社会主义核心价值观,矢志不渝地为中华民族伟大复兴而努力奋斗。

其次,从"智慧"转向"智慧教学"是专业方法之自觉。智慧教学的目的不仅是知识的传授,而且是一种从普遍学习向智慧学习的转变,即实现从"授人以鱼"到"授人以渔"的转变。智慧教学中的教师和学生以探究者和学习者的身份共同参与整个教学过程,在师生共同努力下发现问题、分析问题、解决问题,进而促进学生自主学习、自我教育、自觉践行。智慧教学的发起者是教师,而教师需要通过适恰的方式,引发学生合理思考并生成合乎教师与学生所需要的教学成果。教师智慧教学的关键在于"不愤不启,不悱不发。举一隅不以三隅反,则不复也"。进而言之,教师的教学要从教师"教"的重心转向学生"学"的重心,教师要做到有智慧地教,促使学生有智慧地学。当前,面对新高考的育人挑战,智慧教学理念下的政治教师需要把教材读"薄",把课程研"厚",把社会实践做"实",努力成为"一专多能"的教师,做好"经师",成为"人师"。

最后,从"智慧"转向"智慧教学"是专业德行之自觉。智慧教学的发起者是教师,教师需要通过智慧教学的方式满足学生的学习需要,最终实现转识成智、化智成德、化德成行。教师专业的德行自觉,体现在教学内容的学理化、教学方法的科学化、价值导向的素养化。学生通过教师的启发引导,逐渐在学习上能够做到独立思考、主动探究、自觉创造,进而在追求真、善、美的进程中不断做到"化理论为方法，化理论为德行"。学校的中学思想政治课总有一天会随着学生毕业而结束，但是如果学生在思想政治课的学习中获得了终身学习能力，那么即便他们遇到未知的境域、不解的难题，他们也能通过自觉的、正确的价值判断，作出理性的、正确的价值选择。

依此而言，在智慧教学理念下，师生能够在情景交融中共同参与，最终达成真、善、美的和谐统一，继而在马克思主义理论的指导下自觉走向扎根大地、自由忘我、探求智慧的新天地，而这正是一种理想的智慧教学境界，也是一名政治教师需要终身思考并努力达到的育人目的。

二、智慧教学理念

中国特色社会主义进入新时代，以习近平同志为核心的党中央坚定地提出要把培养社会主义建设者和接班人作为我们培养人的目标。智慧教学围绕的教育课题就是解决好"培养什么人、怎样培养人、为谁培养人"的问题，即在立德树人的教育过程中实现为党育人，为国育才。智慧教学的内涵需从教师教育、学生培养、教育技术三个层面展开论述。

（一）智慧教学的三重诠释

首先是教师教育视域下的智慧教学。从教师教育的角度看，"智慧教学"是教师在教育工作中所获得的一种卓越杰出的能力，是在经验的积累和理性的反思中不断生成和提高的高超教学艺术。[①] 教师的经验积累主要从教学目标、教学过程、教学环境、教学方法、教学评价等方面予以展开，而这些经验的积累有助于提升教师教学的智慧，进而增进学生学习的智慧。需要指出的是，智慧教学不同于教学智慧，前者注重的是普遍意义上的教学之智，而后者注重特殊场域下的教学之智。因此，教师教育视域下的智慧教学，主张教师通过在教学实践中依据自身对教育理论、教育现象和教学实际的感悟与反思，逐步形成较为稳固的综合

---

① 孟祥萍：《追寻智慧——思想政治课智慧教学探索与实践》，复旦大学出版社2014年版，第4页。

的教育教学能力。

其次是学生培养视域下的智慧教学。从学生培养的角度看,智慧教学的终极目的是使人成人,即使学生获得终身发展能力。学生培养视域下的智慧教学,其出发点和落脚点不是教师而是学生。智慧教学的发起者通常是教师,因此教师要充分发挥学生的主体地位,引导学生学会学习。教师应尝试以学生为学习中心,以个性化、泛在化、协作式、探究式为特征的新型教与学方式,探索培养学生的创造性思维能力,以及综合分析问题和解决问题的能力,继而逐步提高教育教学效果。因此,智慧教学培养学生的目的不单是学会知识,而是在学会学习的过程中学会求知、学会做事、学会共处、学会生存。

最后是信息技术视域下的智慧教学。从教育技术的角度看,智慧教学与人工智能和计算思维紧密相关。教育技术基础上的智慧教学侧重于信息技术的运用,即通过借助物联网、云计算等信息技术手段打造一种感知化、泛在化的数字教育。但是,从信息技术的视角考虑智慧教学,在一定程度上忽略了教书育人的情感层面。换言之,信息技术视域下的智慧教学可以解决"学到了"的问题,但是还不能解决"学会了"的问题,更不能解决培养学生树立正确世界观、人生观、价值观的问题。

(二) 智慧教学是教师教学的法宝

教师是智慧教学生成和运用的育人主体。智慧教学中的教师是智慧的,其中的智慧包括坚定的教育信念、过硬的学科专业能力、清晰的自我认知能力、充沛的社会情感能力、富有创设教学情境的能力、自觉的批判反思能力等六个方面。第一,在教师坚定的教育信念方面,教师能够以立德树人为根本要求,热爱社会主义教育事业,树立共产主义理想信念,具备积极的探知求索精神。第二,在学科专业能力方面,教师能够展现出熟练的陈述性知识、程序性知识、策略性知识,并且能够顺利地实现从陈述性知识到程序性知识的转换。第三,在教师清晰的自我认知能力方面,教师能够对自我持肯定的态度,能够自我认知并发展自我,在本能、自我与超越自我之间能取得平衡发展。第四,在教师充沛的社会情感能力方面,教师能够驾驭自己的情绪,与学生建立和谐的师生关系,具有引导学生负责任地分析和解决实际问题的能力。第五,在教师富有创设教学情境的能力方面,教师能够主动将课堂主导者的身份向学生学习的陪伴者、支持者、设计者转变,进而成为学生的人生导师。第六,在教师自觉的批判反思能力方面,教师着力改变陈旧的教育教学观念,在教学反思中唤醒自我成长的意识。

善于智慧教学的教师除了具备显性的陈述性知识、程序性知识、策略性知识之外,还存在着一种"只可意会不可言传""日用不知""隐而未发"的缄默知识。教师在教育教学过程中通常具有缄默知识,这种缄默知识通常不具有显性特征的批判性意识,不能通过显性的语言、行为、符号表现出来,也不能以特定或正式的形式表现出来。表面来看,缄默知识与显性知识毫无关联,但实际上二者存在着相互关联相互影响的关系,二者是教师完整知识体系的必要构成。缄默知识与显性知识具有较强的互补性,显性知识可以通过适当方式将缄默知识"化显为隐",而缄默知识也可以通过显性知识"化隐为显"。

(三) 智慧教学是激发学生学习智慧的锦囊

首先,智慧教学需要由"教"转向"学"。智慧教学在一定程度上是通过教师智慧的"教"转化为学生的"学"。联合国教科文组织曾在《学会生存——教育世界的今天和明天》《教育：财富蕴藏其中》《反思教育,向全球共同利益的理念转变?》三份报告中,强调学会学习和终身学习的重要性,并认为学会学习能够为个体的终身学习提供有益支持。智慧教学需要教师引导学生从一般意义上的接受学习、发现学习、机械学习、有意义学习转向一种面向高阶思维能力的深度学习。深度学习实际上是一种算法思维或计算思维,其核心是对人脑思维深层次学习的模拟,通过模拟人脑的深层次抽象认知过程,实现计算机对数据的复杂运算和优化。深度学习中的算法思维或计算思维需要教师理解其中的抽象运作过程,引导学生逐步实现思维的深度进阶。

其次,学生的缄默知识需要教师通过智慧教学得以转化。缄默知识和显性知识共同构成个体完整的知识体系。从教学过程的角度看,缄默知识与显性知识之间并没有严格意义上的楚河汉界之分,而是存在着一种"连续性"或"谱系"现象。进言之,缄默知识和显性知识不仅没有边界区分,而且可以相互转化。缄默知识转化为缄默学习,则需要通过适当调节以达到转化为显性知识的目的,而这个调节的中介是教师。教师需在教学过程中通过设定情境、提供支架、设置任务、适时展示、及时反思等形式,能够在"寓教于乐"中转化为"寓教于学"。

最后,学生的学习需要从浅度学习迈向深度学习。浅度学习重视学习内容的具体事实,并试图进行记忆,而深度学习则重视学习内容的核心观点和中心思想,并进行理解性记忆。"深度学习"包括三个核心理念,即知识学习的充分广度(Sufficient Breadth),可称之为"无边界学习";知识学习的充分深度(Sufficient Depth),可称之为"沉浸式学习";知识学习的充分关联度(Multi-Dimensional Richness and Ties),可称之为"意义建构学习"。概言之,智慧教学理念下的深度学习有助于学生自觉做到:博学之,审问之,慎思之,明辨之,笃行之。

华东师范大学第二附属中学　华厦

第二节　智慧教学到中学思政

　　智慧教学理念浸润到中学思想政治课，在一定程度上是育人方法的智慧转型。正如习近平总书记在哲学社会科学工作座谈会上的讲话中所说："社会总是在发展的，新情况新问题总是层出不穷的，其中有一些可以凭老经验、用老办法来应对和解决，同时也有不少是老经验、老办法不能应对和解决的。"[①]无论老经验还是老方法，解决新题和难题的关键不在于方法的新旧，而在于方法是否得当。中学思想政治课的教学需要合适的育人方法，即智慧教学的育人方法，要将生活中的人培养成有素养的人。中学思想政治课作为活动型学科课程，实现"从生活化走向素养化，堪称课程改革路途中的又一个里程碑"。[②]

一、中学思想政治课是智慧教学的重要价值依归

　　中学思想政治课中的活动是逻辑思维的活动，是认知学习的活动，是社会实践的活动。智慧教学活动的重要功能在于激活学生思维、引导智慧学习、开展智慧实践。

---

　　① 习近平：《习近平在哲学社会科学工作座谈会上的讲话》，《人民日报》2016年5月19日，第2版。

　　② 韩震、朱明光：《普通高中思想政治课程标准（2017年版2020年修订）解读》，高等教育出版社2020年版，第43页。

（一）中学思想政治课浸入智慧教学符合时代需要

智慧教学浸入新时代的中学思想政治课是落实立德树人根本任务的生动体现。从智慧教学的立意层面来说，智慧教学有利于与时俱进发展中学思想政治课，有利于学生问题解决能力的提升，有助于陶冶学生的道德品性。上好中学思想政治课离不开"培养什么人、怎样培养人、为谁培养人"这三个问题。"培养什么人"是中学思想政治课的教育目标，"为谁培养人"是中学思想政治课的教育任务，"怎样培养人"则是中学思想政治课的方法所在。需要指出的是，这种方法并不是有固定模式可以套用的机械之法，而是需要思想政治课教师根据世情、国情、社情、学情所进行的有智慧教学活动的实践。

为党育人、为国育才是立德树人的要旨，同时也是智慧教学活动的价值遵循。中学思想政治课提高政治站位需要把握世界局势的智慧。当前，我国正处在实现中华民族伟大复兴的关键时期，而世界百年未有之大变局正在加速演进。世界潮流表面风平浪静，但是内部却是暗流涌动，世情、国情、社情、学情正发生深刻变化。如此一来，中学思想政治课对学生进行意识形态教育即成为党和国家推动社会主义现代化建设的必然要求和必然趋势。习近平总书记在省部级主要领导干部坚持底线思维着力防范化解重大风险专题研讨班上指出，要"引导广大青年形成正确的世界观、人生观、价值观，增强中国特色社会主义道路、理论、制度、文化自信，确保青年一代成为社会主义建设者和接班人"。面对复杂的国内外环境，政治教师需要用智慧教学，完成好努力培养担当民族复兴大任的时代新人的重要使命。

中国特色社会主义进入新时代，这要求中学思想政治课需要智慧教学的支持，而其中的教学活动必然要体现时代性和发展性。面向"未来已来"的教育，"跨越围墙""智能教育""云端教育""自由学校""知识服务"等众多教育现象出现，人的学习内容变得更为丰富、方式更为多样、评价更为多元。中学思想政治课如何在当下既要培养学生成为社会主义合格建设者和可靠接班人，又要帮助学生适应整个变化的时代，都需要政治教师通过智慧的教育，用伦理道德之学来感化学生，同时还要引导学生认识到，未来社会不需要只会重复旧知的人，而是需要学会做人、学会做事、学会终身学习的人。

（二）智慧教学有利于提升学生问题解决能力

中学思想政治课力求通过构建活动型学科课程，并通过实践教学实现立德树人的育人目标。高中思想政治课程标准中指出，高中思想政治是帮助学生确立正确的政治方向、提高思想政治学科核心素养、增强社会理解和参与能力的综合性、活动型学科课程。初中道德与法治课程旨在引导学生积极参与社会实践活动，把知识运用于社会，服务于人民，强化学生的社会责任感，提高他们的实践创新能力。中学思想政治课强调的"活动"不能完全理解为外部的社会实践，而应该是既有认知进阶的智慧活动，又有实践理性的智慧行动。

现代认知心理学将知识分为陈述性知识和程序性知识两种类型，前者注重符号表征、概念、命题，而后者注重操作和实践。经济合作与发展组织（OECD）将知识分成四类："知道是什么"的知识、"知道为什么"的知识、"知道怎样做"的知识、"知道是谁"的知识。知识的划分形式虽然多样，但是离不开认知和实践两大范畴。学生通过思想政治课的学习，能够在认知学习上积极发表见解，乐于科学探索，养成阅读习惯；在道德践行上做到遵守国法校纪，自觉礼让排队，保持公共卫生，爱护公共财物。

中学思想政治课的知识也可以依照上述方式进行分类。诸如国体、政体、生产力、生产关系、物质、意识等属于"知事类知识"，国体与政体、生产力与生产关系、物质与意识等关系属于"知因类知识"，人大代表如何行使职权、如何处理市场与宏观调控的关系、如何正确作出价值判断和价值选择等属于"知能类知识"，人类社会发展基本矛盾和基本规律则属于"知人类知识"。就高中阶段的学生而言，他们具有一定的独立思考能力，即可以将所学的原理性和方法论知识转化为可操作的实践行为，从而提升其问题解决能力。

（三）智慧教学有助于陶熔中学生的道德品性

面向新时代，开展好作为德育课程的中学思想政治课，关键在于把握"立德树人"此四字的智慧本义。习近平总书记在 2014 年北京大学师生座谈会上指出："国无德不兴，人无德不立。"这说明道德是国家发展和个人成长的基础环节，进言之，国因德而兴，人因德而立。2019 年 3 月 18 日，习近平总书记在学校思想政治理论课教师座谈会上的讲话中指出，"思想政治理论课是落实立德树人根本任务的关键课程"。中学思想政治课作为一门显性德育课程,有责任将立德树人融入课程德育之中。

思想政治课教师培养学生的德行,其中的"德"不仅指道德品质和道德能力,还包括理想信念、人生价值追求,它是一个人的思想品德的综合体现,是一个人世界观、人生观、价值观、道德观的集中反映。思想政治课教师要有"化理论为德性"的智慧,旨在培养理想与现实统一、天与人、性与天道统一的自由人格。[1] 这意味着,教师需要将社会主义核心价值观这一大德融入课程之中,逐渐培养学生树立正确的世界观、人生观和价值观。因为,"人而无德,行之不远。没有良好的道德品质和思想修养,即使有丰富的知识、高深的学问,也难成大器"[2]。

中学思想政治课的育人智慧并不在于寻求教学技法的精妙绝伦,而是在教育理念上要以立德树人为根本,在教育内容上要善于构建新的知识体系,在教学方法上要灵活选择适当的方法和策略,努力做到知行合一。思想政治课教师要善于理论溯源和实践分析,力图把静态的知识体系转换成鲜活的思想阵地,提升中学思想政治课的思想性、理论性、针对性和亲和力,让学生在课程学习的过程中实现思维从感性具体到理性抽象,再到理性具体的完整发展。这就要求教师在教育教学中具备"转识成智"认知层面的育人智慧,以及"化理论为方法,化理论为德性"实践层面的育人智慧。

二、智慧教学是中学思想政治课目标达成的重要抓手

中学思想政治课作为活动型学科课程,重点应该"要把生活作为课程展开的基础,让学生感到思想政治课不是学习外在的东西,而是在探索生活和实践活动本身"[3]。

---

① 王向清:《"智慧"说及其对马克思主义哲学中国化的贡献》,《哲学动态》2006年第5期,第10—14页。
② 习近平:《之江新语》,浙江人民出版社2007年版,第64页。
③ 韩震、朱明光:《普通高中思想政治课程标准(2017年版2020年修订)解读》,高等教育出版社2020年版,第43页。

（一）智慧教学利于实现中学思想政治课认知活动的理性跃迁

实现中学思想政治课认知活动的理性跃迁,指智慧教学要使学生实现"从无知到有知"。中学思想政治课涉及的知识具有三个层次,即经验形态的知识、原理形态的知识、信息技术介入的复杂科学。[①] 经验形态的知识指代思政学科的概念知识,主要解决"知不知"的问题。原理形态的知识则是由概念整合为思政学科的知识链或知识群,主要解决"知多知少"的问题。信息技术介入的复杂科学则是在经验和原理知识的基础上,通过信息技术手段获取、衍生、生成新的知识,主要解决"如何获知"的问题。中学思政学科的知识包括政治学、经济学、哲学、法学等范畴。经验、原理、信息技术介入虽是知识的三个层级,但这并不意味着以经验为代表的知识学习是浅表的和简单的。

思想政治课教师不能盲目地忽视经验学习,转而追求原理和信息技术等高阶维度的知识学习。学习心理学认为,一个独立搜集和解释材料而没有动机的学生,其所运用的智力活动并不大于接受讲解式教学而没有动机的学生。这意味着,讲授式教学在一定程度上解决了学生"知不知""知多知少""如何获知"的问题。中学思想政治课作为一门活动型学科课程,首先面向的一定是生活经验的学习,学生需要从生活中了解经济、政治、哲学、法学——继而形成生活中的经济、生活中的政治、生活中的哲学、生活中的法学。简言之,中学思想政治课的认知学习需要从感性的生活出发,并在感性中分析和理解学习的理性意涵。

（二）智慧教学有利于中学思想政治课学习活动实现能力进阶

实现中学思想政治课认知活动的智慧跃迁,是指中学思想政治课的认知学习需要经历从"无知到有知",再到"转识成智"的学习进阶(Leraing Progress)。学习进阶是对学生在各学段学习同一主题的概念时所遵循的连贯的、典型的学习路径的描述,一般呈现为围绕核心概念展开的一系列由简单到复杂、相互关联

[①] 韩震:《知识形态演进的历史逻辑》,《中国社会科学》2021 年第 6 期,第 168—185 页。

的概念序列。① 例如,布卢姆教育目标分类方法的认知过程的类别划分为"记忆、理解、应用、分析、评价、创造"②六个纵向维度。简单的浅表学习指向"识记""理解""应用",复杂的深度学习指向"分析""评价""创造"。③ 中学思想政治课涵括的政治常识、经济常识、哲学常识、文化常识等基础知识,构成思想政治课学习的"识记""理解""应用"浅表学习层面,这一层面的学习得到稳固,有助于学生提高"分析""评价""创造"深度层面的学习效果。

中学思想政治课做到"转识成智"需要政治教师合理引导学生完成知识的进阶学习。具体而言,学生学习知识是一个"从不知到知""从少知到多知""从浅知到深知"的发展过程。没有马克思主义基本理论做认知的基础,学生的情感、信念、意志、行动就容易失去方向。这就要求政治教师引导学生对马克思主义基本理论、社会主义道德与法治、社会主义政治与文化等内容作出正确的理解和分析。政治教师自身务必要加强马克思主义基本理论学习,在此基础上,才能自觉、自信地向学生解释马克思主义理论的基本内涵,帮助学生对所学知识做到"知其然"和"知其所以然"。

中学思想政治课实现"转识成智"的飞跃,需要政治教师合理引导学生完成知行合一的学习。杜威认为学校培育学生的参与能力尤为重要,他认为"一切能发展有效地参与社会生活的能力的教育,都是道德的教育"④。陶行知主张教育要坚持做到六大解放,即"解放眼睛、解放双手、解放头脑、解放嘴、解放空间、解放时间"⑤,教育应以现实生活为基础,鼓励学生参与社会实践活动。进言之,教育的终极目的不是培养"书呆子",而是培养适应未来社会发展的社会主义合格建设者和可靠接班人。中学思想政治课强调的知行合一,就是要做到理论性和实践性相统一,这需要政治教师在理论阐释和实践教学方面共同发力。

---

① 刘晟、刘恩山:《学习进阶:关注学生认知发展和生活经验》,《教育学报》2012 年第 2 期,第 81—87 页。

② [美]安德森:《布卢姆教育目标分类学:分类学视野下的学与教及其测评》,蒋小平等译,外语教学与研究出版社 2009 年版,第 50—66 页。

③ 祝智庭:《智慧教育新发展:从翻转课堂到智慧课堂及智慧学习空间》,《开放教育研究》2016 年第 22 卷第 1 期,第 18—26 页。

④ [美]杜威:《民主主义与教育》,王承绪译,人民教育出版社 2001 年版,第 379 页。

⑤ 陶行知:《中国教育改造》,人民出版社 2008 年版,第 162 页。

（三）智慧教学有利于中学思政学科核心素养的整体形塑

实现中学思政学科核心素养的整体形塑就是要实现"化理论为德性"。具体而言，从认识论的角度看，"化理论为德性"实际上就是将既定的学理知识转化为人的道德品性，即能够做到理论联系实际，将理论转化为实践。理论转向德性共有三个机制：理性的直觉、辩证的综合、德性的自证。① 其中理性的直觉必须以辩证的综合来论证和表达。中学思想政治课的教学内容涉及政治、经济、哲学、法学、文化等诸多方面，而这些学习内容也具有一定的学理性。青少年学生从初中的感性认知向高中的理性认知转变还有一个过渡阶段，因此他们还难以直接用理性的直觉来学习思想政治课。反过来说，理性的直觉应该先由教师建立起来，教师要充分备课并且对所教授的内容充分研磨，才能真正理解教材、吃透教材、把握教材，进而利于其在阐释过程中帮助学生生成理性的直觉。

"素养"一词在《辞海》的解释是"平日的修养"②。中国学生发展核心素养，以科学性、时代性和民族性为基本原则，以培养"全面发展的人"为核心，是贯彻落实党的教育方针的具体表现。中国学生发展核心素养分为"文化基础、自主发展、社会参与三个方面，分别对应人文底蕴、科学精神、学会学习、健康生活、责任担当、实践创新六大素养，具体细化为十八个基本要点"③。核心素养的本义不在于学生能够知道什么知识，而在于学生能灵活地创造性地运用知识，并且运用这一知识解决问题，是实际解决问题能力的表现。

初中道德与法治课程要培养的核心素养，主要包括政治认同、道德修养、法治观念、健全人格、责任意识。教师应该在政治认同素养培育方面，使学生立志成为社会主义建设者和接班人，使学生认识到道德修养是立身之本，法治观念是行为指引，健全人格是身心健康的体现，责任意识是担当民族复兴大任时代新人的内在要求。高中思想政治学科的核心素养包括政治认同、科学精神、法治意识、公共参与四大方面。教师需要引导学生在政治认同方面做到坚定政治立场，

---

① 祯严、晋荣东：《略论冯契对"转识成智"问题的探讨》，《华东师范大学学报（哲学社会科学版）》1996 年第 2 期，第 23—28 页。
② 夏征农、陈至立：《辞海》，上海辞书出版社 2009 年版，第 2167 页。
③ 林崇德：《构建中国化的学生发展核心素养》，《北京师范大学学报（社会科学版）》2017 年第 1 期，第 66—73 页。

在科学精神方面做到辩证观点看问题，在法治意识方面做到法理审视，在公共参与方面做到主动和理性参与。

三、中学思想政治课与智慧教学是活动育人的双引擎

活动育人需要中学思想政治课和智慧教学的共同推进，一方面中学思想政治课为开展智慧教学提供平台，另一方面智慧教学是推动中学思想政治课发展的重要形式。中学思想政治课与智慧教学的高度配合，有助于在学生学习、教师教学、教学评价等方面使活动育人出效果。

（一）中学思想政治课与智慧教学共同指向智慧的学生学习路径

奥苏贝尔认为，学习主要包括接受学习、发现学习、机械学习、有意义学习等类型。[①] 有的学习既有接受学习的特征，也有发现学习的特征，既有机械学习的特征，也有有意义学习的特征。需要指出的是，我们不能片面地认为机械学习和接受学习就是低阶的学习方式。就当下的中学思想政治课学习而言，接受学习依然是学生学习的主要方式，教师和学生需要考虑的是如何将接受学习向有意义学习的方向转变。进言之，接受学习是值得提倡的，但是我们也不能忽视其他学习方式的作用。学生的学习最终是为未来的社会实践做准备的，他们在思想政治课的学习过程中虽然能够习得马克思主义基本理论，但只是停留在"知"的阶段，只有当学生的知识转化为行为时，才算整个学习过程的完结。

中学思想政治课的学习需要从浅层的识记学习走向深度的和关联的学习。就知识学习的充分深度而言，知识的充分深度与知识所表达的内在思想、认知方式和具体的思维逻辑密切相关，在诸多因素的相互交织过程中，渐趋形成沉浸式和进阶式的深度学习。就知识学习的充分关联度而言，知识学习不是单一的符号学习，而是一种对知识所承载的文化精神的学习，并且通过与学生的想象、情

---

① 何克抗：《教学结构理论与教学深化改革》，《电化教育研究》2007 年第 8 期，第 22—27 页。

感、思维的紧密联系实现对知识的意义建构。因此,教师既要把抽象的概念和原理与相关的事物和现象联系起来,也要把这些概念和原理与学生已有的知识和经验联系起来,并通过联系实际的方式向学生阐释,增进其对概念和原理的理解和应用。

（二）中学思想政治课与智慧教学共同面向智慧的教师教学路径

当下的青少年学生被称为"数字一代",其日常生活离不开电脑、手机、相机、游戏机等数字工具,而这些渗入生活的数字工具对认知、情感、行为习惯的影响是深远持久和潜移默化的。"数字一代"的学生期盼更加多样的学习方式,更加多元的个性化学习机会。思想政治课教师如果只会传统的教育方式,即便是近距离地接触学生,也难以全面地掌握学生的学习情况。为此,教师需要深入"数字一代"学生的学习习惯,熟悉数字教学的基本模态,采用灵活的教学方式,满足学生的学习诉求,有针对地提升学生思政学科核心素养。

思想政治课教师要善于利用 TPACK(Technological Pedagogical Content Knowledge)思维框架,具体要学会整合学科教学知识(PCK)、整合技术的学科内容知识(TCK)、整合技术的教学法知识(TPK),保持技术、学科知识和教学法三者的动态平衡,并智慧地、灵活地、富有张力地选择应用恰当的教学法、学科内容以及支持技术,促进学习者智慧学习的发生和智慧行为的涌现。[①] 教师可运用整合技术的教学法知识建构线上教学的互动系统,通过线上教学系统、作业系统、监考系统了解学生学情,便于学生围绕探究性问题展开讨论;运用整合技术的学科内容知识,即通过图文声像等形式加深学生对抽象的原理性知识的理解。

中学思想政治课的教学要求坚持理论联系实际,主要包括联系社会的实际和思想的实际,不但要联系国内外的重要时事、社会主义现代化建设中出现的新问题和新情况、各种社会思潮和社会时弊,而且要联系学生在学习过程中遇到的学习疑惑和思想问题。理论联系实际不是学生自觉就可以完成的,教师需要引导学生联系与自身相关的生活和思想,帮助学生正确地认识、分析和解决相关问题。思想政治课教师可以将教学内容扩展到家庭和社会当中去,通过社会调查、

---

① 祝智庭、贺斌:《智慧教育:教育信息化的新境界》,《电化教育研究》2012 年第 12 期,第 5—13 页。

志愿服务、社会实践等方式把课堂教学与课外活动结合起来，切实做到理论联系实际，达到教、学、做的有机统一。

（三）中学思想政治课与智慧教学共同探索智慧的教学评价路径

多元智能理论认为，每个人至少拥有语言、数理逻辑、音乐、空间、身体运动、人际交往、自我认识、自然探索等八大类别智能。据此，中学思想政治课对学生的评价也应该采取多元化的评价方式，即多种评价主体，通过多元的评价结果完成对学生学科核心素养作出综合评价。教师应主动搭建全程全方位的学习记录平台，利用课程录播技术、线上作业系统将学生平时的纸笔作业、时政演讲材料、创作的作品、合作探究过程进行数字化、动态化、循证化评价。

思想政治课教师应该发展地看待每一位学生。学生的平时表现、纸笔测验、社团活动都应该纳入评价范畴。进言之，中学思想政治课的评价要关注学生的个体发展，学生的每一点收获、每一点积累都应该及时记录并适时做出反馈。在纸笔测验评价方面，教师要注重发展性和增值性评价，在弱化排名的前提下，发现学生在学习过程中存在的普遍问题，并对可以弥补的学习空间予以重点记录，进而为改进教学方式提供科学的证据支撑。从评价结果来看，科学的评价能够让等级优秀的学生不会骄傲自大，能够让等级良好的学生发现不足，也能够让等级合格以下的学生不气馁。

高质量的学业水平考试有利于学生的应答展现出真实的素养和水平，这在很大程度上取决于评价情境的创设是否巧妙，能否使每个学生在该情境中愿意或必须真实地表现自己的素养发展水平。《普通高中思想政治课程标准（2017年版2020年修订）》提出，需要创设评价情境，情境设置要结构化。具言之，中学思想政治课的评价应该对源于真实生活的情境进行有针对性的建构，保留关键性的事实与特征，剔除无关紧要的细枝末节，创设信息支持充分的评价情境。思想政治课教师需要根据思想政治课的目标和内容，筛选典型情境用于命题，在确定情境的复杂程度时，可从多角度考量各种影响因素。

华东师范大学第二附属中学　孟祥萍　司建

第三节　智慧思政到实践原则

　　中学思想政治课的智慧教学对于构建智慧型课堂,促进学生自由而全面地发展,从而拥抱智慧人生意义非凡。随着课程改革的推进,学科核心素养凝练提出,这既反映了课程的出发点,也反映了课程的落脚点。学科核心素养是课程育人价值的集中体现,是学生通过课程学习逐步形成的正确价值观、必备品格和关键能力。

　　《义务教育道德与法治课程标准(2022 年版)》指出,道德与法治课程要培养的核心素养,主要包括政治认同、道德修养、法治观念、健全人格、责任意识。《普通高中思想政治课程标准(2017 年版 2020 年修订)》指出,高中思想政治学科核心素养,主要包括政治认同、科学精神、法治意识和公共参与。将智慧理念渗透于核心素养的习得,是智慧教育的重要目标。

一、在回答时代问题中厚植家国情怀

　　人的本质力量不仅仅是个人层面的自我实现。身处各种现实社会关系中的个体,敢于在时代发展进程中把握时代脉搏,探寻时代规律,不断回答时代课题,厚植家国情怀,是具备大智慧,将个人价值与社会价值实现统一的深刻体现。对个体的发展而言,其需要具备的素质是多样的,包括思想政治素质、生理素质、心理素质、知识素质等,在这些素质中,思想政治素质则是人最重要的素质。思想政治意识出现了偏差,其他素质难以达成,即使有所发展,也是缺乏价值引领的盲目养成。中学阶段作为学生成长成才的黄金时期,是学生明确价值取向,形成正确政治意识的关键阶段。此时，中学思想政治课上得好不好对于培育学生的思想政治素质无疑具有深远持久的影响。

《义务教育道德与法治课程标准(2022年版)》与《普通高中思想政治课程标准(2017年版2020年修订)》所提及的学科核心素养都有政治认同这一项，并且都把政治认同作为了首要的素养，在核心素养中占据主导地位。《普通高中思想政治课程标准(2017年版2020年修订)》指出，具有政治认同素养的学生，应能够：认同走中国特色社会主义道路是历史的必然，坚信中国特色社会主义是国家富强、民族振兴、人民幸福的根本保障，坚定中国特色社会主义道路自信、理论自信、制度自信、文化自信；拥护党的领导，领会中国特色社会主义最本质的特征是中国共产党领导，中国特色社会主义制度的最大优势是中国共产党领导，党是最高政治领导力量；明确社会主义核心价值观是公民最基本的价值标准，自觉践行社会主义核心价值观，树立共产主义远大理想和中国特色社会主义共同理想。《义务教育道德与法治课程标准(2022年版)》在论及责任意识时也强调这是担当民族复兴大任时代新人的内在要求，指出：要对自己负责，关心集体，关心社会，关心国家，维护祖国统一和国家安全，具备国家利益高于一切的观念。毫无疑问，无论是政治认同素养还是责任意识素养，这对教师而言，既是知识的引领，更是价值的航向，唯有深刻领悟和体会，方能为学生成长保驾护航。其他学科核心素养亦聚焦学生发展，从世界观、法治观、道德观、历史观等多角度体现着中学思想政治课的主流意识形态性，共同为培育勇担民族复兴大任的时代新人锚定方向。

培育学生的家国情怀，绝不是一朝一夕的事情。教师要通过各类活动、各种场景、各色手段，不断点滴积累，才能促使学生由内而外地坚定理想信念，养成胸怀天下的大情怀、大智慧。通过调查分析，中学生在思想政治意识提升方面还存在着以下问题。

首先，学生相关政治理论知识储备不足。知识是形成智慧的基础，对政治知识的了解一定意义上影响到接下来学生的政治辨别力和判断力。受限于年龄和学段等，中学生，特别是初中生接触到的党和国家的政治理论知识较少，并且一些学生对于党和国家的理论、方针、政策的主动关注意识不足，认为这些内容距离自己较远，这都使得学生难以获取足够的政治知识积累。

其次，学生政治情感易情绪化。中学生善于用感性思维去思考问题，理性思维能力还有待深化，因此在面对一些国内国际社会热点问题时，由于缺乏足够的理性分析能力，容易感性判断，被煽动情绪，极端者会借助网络发表一些有违事实的错误观点，甚至是在现实生活中做出违法违纪的行为，给自己、他人、社会带来负面影响。

最后，学生政治参与意识有待提升。不少中学生对于政治知识的学习只是为了应对考试，取得一个比较理想的分数，但是在实际参与政治生活方面则很茫然。一方面他们不知道通过何种途径去参与政治生活，另一方面他们会觉得参与政治生活离自己还太遥远，自己还不具备参与政治生活的能力。这无疑会阻碍学生的政治参与，从长远来看，不利于真正培养学生共产主义远大理想和中国特色社会主义共同理想。

思想政治课教师要学会引导学生在回答时代问题中厚植家国情怀。习近平总书记在学校思想政治理论课教师座谈会上强调："要坚持政治性和学理性相统一，以透彻的学理分析回应学生，以彻底的思想理论说服学生，用真理的强大力量引导学生。"落实政治性和学理性相统一，必须把政治性放在首位。思想政治课具有政治引导的特点，作为传授智慧的政治教师必须首先坚持正确的政治站位、政治方向和政治原则，才能更好地去讲授马克思主义基本原理和马克思主义中国化的成果。如果思想政治课教师的站位出了问题，不能把握立德树人的政治属性，那么必然没有办法引导学生坚定理想信念，形成对国家、对社会、对人民的高度责任感。同时，思想政治课教师必须理解当今时代发展特征，把握马克思主义时代化的要求，才能讲好时代问题，要在遵循教育教学规律的基础上，提升自身对理论问题的研究，对社会现实问题的解释，从学理的高度、深度、温度上打动学生，真正帮助学生不断坚定"四个自信"，增强政治认同感，养成责任意识。

二、在辩证思维中把道理讲清楚透彻

要想分析好、解决好各种问题，就需要掌握马克思主义的基本原理和方法。讲不清马克思主义的科学内涵和实践本质就难以让学生真正产生认同感，影响学生了解新时代中国特色社会主义经济、政治、文化、社会、生态文明建设和党的建设进程，难以使学生坚定中国特色社会主义道路自信、理论自信、制度自信、文化自信，没办法使学生形成正确的世界观、人生观、价值观。习近平总书记在中国人民大学考察时强调："思想政治课的本质是讲道理，要注重方式方法，把道理讲深、讲透、讲活，老师要用心教，学生要用心悟，达到沟通心灵、启智润心、激扬斗志。"把道理讲深、讲透、讲活，才能引导学生真学、真懂、真信、真用科学理论。如何把道理讲深、讲透、讲活，是一门大学问，也是一个系统工程，是对教师教学智慧的重要考验，需要教师付诸真心，用辛勤付出引领学生获取智慧。

马克思指出："理论只要说服人，就能掌握群众；而理论只要彻底，就能说服人。所谓彻底就是抓住事物的根本。"①思想政治课讲授的是马克思主义基本原理，讲授马克思主义中国化成果，特别是习近平新时代中国特色社会主义思想，是理论性极强的一门大学问。作为有智慧的思想政治课教师必然要坚持辩证唯物主义和历史唯物主义，引导学生学会运用矛盾分析法提出问题、分析问题、解决问题。《普通高中思想政治课程标准(2017 年版 2020 年修订)》在表述科学精神素养时指出，具备科学精神的学生应能够用马克思主义基本立场、观点和方法，观察事物、分析问题、解决矛盾；解放思想、实事求是，对经济、政治、文化、社会和生态文明建设的实践，作出科学的解释、正确的判断和合理的选择；感悟人生智慧，过有意义的生活；以锐意进取的态度和负责任的行动促进社会和谐。始终坚持在辩证思维中把道理讲清楚透彻，既是对教师自身专业本领的要求和提升，也是促进学生真正理解马克思主义科学性和革命性的必然选择。

思想政治课教师要在辩证思维中把道理讲清楚透彻，必须不断增强自身关键能力。首先，要掌握好看家本领，即深入研读马克思主义经典著作，这是教师具备自我学习能力的重要体现。如果教师本身对于马克思主义理论一知半解、似懂非懂、不懂装懂，那么必然会在课上、课下与学生的交流中闹出笑话，至此教师失去的不仅仅是学生的信任感，更会导致学生对马克思主义本身产生不认同感。思想政治课教师要学会以科研促教学，对于学生可能遇到的重难点问题，进行课前调研，把握学情，据此回应学生迫切的问题。

其次，要学会因材施教，用好各种教学方式方法，这是教师学科方法和思维能力的展现。知识内化为德性是一个渐进的过程，每个学生存在主体差异性，其能动性的发挥影响着创获智慧的数量与质量。每位学生都是独立的个体，具有

---

① ［德］马克思、恩格斯：《马克思恩格斯选集第 1 卷》，中共中央马克思恩格斯列宁斯大林著作编译局编译，人民出版社 2009 年版，第 11 页。

自身独有的发展特点，这就要求智慧的教师根据不同学校、不同班级、不同学生之间的主体差异性，灵活运用探究式、讨论式、启发式、讲授式、实验式、论证式等各类教学方法，从而引导每位学生的成长成才，领悟真理，觅得智慧。

最后，引导学生活用、用活道理，这是教师创新能力的表现。知识是零散的，学生不是为了学会知识而学习知识，也不是为了考取高分而死记硬背知识。这都违背了教育的初衷，不仅不能获取智慧，反而会演变为教条主义与本本主义。学生要学会举一反三，由此及彼，学会运用所学知识、道理去分析、解决其他问题，这就要求教师在面对学生提出的问题时，不着急给予解答，而是在循循善诱的过程中引领学生去探索背后的奥秘，打通学生的思维，锻炼学生综合素养，引导学生由理解局部走向理解整体，实现圆融通透，活用、用活道理。

三、在多元社会中梳理社会运行经纬

马克思主义揭示了人类社会发展的规律，让我们对社会的变化发展有了科学认知。随着人类社会进入信息化时代，人们面对的机遇与挑战层出不穷，这对于社会治理的要求进一步提升。社会治理是蕴含多重要素的系统工程，是一项充满智慧的整体性设计。社会治理关系着国家的长治久安、人民的美好生活。党的十八届三中全会通过的《中共中央关于全面深化改革若干重大问题的决定》提出，要推进国家治理体系和治理能力现代化。这是第一次把国家治理体系和治理能力与现代化联系起来。社会治理作为国家治理的重要方面，对于实现中国式现代化意义重大。党的二十大报告进一步指出，要"完善社会治理体系，健全共建共治共享的社会治理制度，提升社会治理效能，畅通和规范群众诉求表达、利益协调、权益保障通道，建设人人有责、人人尽责、人人享有的社会治理共同体"。在多元社会的治理过程中发挥好法治与德治两种手段是提升治理效能的重要途径，能够梳理好社会运行的经纬，是社会治理的智慧之策。

《义务教育道德与法治课程标准（2022年版）》指出，学生要具备道德修养和法治观念。道德修养是指养成良好的道德品质和行为习惯，把道德规范内化于心、外化于行，主要表现为个人品德、家庭美德、社会公德、职业道德。法治观念是指树立宪法法律至上、法律面前人人平等、权利义务相统一的理念，使尊法、学法、守法、用法成为人们的共同追求和自觉行为。《普通高中思想政治课程标准（2017 年版 2020 年修订）》对于学生法治意识的要求，是在初中阶段的基础上使学生进一步理解法治是人类文明演进中逐步形成的先进的国家治理方式，全面依法治国是国家治理的一场深刻革命，明确建设社会主义法治国家的基本要求。《义务教育道德与法治课程标准（2022 年版）》与《普通高中思想政治课程标准（2017 年版 2020 年修订）》的相关规定，对于引导学生树立德治与法治理念方面的指向性尤为明确，有助于帮助学生在面临多元选择的时候能够理解国家治理规律，认同科学治理方向，掌握多元社会运行过程中如何有效治理的智慧，妥善处理问题，促进共建共治共享的社会治理新格局的形成。

充满智慧的教师，首先要明确道德修养与法治意识素养背后的知识内容要求。从初高中教材文本出发，思想政治课教师要做好对于个人品德、家庭美德、社会公德、职业道德的系统把握，积极从中华优秀传统文化中汲取智慧力量；在具体的教学设计中，教师还要立足我国法治建设的历程，在充分把握马克思主义法治理论的基础上，正确讲述我国法治建设取得的成就，明确建设法治中国是一个系统工程，必须坚持法治国家、法治政府、法治社会一体建设，实现依法治国，必须做到科学立法、严格执法、公正司法、全民守法。

当然，掌握必备的道德与法律知识积累仅仅是获取智慧的初级阶段，智慧的习得还需要必备品格和关键能力的养成。教师要引导学生知晓法治与德治的辩证关系，明确社会的有效运行单靠一方面是很难实现的。法治指的是依法治理，充分发挥法律在治理中的规范作用。德治是指以德治理，充分发挥道德在治理中的教化作用。在当前社会运行中，两种手段缺一不可，具有互补性、兼容性和一致性。一方面，德治是法治的基础。法治所追求的公平正义等目标都来源于道德的要求，道德的标准为法治的治理提供方向，只有符合道德标准的法律条文才能得到人们的认同，成为法治的有效形式。另一方面，法治是德治的保障。道德的标准具有非强制性和不确定性，而法律法规的强制执行力、规范性则能够为维护道德准则提供重要支撑。正如习近平总书记所言："要树立法治思维、发挥德治作用，更好引领和规范社会生活。"①只有德治与法治有机结合、相得益彰，

---

① 习近平：《习近平关于社会主义社会建设论述摘编》，中央文献出版社 2017 年版，第 138 页。

二者协同发力,发挥自律与他律的作用,才能真正实现法安天下、德润人心的理想效果。

此外,针对道德层面的教育,教师除了设计好有关"四德"方面的教学内容,还要注重自身的言传身教,这是给予学生最生动、最鲜活的示范。学生"亲其师、信其道",一个自身品性不佳的教师很难让学生信服,智慧的教师绝对不仅是知识型的教师,必然是具备德性修养的教师,教师通过德性的外化,体现为自身的行动,影响和感召学生,这力量无疑是直接的、巨大的。针对法治教育,智慧教师要引导学生全面理解中国特色社会主义法治建设的实践,从科学立法、严格执法、公正司法、全民守法等层面辅之以真实有效的事例情境,借助案件解释法律条文的可行性与适配性,带领学生理解人们对公平正义这一更高道德领域的向往与追求,这才是智慧之要义。

四、在社会实践中涵养学生德性品格

只有在实践中才能达成人的本质力量,彰显出人的尊严和意义。教育智慧的表现形式丰富多样,但其来源则是实践。学生不仅要在课堂学习理论,还要积极地走出课堂、走向社会,将理论运用于实际,进而磨炼个人的德性品格,真正让冯契先生"化理论为方法,化理论为德性"的主张得以可能。在活动型学科教学设计中,社会实践的形式亦可以是多种多样的,包括志愿服务、社会调查、专题访谈、参观访问,以及各种职业体验等。这些丰富多彩的形式可以培养学生调查能力、阅读能力、创新能力、交流能力、合作能力等关键能力。通过社会大课堂可以为育人实践提供更丰富的资源、更真实的情境,在与思政小课堂有机结合的过程中,实现两个课堂协同育人,为学生的智慧创造更广阔的空间。

《义务教育道德与法治课程标准(2022年版)》与《普通高中思想政治课程标准(2017年版2020年修订)》对于学生参与社会实践的内容与意义,在学科核心素养培养上均有强调。《义务教育道德与法治课程标准(2022年版)》在论及责任意识这一核心素养时指出,学生有序参与时能够做到:具有民主与法治意识,守规矩,重程序,能够依规依法参与公共事务,根据规则参与校园生活的民主实践。《普通高中思想政治课程标准(2017年版2020年修订)》指出,学生应具备公共参与这一学科核心素养，即有序参与公共事务，勇于承担社会责任，积极行使人民当家作主的政治权利。具有公共参与素养的学生，应能够：具有集体主义精神；遵循规则，有序参与公共事务；热心公益事业，践行公共道德，乐于为人民服务；积极参与民主选举、民主协商、民主决策、民主管理、民主监督的实践，体验人民当家作主的幸福感；具备善于对话协商、沟通合作、表达诉求和解决问题的能力，勇于担当社会责任。其实，通过社会实践参与到社会中，是学生综合素养的集中显现，在这个过程中既能锻炼学生的参与意识，同时参与的过程本身也是学生分析问题、解决问题能力的体现，倘若学生不具备相应的道德修养、法治观念、科学精神，其实也很难适应社会，为社会发展做贡献。

具体而言，通过参与社会实践活动，可以培养学生多方面的德性品格。第一，参与社会实践活动有利于学生习得理论联系实际的智慧。学生在课堂中学习了许多知识，这些知识具有理论性、系统性，学生思维还处于"理性的抽象"阶段，如何转化为现实的力量，还需要学生在实践的过程中去确证。学生通过走出教室，走进社会大课堂，能够有效地去验证这些知识的正确性，并有助于深化对知识本身的理解，进而将理论知识与现实生活紧密相连，提升理论联系实际的能力。只有这样，学生的思维才能进入"理性的具体"阶段，也才能真正理解理论知识与社会现实的有机统一。

第二，参与社会实践活动有利于增加学生服务社会、奉献社会的智慧。个人价值的实现是自我价值与社会价值的统一。个人的奋斗固然重要，但是也离不开社会所提供的各种客观条件，完全脱离社会的自我实现是不可能的。对于一个人价值的评价归根结底要看他为社会、为国家、为人类的贡献。学生通过参观访谈、调查研究、志愿服务等实践形式走向社会，可以更好地了解政治、经济、文化、社会、生态等方面的问题，能够培养透过现象看本质的能力，增强社会责任感，树立服务社会、奉献社会的崇高品质。

第三，参与社会实践活动有利于培养学生明辨是非，抵御不良社会思潮影响的智慧。社会生活多元复杂，尤其是随着信息时代的迅速发展，各类信息对人们的影响无孔不入，影响着人们的价值判断与价值选择。对于中学生而言，大部分时间都在学校学习生活，对于社会了解不足，涉世不深，特别是对于诸如历史虚无主义、民粹主义、拜金主义、极端消费主义等一系列的社会思潮理解尚浅，不能够有效辨别和判断，容易受其影响走入歧途。通过参加社会实践活动，学生既可以在现实生活中体会生活中的美好，同时也能够通过亲眼所见、切身经历理解"理论的应然"与"社会的实然"之间的辩证关系，对于各类社会问题发表言之有据的观点，而不是缺乏客观性地随波逐流；在明辨是非的同时，自觉抵御不良价值观的影响，明确人生发展方向。

总之，中学思想政治课的智慧型课堂应该是：遵循教育规律和学生成长规律，在合理议题的框架下，对教学内容进行科学设计，引导学生在关注时代发展和自我发展的前提下，热爱伟大祖国，拥护中国共产党的领导，认同中华民族、中华文化、中国特色社会主义；通过主题情境探究，学生能够全面认识发展着的社会，用马克思主义的辩证思维理解理论的"应然"与社会的"实然"，认识到中国特色的社会主义建设是在现有国情基础上的政治、经济、文化、社会、生态建设，中国的建设在取得巨大成就的同时，也面临回应挑战的艰巨任务；在利益多元化问题的分析与解决中，提升道德理解力和判断力，形成健全的道德认知和道德情感，并学会依法行使权利、履行义务，做社会主义法治的忠实崇尚者、自觉遵守者、坚定捍卫者；在任务的解决中愿意积极参与公共事务的讨论，勇于承担社会责任，遵循有序参与公共事务的途径、方式和规则，提高公共参与的能力，培养健全人格。

华东师范大学第二附属中学　石超

实践原则到活动教学

中学思想政治课活动型学科课程的开展需要智慧教学渗透于教师引导和学生体验的动态过程中,这个过程不是照本宣科的教学,也不是随意自由的创设,需要遵循一定的原则,在具体的实施中则转化为细致于各个环节的方法。思想政治课的智慧教学,就是在智慧的思想政治课中,"教师能够'智慧地教',学生能够'智慧地学',从而实现'转识成智'的效果"①。因此,所谓的"方法"并非可以提供给教师和学生进行"流水线生产"式教学和学习的指导手册,而是需要教师作为指导者基于知识和目标调动自身的认知和情感等有所思考、有所选择、有所创造。同时,学生作为学习体验的主体,需要发挥自身的主观能动性,尝试进行从无知到知、到信、到行的转变,师生在教与学的互动中落实"化理论为方法,化理论为德性"的智慧理念。

一、智慧教学理念下的教师基本素养

要谈论教师如何调动自身的知、情、意进行智慧教学,首先要明确作为智慧教学实施者的智慧型教师应具备何种素养。有研究者提出,智慧型教师是一种关于教育智慧的三维一体,分别对应知、情、意领域,"知"是指具有理性观念,"情"是指基于人本取向关注学生主体性,"意"是指具有执着意志。② 智慧课堂

---

① 孟祥萍:《追寻智慧——思想政治课智慧教学探索与实践》,复旦大学出版社 2014 年版,第 2 页。

② 刁培警、吴也显等:《智慧型教师素质探新》,教育科学出版社 2005 年版,第 25—27 页。

的教师应该是自信的、机智的,有着深厚的专业功底和学养,尊重学生主体价值和教育教学规律的,不断追求教学艺术的智慧教师。[①] 就中学思想政治课活动型学科课程而言,教师需要具有进行智慧教学的专业知识素养和指导活动过程的教学能力素养。此外,教师还需要具有自身的人格素养,在知识、情感等多方面影响引导学生,能够将理论化为方法和德性。

(一)智慧型教师的专业知识素养

智慧型教师的知识素养要具有实践性、情境性和动态发展性的特征。第一,智慧型教师的理论学习是公共性的显性知识,这种知识往往会以固定内容和形式被大众所认识学习,但是在中学思想政治课活动型学科课程中作为引导者的智慧型教师,其知识不是完全客观的,而是在教师自身的学习领会和实践过程中逐渐内在于自身所建构所习得的,是属于教师自身的具有个体实践性的知识。第二,"教师实践性知识是在一定的情境中建构的,并服务于这一实践情景"[②],教师的知识往往是在教育教学过程或教学假设中经由具体的教学情境所生成创造的,所以智慧型教师的知识需要能够根据不同的时间、对象等情境要素有不同的表达、运用和呈现,这本身也是智慧型教师知识素养的情境性特征。第三,中学思想政治课具有较强的时代性,同时伴随着教师个人的学习成长、教学经历的丰富等。智慧型教师的知识素养还需要具有动态的发展性,教师要能够根据时代背景等因素的变化不断更新自身的知识储备和认知,进行新知识和旧知识的筛选、融合等动态生成,与时俱进。

(二)智慧型教师的教学能力素养

叶澜教授认为:"教师的教育智慧集中表现在教育教学实践中,他具有敏锐、准确判断生成和变化过程中可能出现的新情势和新问题的能力;具有把握教育时机、转化教育矛盾和冲突的机智;具有根据对象实际和面临的情景及时做出决策和选择、调节教育行为的魄力;具有使学生积极投入学校生活、热爱学习和创

---

① 孟祥萍:《追寻智慧——思想政治课智慧教学探索与实践》,复旦大学出版社2014年版,第258—269页。

② 徐碧美:《追求卓越——教师专业发展案例研究》,陈静、李忠和译,人民教育出版社2003年版,第51—52页。

造,愿意与他人进行心灵对话的魅力。教师的教育智慧使他的教育工作进入科学和艺术结合的境界,充分展现个人的独特风格。教育对他而言,不仅是一种工作,也是一种享受。"①一方面,智慧型教师更能把握好活动节奏,保障课堂活动能够顺利进行,但不能因此抹灭学生的主体性生成,而是要在良好的节奏中引导学生思考辨析,提高学生参与的积极性和创造性,促进其主体生成。另一方面,智慧型教师能够关注学生在活动开展过程中所呈现出的状态,动态地关注学生的体验,能够分析学生的需要,根据学生的反应和需要调整节奏和引导方式等,把握好引导的时机,有的放矢地进行引导育人。

(三) 智慧型教师的个性人格素养

在情境中实践生成的知识和教学过程中的机智,是教师专业能力的一部分,也是引导教育学生的必备基础。但是,有研究发现:教师要胜任自己的教育工作,必须具备一定的知识和智力水平。当超出一定的临界水平,对学生有显著影响的不再是教师的智力和知识水平,而是教师的作风、态度、信心、责任心等良好的人格特征。② 在活动探究中,学生往往会感受到教师的政治信仰和自身态度等人格素养,在此基础上经由教师权威性的转化引导,学生会对相关理论主张有一定的认同感,正所谓"亲其师而信其道"。基于这种认同,教师才能引导学生继续学习分析、生成情感认知。提供认同基础的内容是:智慧型教师要有比其他教师更富有信念感和创造力。

二、智慧教学理念下的活动教学方法

在中学思想政治课活动型学科课程的开展过程中,智慧教学的落实离不开教师基于自身的知、情、意发挥智慧方法,真正挖掘课程魅力和学生潜力,进行智慧育人。学生对事物的认识往往会将现实生活中的真实问题作为起点,从真实感受出发对事物形成概念和认知。马克思指出,认识有两条道路:"在第一条道

---

① 叶澜、白益民、王枬、陶志琼:《教师角色与教师发展新探》,教育科学出版社 2001 年版,第 26 页。
② 张平:《教育的智慧》,上海教育出版社 2009 年版,第 6 页。

路上,完整的表象蒸发为抽象的规定;在第二条路上,抽象的规定在思维行程中导致具体的再现。"①也就是说,学生要经历"感性具体—理性抽象—理性具体"的认识过程,在此基础上经过活动实践或思维实践寻求智慧的生成。在智慧教学理念下,中学思想政治课教师要注重在活动型课程开展时将目标理论知识转化为从实际生活出发分析问题、解决问题,推动学生从感性具体到理性具体的认识发展和实践体验。因此,教师的智慧教学路径体现为:第一,教师如何引导学生化感性具体为理性抽象;第二,教师如何引导学生化理性抽象为理性具体。这两个过程转化为活动情境的选择、活动任务的设计、活动过程的开展以及活动评价的跟进等具体的智慧教学环节。在这些环节中,教师需要处处调动自己的知、情、意,发挥智慧教学方法,为学生分析问题、解决问题创造合理的认识和实践路径。

(一)"感性具体—理性抽象"：选择真实且有效的活动情境

教师如何引导学生化感性具体为理性抽象?任何知识都是人们对特定情境下某种事物的认识,所以教师的引导和学生的学习都要基于某种特定的情境展开,中学思想政治课活动型学科课程需要教师选择设置一定的教学情境,在情境中引导学生体验思考,而且情境要符合中学思想政治课的特点。智慧教学理念强调,思想政治课智慧课堂应该关注学生的生活经验,密切联系学生当前的生活实际和社会热点,同时要关注学生走向社会的未来生活。② 因此,教师在选择活动情境时一方面要从课程特点出发,围绕教学内容,聚焦社会议题;另一方面要从学生特点出发,立足学生生活,营造真实场景。此外,教师要挖掘情境中的争议点和冲突性,为学生在辨析中论证思考创造可能。

首先,智慧教学要求教师选择活动情境时要围绕教学内容,聚焦社会问题。

教师本身对课程教学内容有一定的认知框架体系,这是教师已经默会内化的知识,需要将教师的知识认知推进到智慧层面以注入教学设计。"知识包含智

---

① ［德］马克思、恩格斯:《马克思恩格斯选集(第2卷)》,中共中央马克思恩格斯列宁斯大林著作编译局编译,人民出版社1995年版,第18页。

② 孟祥萍:《追寻智慧——思想政治课智慧教学探索与实践》,复旦大学出版社2014年版,第24—28页。

慧的萌芽，智慧则无法脱离知识经验。"①基于思想政治课的课程特点，教师选择活动情境时要充分考虑时代性要求，要关注时事政治和社会热点，将时代性社会问题融入情境设置中，将知识和社会经验在实践情境下融合统一。冯契先生认为："真正的哲学都在回答时代的问题，要求表现时代精神。"②在当下的互联网时代中，教师和学生能够接触的国家和社会信息都更加丰富和直接，教师能够基于成人的经历和思维从不同角度关注和分析社会问题，学生群体对信息的获取的分析则可能更为单一，甚至可能受到某一种观点的牵引，这对在思想政治课程中培养学生的认知和认同可能造成一定阻碍。然而，恰恰基于这种丰富的信息洪流，教师可以在中学思想政治课活动型学科课程中调动自身的智慧，基于自身对社会问题背后的理论性理解、对社会问题的家国社会价值的思考和认同等知识经验选择并设置一定的活动情境，结合教学内容，将社会问题从学生的虚拟思考转变为课堂的真实探讨，将符号化的知识转变为学生探讨问题、解决问题的过程中能够主动挖掘的内容。这样一来，教师可以顺势以中学思想政治课活动型学科课程为阵地，真正引导学生关注社会问题，并在发现问题、解决问题的过程中提高对国家社会的责任感和认同感，化理论为德性。

其次，智慧教学要求教师选择活动情境时要立足学生生活，营造真实场景。

教师要营造真实场景，"所谓真实情境，其本质是心理意义上的，是指那些贴近学生既有经验且符合其当下兴趣的特定环境"③。一方面，教师要创设符合学生的兴趣、能力的活动情境形式，比如教师可以通过呈现图片、视频音频等场景道具为学生打造真实的视觉和与听觉感受，教师还可以通过设置辩论赛、角色扮演等活动形式和场地为学生塑造真实的事件发展过程、自我他者互动体验等，在这种"身临其境"般的活动情境中，教师能够引导学生进行真实的情感体验，产生真实的认知基础。另一方面，教师要选择能够激发学生阐发观点、抒发情感的情境内容。比如，教师可以通过将社会新闻中的地点、人物和事件情节等进行改编，呈现给学生真实的场所、任务和类似场景，这样一来，学生既可以作为代入者进行主观的观察和体验，也可以作为学习者进行客观的分析和思考，在此过程

---

① 陈卫平：《智慧说和中国传统哲学的智慧——论冯契的中国哲学史研究》，《学术月刊》1996年第3期，第38—45页。
② 冯契：《认识世界和认识自己》，华东师范大学出版社1996年版，第4页。
③ 杨向东：《如何基于核心素养设计教学案例》，《中国教育报》，2018年5月30日。

中,学生的主观和客观是相互交融、不可分割的。

　　教师选择真实的情境内容,并在情境展开中引导学生将自身的人生经历、体验融入课堂活动,使课堂活动反过来对学生的真实生活产生影响,这样才能真正促进学生的自我发展。例如,学生应具备公共参与这一学科核心素养,即有序参与公共事务,勇于承担社会责任,积极行使人民当家作主的政治权利。对于学生而言,其生活经验不足以支撑他们自觉地感知到民主参与的机会,进行民主参与的实践,但是教师可以设置与学生生活相关的情境。在初中道德与法治(五·四学制)九年级上册第二单元《民主与法治》第三课第二框"参与民主生活"中,依托徐汇区征集人民意见和学生生活中共享单车难题的情境,以"优化共享单车管理"为活动任务,引导学生"发现问题—分析问题—解决问题"。这样一来,教师运用自身的智慧创设情境,引导学生从本质力量出发生成智慧思考和成果。

　　最后,智慧教学要求教师选择活动情境时要设置典型冲突,引导价值辨析。

　　教师不仅要关注学生知识的获取,还要引导学生树立正确的价值观念和道德观念并在实际生活中践行,这也是"智慧育人"的关键所在。学生获取知识时是学习的主体,但其仍旧处在主动学习与被动传授的融合状态中,而学生在做出实际行动时则是作为行动的主体,处于自我驱动的状态中。这种自我主体性和自我驱动的达成和实现,必然需要自身信念的支撑。简而言之,教师不能迫使学生对某种价值观念产生"认同",而是要引导学生基于自身的理性思考,真正内化于心从而产生政治认同等。

　　这种"引导"需要教师在情境设置中创设条件:教师在选择情境时,要关注情境的争议性和复杂性,并挖掘出情境中的冲突,在课堂的活动情境设置中纳入冲突,允许学生在真实的体验过程中发现矛盾,提出疑问,挖掘学生在体验过程中可能存在的辨析点并适时引导,使学生在自由、平等的活动氛围中充分发挥自身的主体性充分讨论,在冲突中互动辨析,在辨析中推进思考,在思考中内化价值,在内化中建立认同。

　　冯契先生认为:"智慧就是合乎人性的自由发展的真理性的认识。"[1]中学思想政治课活动型学科课程所具有的时代性决定了它能够为学生在真实生活中遇到的问题提供一定的思路和方向,所以教师在选择和设置活动情境时要贴近学

---

[1]　冯契:《人的自由和真善美》,华东师大出版社 1996 年版,第 161 页。

生群体的实际情况,将真实的社会生活融入课堂中,同时设置一定的辩证思考空间,才能在尊重学生本性的基础上尝试引导学生形成基于真实生活的真理性认识。教师要遵循真实生活中的开放性,引导学生在开放情境中体验活动,使学生将自己在生活中真实的经验和感受迁移到课堂中辨析以形成认知,这种认知才能进一步转化为情感体验和行动起点,这也是教师推动学生将对真实情境感性具体感受转化为理性抽象认识的过程。

(二)"理性抽象—理性具体":设计开放而有序的活动任务

智慧教学理念指出,教师要重视围绕学生活动组织的项目学习,并在其中扮演参与者或指导者的角色,也就是设计或参与活动任务。[①] 在中学思想政治课活动型学科课程中,学生作为学习主体展开活动,往往是依托于一项项活动任务的驱动。所以,在此过程中智慧教学的渗透落实需要教师关注活动任务的设计。一方面,活动任务的目标设计要指向核心素养,这样智慧教学的方向才能有所依有所指;另一方面,活动任务的内容铺设要遵循一定的序列逻辑,不能随意散漫,否则活动则会失去灵魂,只剩空壳。此外,活动任务的设计不能预设过度,而是要在基础设计下明晰主线的同时拓宽开放视野,激发活动任务的活力,避免活动任务变成"披着活动外衣的死任务"。

首先,智慧教学要求教师设计活动任务时要指向核心素养,设置任务目标。

思想政治课的教学目标聚焦于培育学生的政治认同、科学精神、法治意识、公共参与四个方面的学科核心素养,这些学科核心素养蕴含着学生应该具备的价值观念、必备品格和关键能力,为活动任务的目标设置提供了针对依据,也是引导学生"化理论为方法,化理论为德性"的效果显现。因此,教师在设置任务目标时要以学科核心素养为导向,这要求教师要在活动任务设计之前深入分析教学内容和学生素养。"真实、具体、富有价值的问题解决情境是学生学科核心素养形成和发展的重要载体,也为学生学科核心素养提供了真实的表现机会。"[②]

---

① 孟祥萍:《追寻智慧——思想政治课智慧教学探索与实践》,复旦大学出版社 2014 年版,第 162—176 页。

② 刘月霞、郭华:《深度学习:走向核心素养(理论普及读本)》,教育科学出版社 2018 版,第 101 页。

　　第一，教师要基于自身的认知深入研究分析教学内容所强调的重点和所存在的难点，在挖掘重点和难点的基础上明确本次课程活动过程中能够引导学生生成的核心素养有哪些，具体会呈现出哪些表现。只有明确了核心素养导向的任务目标，才能实时对学生的学习过程和表现进行具象的追踪和评价，也才能适时抓住教育契机，进行有效的价值引导。第二，教师要基于学生的素养情况设置活动任务，保障任务的可操作性，既要考虑到具体学生的兴趣点和特点，根据学生的特点设置任务方式，也要考虑到学生所处的现实环境，根据不同的空间和时间条件设置不同的任务目标。此外，教师要关注到活动任务的目标既不能缺失教学内容本身所蕴含的知识，也不能仅局限于知识，而是要启发学生的智慧。

　　其次，智慧教学要求教师设计活动任务时要遵循序列逻辑，铺设任务内容。

　　中学思想政治课活动型学科课程的开展过程中，教师不仅要选择真实的有空间的活动情境，还要融入有逻辑的任务引导才能逐步引导学生认识事物、思考事物、发现问题、解决问题。所以，教师在铺设任务内容时要遵循一定的序列逻辑，通过序列化的活动问题设计和结构化的学科内容设计整体架构。[①] 一方面，教师的任务铺设要契合教学内容的内在逻辑。教师重视活动开展的同时可能存在弱化教学内容的可能性，如果缺少了对教学内容的逻辑把握，活动任务的内容铺设容易出现碎片化的现象，使学生在学习过程中混淆认知，不利于学生从无知到知、从知到信、知行合一的智慧生成发展。教师要梳理教学内容的内在逻辑，并在活动开展的过程中结合活动情境、活动形式等调整、归纳、整理学科理论内容，并结合活动中所讨论的议题或所设置的任务进行有逻辑体系的链条式呈现，在任务推进中将学科内容逐渐牵引出来，引导学生在活动体验过程中获取知识、理解知识，为思维开展奠定基础。另一方面，学生的思维展开一般是跟随活动任务中问题探究的推演逻辑展开，所以教师任务内容的铺设除了要契合教学内容的内在逻辑，还要遵循学生思维的发展逻辑和问题探究的推演逻辑。第一，教师要设置清晰的问题，引导学生在理解设问的基础上对问题进行思考，保障活动参与者在不被误解的同一设置下思考问题，展开探讨。第二，教师要设置任务及问题的层次性，既要设置简单的任务和问题引导学生进入探究状态，直击任务关

　　① 范竹发：《思想政治课议题式教学的实施路径》，《中学政治教学参考》2021 年第 6期，第 40—41 页。

键,也要设置一定难度的任务和问题引导学生深入思考,并挖掘不同学生在探究过程中不同的认知、经历和立场,这种任务和问题的层次逻辑既不失教师的引导,又蕴含对学生的启发,既能聚焦活动探究的有效性,又能引导学生在互动辨析的过程中逐步发现问题、分析问题,并在此基础上运用掌握的知识创造性地解决问题。

最后,智慧教学要求教师设计活动任务时要拓宽开放视野,提升任务活力。

活动任务的设计,脱离不了提前的活动过程预设,但是教师要预防出现"依赖预设"的情况,活动任务的设计要在有一定预设的情况下拓宽其开放性,纳入学生自身更多的立场、观点和可能发生的与预设不一致的情况。第一,教师设计活动任务时要注重创新,在任务的设计中预留出学生质疑、批判的空间,任务设计适当地激发学生的想象力,时刻关注并深度挖掘学生的创新思维和创新能力。第二,教师设计活动任务时要强调真实体验,真实的体验能更多激发学生主观能动的思考,为活动探究提供更多可能性。活动任务设计需要依托教学内容,但不能固定在空洞缥缈的理论知识范围内,而是要结合真实的活动情境设置真实的活动任务,引导学生在完成任务的过程中真正体验社会。教师可以反思两个问题用以判断活动任务设计的真实性和有效性:一是活动任务的设计是从真实活动情境中挖掘出来的,还是在真实活动情境中创设了虚假的任务问题;二是通过任务的体验完成,是否引导学生更深入地体验了活动情境,对活动情境有了更多的思考、理解和认识。此外,教师设计活动任务时要尊重学生的个体差异,给每个学生自我表达、自我选择的空间,将学生作为任务的主体,而不是任务的目的。

基于智慧教学理念,在中学思想政治课活动型学科课程的开展过程中,教师设计活动任务关注学生的核心素养生成,遵循一定的思维逻辑或实践逻辑,同时发挥创造力,引导学生在完成活动任务的过程中实现从抽象的理性认识逐渐到具体的理性思维和认知成果的转化。

(三)"化理论为方法,化理论为德性":关注活动过程和活动评价

相比较情境和任务,活动过程的动态性特点更加突出,在此过程中学生的状态、活动展开的速度和走向、教师的反应和方法都是难以预测和准备的。然而,课堂活动的展开不能是无序散漫的,虽然情境的设定和任务的逻辑都能在一定程度上保障课堂活动的有效性,但是教师在活动展开过程中实时的节奏把握、契

机把握、对话评价等更为重要。智慧教学理念指出，教师要从学生的行为、情感、态度、价值观等方面来关注学生，在课程开展和评价的过程中实现师生智慧共生。① 活动过程和活动评价也正是教师引导学生基于理论认识把握方法、生成德性的重要环节。值得注意的是，教师在把握节奏、对话评价的过程中要重视学生的体验、生成和创造，避免从"引导者"演变为"掌控者"侵犯学生的主体性。

首先，智慧教学要求教师在活动过程中要把握活动节奏，激发学生创新。

在活动展开的过程中，学生作为参与活动的主体，在经过体验后能够形成自身的认知和感受，这便是学生自我生成的内容，这种"生成"是即时的。一方面，教师要在前期任务设计的基础上，把控好活动环节的时间和容量，根据教学内容的重难点适时拓宽或收缩活动各环节的展开空间。比如，在教学内容的关键问题上，如果学生在体验过程中进入了思考辨析的状态，教师要留给学生自主的空间进行思考或对话，但是要能够即时总结梳理学生生成的观点，以便适时引导活动继续开展。这就需要教师调动自己的逻辑梳理和总结归纳能力。如果学生在讨论过程中重点有所偏离且探究逐渐纠缠，教师要能及时截断，将学生的活动体验重新聚焦到活动主线上，但是同时要及时记录学生的探究分支内容，以便后续讨论或将其引导放置在更为合理的位置和环节中。另一方面，教师要在活动开展过程中维持活动的"真"和"新"。所谓"真"，是指无论是活动过程中的探究内容还是追设问题，都要基于课堂活动开展的真过程，不能无视活动开展的现实情况而只是按照预设情况探究和正确价值观念直接对标的"假问题"和"假内容"，这会导致活动探究逐渐走向单一和狭隘。所谓"新"，是指教师要及时捕捉学生的创造性，基于课堂活动开展过程中即时生成的真内容，追设新的问题或开展进一步的探究。这就要求教师要抓住活动过程中学生即时的反应和输出的观点，抓住学生探究过程中出现的矛盾点和争议点，引导学生互动探讨，并进一步激发学生的探究欲望，在探究过程中保障探究的开放性，通过设置有多元视角和思辨特征的问题，引导学生在真实的活动探究中调动其真实的认知和感受。这需要教师在活动过程中及时地做出反应和教学行为，因为"教育的情境通常不允许教师停顿下来进行反思，分析情况，仔细考虑各种可能的选择，决定最佳的行动方

① 孟祥萍：《追寻智慧——思想政治课智慧教学探索与实践》，复旦大学出版社2014年版，第184—187页。

案,然后付诸行动"①。

其次,智慧教学要求教师在活动过程中要建立双向对话,抓住育人契机。

活动情境和活动任务是教师基于自身的认知和考虑所设置的,因此活动过程中也需要教师设置一些引导提示,将活动设计的理念和要求传达给学生。无论是课堂内的思维活动还是社会中的实践活动,在活动开展过程中教师都要引导学生了解一定的新内容、新方法、新思路,而这些是学生之前可能未曾接触过的,所以需要教师在活动策略等方面提供给学生具体的内容提示或方法指导等。当然,提示并不等同于指示,学生在接收到提示之后不应该成为被动的执行者,而是应该根据提示发挥自身的主观能动性,通过思考、实践分析问题、解决问题,这也应成为教师判断提示是否有效、合适的标准。教师基于自身的知识、情感等对教学内容和活动设置进行剖析,并运用自己的方法引导学生体验活动,实时地根据学生的反应进行调整,学生在活动过程中充分发挥自主性,将自身真实的体验和特定的情境任务相融合,生发输出自己的理解和话语。由此可见,教师作为引导者,学生作为学习主体,两者的双向对话至关重要,这要求教师在活动过程中用心感受学生的情绪状态,适时对话,并要鼓励学生大胆表达自己,尊重学生的话语空间,在对话中帮助学生建构起认知和价值观念,掌握一定的方法。

教师要在活动开展过程中抓住学生的关切重点,针对活动情境、任务,教师要了解学生对何内容是有较为强烈的认同或质疑,或有较高的讨论参与兴致,这往往能成为活动开展的真实切入点,引导学生将参与活动的动机化为内在动机,在活动过程中教师引导其认识的价值观和学生自身发现获取的认知更容易被学生真正认同,真正形成"所知"。教师要在活动开展中感知学生的情感变化,智慧教学不仅要将目光放在学生获取知识的层面,更重要的是要在一定程度上引发学生的情感共鸣等变化,在情感的感性驱动下,结合理性的探讨分析,才能将"所知"转化为"所信"。此外,教师还要在活动开展过程中保障学生的实践体验,根据不同形式的活动,实践体验可以是真实行动,也可以是对真实行动的模拟,但两者共有的特征是:学生不能只处于理论状态中获取知识和生发情感,而是要设置真实的行动目标、行动障碍和行动操作方法。在这样的环境下所经历的活

---

① ［加］范梅南:《教学机智——教育智慧的意蕴》,李树英译,教育科学出版社 2001 年版,第 144 页。

动,才能引导学生从"所知"和"所信"落实到"所行",教师要引导学生通过自身获取知识、生发情感、做出行动的过程寻求"知行合一"。智慧"是德性的自由的表现,也就是人的本质力量和个性的自由表现"。①

最后,智慧教学要求教师在活动评价时要综合多种视角,丰富评价内容。

对学生的表现进行分数量化用以做出评价,往往是教学活动中最为直接方便的评价方式,但是无论是基于思想政治课程的课程特点、中学思想政治课活动型学科课程的形式特色,还是依据智慧教学的要求,制定标准定量评价都不能作为主要的评价方式。虽然学生的知识获取可能可以在一定程度上用量化标准判断,但学生情感的生成、信念的建立和行动的表现都不是能够简单量化的,不同的学生也具有差异性和个体性,更是无法用统一标准进行量化。因此,教师在进行活动评价时,一方面要根据动态变化和学生特点对其表现进行定性评价,可以以活动过程为观察单位,对学生的思维发展进行追踪记录,对学生的活动表现作出具体的评语,更全面具象地评价学生,释放学生的潜在能力和价值;另一方面,要摒弃原本的简单分数评价,根据活动目标中的核心素养目标等细化标准,进行更为客观细致的定量评价,比如,教师可以将学生的独立思考能力、批判性思维、创造力、责任感、政治认同等不同的培养维度细化为活动中学生在话语、动作、角色方面的一些具体表现,使对学生的定量评价更具有可操作性。教师要将动态的定性评价和细化标准下的定量评价相结合,引导学生客观地认识自我,同时保留自我发展的多种可能。

学生的表现和变化不仅仅呈现在活动尾声,而是贯穿于活动的前中后三个阶段。在活动开始之前,教师要了解学生的认知基础、群体特点和个体特征,这是跟踪学生发展变化的基础;在活动开展过程中,教师要根据学生动态的表现记录学生的言语等表现以分析学生的思维发展、学生的情感表达、学生的价值形成、学生的行动方法等各方面的情况,在此基础上对学生的知识获取、能力培养、信念认同和行动力进行形成性评价,为学生的发展方向提供一定的指导;在活动结束之后,教师要对学生个体以及其在群体中的表现进行终结性评价。值得强调的是,教师要注意在中学思想政治课活动型学科课程中进行终结性评价的目的是将学生从课堂思维性活动或社会实践性活动中的表现落实延伸至学生的日

---

① 冯契:《冯契文集第 1 卷》,华东师范大学出版社 1997 年版,第 49 页。

常生活中，从关注知识到引导行动，教师要始终坚持"智慧教学"的原则。

智慧学说是关于性和天道的认识，涉及价值观念、思维方式、人生观、世界观等。[1] 在评价内容上，智慧教学要求教师要在中学思想政治课活动型学科课程的开展过程中关注学生的知识、情感、信念、行动等多个方面，所以教师要丰富评价的内容维度。教师首先要基于教学内容引导多个主体对学生获取知识方面进行评价，其次要分析学生在知识获得的基础上所运用的方法以评价能力素养的表现，再次要分析学生在活动过程中呈现出的情绪、情感态度以及所表达的观点价值，并基于思想政治课的政治认同要求作出评价，最后要对学生的行动选择和实践表现等作出评价。以上的内容维度组成从知识、德性到行动循环往复的生成过程，也是学生在活动过程中智慧生成的过程，教师要将学生知性、情感、意志等多方面的表现综合调动，基于活动过程的开展和活动评价的生成，促进学生"化理论为方法，化理论为德性"。

三、智慧教学理念下的学生智慧生成

在活动开展过程中，学生通过体验式参与完成自身知、情、意等多个方面的调动和经历，其中既包括认知层面的发展，也包含情感的因素，并且由于学生作为活动体验的主体要基于自身的内在性和亲历性参与过程，所以无法如同教师一般处于外在视角，学生的智慧则难以细化为一些具有预设性、固定性的方法技巧，而是体现在一套"知识获取—情感体验—信念生成—行动落实"的发展运作机制中。在此机制中，学生会在分析问题、解决问题的过程中发挥自身的主观能动性，从活动体验中通过整合建构获取知识，通过情感体悟化知为信，激发信念，塑造德性，探索行动，推动自身"转识成智"，寻求"知信行融通"的状态，逐步表现、运用自身的智慧并实现智慧的生成。

（一）学生智慧生成的首要基础是获取知识

基于不同的角度，在活动探究的过程中，知识既是学生探究学习的工具，同

---

[1] 冯契：《智慧的探索——〈智慧说三篇〉导论》，《学术月刊》1995 年第 6 期，第 3—23 页。

时也是学生探究学习的目的。在智慧教学的中学思想政治课活动型学科课程中,学生学习知识不能仅仅是通过理性的接触和分析掌握被总结过、预设过的知识模板内容,而是要面对具体的情境,在感知情境的过程中发现知识,在体验参与的过程中建构知识。

第一,学生要感知情境对象,奠定认识基础。已有的生活经验和知识储备、对部分事物的比较明确客观的认知是构成活动情境的一部分,是提供给学生研究的基础。学生要调整状态,通过心理暗示等方法推动自己融入情境,先于理性分析对情境形成第一印象。这一印象是学生对情境中的人、事、物所产生的感性认识,有助于学生从内心建立起和情境的联系。当然,这种感知是基本的接触式认识,并不要求学生进行记忆分析等深入的感知,而且这种感知未必是完全准确的,在后续的探究过程中会补充或更改。

第二,学生要理性思考分析,自主建构知识。学生要基于已有的认知内容对情境进行理性分析,在教师的引导下明确这一情境中需要探究的知识内容,聚焦重点展开思考和参与。比如,在活动探究过程中学生要基于自己的知识基础,通过自我分析、互动辨析、小组讨论等形式产出观点,这要求学生既要有表达自己的勇气和能力,也要有倾听他者的耐心与智慧。第一,学生要确定表达观点的核心,并结合自身的经历体验将观点有逻辑地、形象地表达出来;第二,学生要认真倾听或观察他者的意见和观点,在倾听的同时思考理解。在这样的表达和倾听的互动过程中,将活动过程中呈现出的内容进行归纳和分析,并合理地融入教师的引导提示,自主构建新的知识。这是课程目标中不可忽视的内容,也是在这一领域内进行情感体验,落实行动的认知基础。

(二) 学生智慧生成的重要环节是化知为信

中学思想政治课活动型学科课程和智慧教学都关注学生素养的培育和德性的养成,学生获得的知识能为此提供一定的认知基础,但是学生仅仅了解这些知识是远远不够的,还要相信其所获得的知识,才能真正将获得的感知和认知内化于心,实现德性素养的生成。

第一,学生要投入调动情感,理解内化认知。一般而言,学生的情感是基于既往的经历和即时的关注不断生发的,所以在活动过程中充分调动情感投入探究学习更有利于学生内化获得的知识。学生要主动关注自身在活动过程中的情感投入和情感生成变化。学生在活动参与的过程中,往往聚焦于实践过程、观点互动等可见可听的具象事物上,从而忽略自己的情感状态。然而不可否认的是,人是情感的动物,无论是在理论探讨活动中还是在社会实践活动中,学生都会随着过程发展的不同阶段产生不同的情感,可能会因为某种意见、观点、行为产生欣赏和认同,也可能会存在质疑、反对甚至厌恶。学生要主动关注到自己的情感并且充分调动情感,进一步激发自身的活动兴趣和欲望,同时将情境感知所获得的知识与情感建立联系,在两者的相互推动下参与活动,不断加深对知识的理解,逐渐内化认知。

第二,学生要进行反思体悟,建立内在信仰。学生在活动情境中经过感知和分析得到新的知识,在情感参与下一定程度上将外在的知识转化为内在的认知,此时知识不再是一堆冷冰冰的零件,而是能用来看待新的事物、解决新的问题,或者能够产生新的视角看待事物和解决问题。然而,此时学生往往会同时面临初步的"新认知"和以前的"旧经验",两者可能契合但也可能存在矛盾,这可能会使学生一时难以建立令自己相信的内容。针对这一状态,学生需要通过"反思"将两者进行整理对比等工作,体悟得到自己内在认可的理念。如果两者在某些方面有所契合,那学生要结合"新认知"和"旧经验",用新的视角或对新的事物进行分析,在理解应用的过程中逐步体会,将其融合以形成自己真正相信的认知;如果两者存在一定的矛盾,学生可以分别用"新认识"和"旧经验"对事物进行分析,在自身体验、同伴启发和教师引导的作用下判断何者是更正确的,或者验证自我构建的认知是否正确。经过自身的情感投入和反思体悟,学生能够在与自己、与他人的辨析对话或实践互动中将获得的知识内化,并真正建立信仰。

(三)学生智慧生成的落实目标是知行合一

信念是"个体行动的准备",加上情感的参与,能将这些思想的表达整合到行动中。[①] 学生在想问题、办事情的过程中,通过感知情境、理性分析等获得知识,进一步通过调动情感、反思体悟建立内心真正的认同,在这个过程中学生要充分调动自己的观念、情感、意志等,并在此基础上进一步挖掘自身的德性品格,将认

---

① [美]舒尔茨:《教育的感情世界》,赵鑫译,华东师范大学出版社 2010 年版,第199 页。

知和方法运用于发现问题、分析问题、解决问题的活动过程中。一方面,面对活动情境中的行动要求,学生要对多个行为选择进行价值判断,根据内化于心的认知有意识地作出正确的行为选择;另一方面,学生要联系实际的日常生活,将情境中的行为选择转化为真实选择,建立面对生活中的行为活动时的态度和行动,或者勇于改变以往的态度和行为,在内在认知和信仰的指导下将行为落实于实际行动中。学生作为学习主体应发挥自身的主体性,展开从知向信、从信向行,最终达到知信行融通、知行合一的学习飞跃过程。

上海市徐汇区教育学院　王志安
上海市位育初级中学　周念月

第二章

思政小课堂典型活动

第一节　生活体验

活动概述

生活体验类活动是指通过参与或接触事件、主题所获得的可供回忆和操作的个体化感受活动。生活即教育，体验即成长，社会即学校。在课堂中，采用职业体验、情境模拟、角色扮演等生活体验的课堂活动形式。从生活实践的角度走进生活、回归生活，不断激发学生探究兴趣，从而成为积极主动的有能力的学习者。通过直接感知、亲身体验，再到思考原因、判断结果，促进自身进步成长。

2022年4月，教育部发布了《义务教育道德与法治课程标准（2022年版）》，自此活动型课程成为初中道德与法治学科培育学生核心素养和落实初高中思政一体化的重要内容。初中道德与法治课程旨在以学生生活与社会发展为基础，引领学生积极参与社会实践活动，将知识运用到实际生活中，服务人民和社会，以强化学生的社会责任感、使命感，提高学生的创新精神与实践能力。生活体验类活动，是基于真实情境问题的解决，选取离学生生活较近的职业体验，使学生在体验中学习、实践中成长，最终实现"转识成智"的飞跃。

（一）主要特征

1. 现实性

在课堂中切入社会热点问题，针对真实社会问题，教师与学生、学生与学生展开交流讨论，促进学生对生活热点问题的正确理解与认识。借助真实的社会情境、社会生活中具体、真实的案例，通过案例分析、讨论交流、师生互动等形式解决问题的活动型课程,有利于培育学生的核心素养,达到"立德树人"的目的。学生可以观察生活中的各类角色,设身处地地思考每一种职业的特性与职责,感受现实生活中基于身份责任的选择与做法,并通过体验、思考、理解、践行等过程,真正得到思想的升华。

2. 生活性

真实社会问题具有现实性、时效性、热议性等特点,将真实社会问题引入课堂,能进一步彰显思想政治课堂的时代性与价值引领性,使其成为思想政治课堂最佳的教育资源。教师在一节课中可以整合学科课程和活动课程,选用真实的社会事件让学生去分析,以学习者为中心,遵从学生现有的思维逻辑,力求学科逻辑与实践逻辑、理论知识与生活关切相结合。教师也需要从实际出发,提供真实的情境,通过分析讨论、课堂思维活动等形式,真正去解决学生现存的生活困惑。

(二) 组织原则

1. 走出教室小课堂,迈向社会大课堂

核心素养是新一轮基础教育课程改革的标志和重点,在当前课程与教学改革的背景下,面对新课标、新教材、新要求,要引导学生在自主探究与合作探究的学习过程中,逐步提高其独立观察、思考、分析、解决问题的能力,并通过知识视野的提升、理论和实践相结合的实践历练,不断明确自身理想信念,并将其融入国家与社会发展需要,坚定中国特色社会主义理想信念。要在个体世界观、人生观、价值观形成的关键时期,逐步培养学生政治认同、道德修养、法治观念、健全人格、责任意识等终身受益的学科核心素养。

2. 紧跟社会发展,感受时代变迁

我们身处百年未有之大变局的时代境域,思想政治课具有与时俱进、不断发展变化的特点。这个特点尤其表现在以社会热点事件为教育教学资源上,教师要利用眼下才发生的热点事件,紧跟社会发展的趋势和潮流,及时学习党的新思想、新理论,洞悉国内外发展新局势。为提升学生的政治认同素养,教师要有目的地进行丰富多样的教学情境的创设,通过引导学生走进与直面生活社会中的各类真实问题,产生身临其境感,以各种方式去探究和发现,从而深切感受中国特色社会主义制度的优越性。

3. 贴近学生真实生活,解决学生真实困惑

一方面我们要从课程的特点出发,围绕真实的有意义的问题开展教学,另一方面要从学生特点出发,立足学生认识实际与生活实际,挖掘适合学生探讨的真实场景。只有让学生成为课堂的主体,才能激发其学习兴趣与动机,通过对问题的发现与探讨,不断提高自身分析问题、解决问题、主动学习的能力。因此,教学过程的重心,应从教师的"教"转向学生的"学",通过课堂真实事例和情境的分析,挖掘出情境中的冲突,允许学生在真实的体验过程中发现矛盾,提出疑问,在轻松、自由、平等的活动氛围中,推进思维与认识发展,引导学生内化于行。

4. 搭建真实育人场景,担负学科育人使命

道德与法治课作为一门德育课程,担负着铸魂育人、启智增慧、为党育人、为国育才的重任。课堂活动的开展要紧紧围绕"培养什么人、怎样培养人、为谁培养人"这三个问题。教师需要从世情、国情、社情、学情出发,搭建真实的育人场景,用活动型课程的开展去解决学生的真实困惑,帮助学生树立坚定的共产主义理想信念,坚定马克思主义信仰,坚定不移走中国特色社会主义道路,将道路自信与制度自信内化于心、外化于行,拥护中国共产党的领导,在实践中自觉践行社会主义核心价值观,矢志不渝地为中华民族伟大复兴而努力奋斗。

活动示例一：　职业体验活动课堂成果展示

（一）活动目标

体验式学习是人类最初的最基本的学习方式,其中的关键信息是"体验＋思考"。例如,职业体验活动可以让学生通过采访父母、亲友,或者走出校园,亲身了解各类职业、工作内容等信息,对所调查的职业有一个初步的了解和认知,然后选取其中自己最感兴趣的职业,进行深入的了解。在本课中,学生自由选择自己想从事的某一职业,分成小组进行讨论,最终达成一致观点。

（二）活动过程

1. 教师汇总

教师结合课前任务学习单，基于真实案例下学生自由选择探访的职业角色，在课堂上进行统一的分析与讲解，然后邀请若干有代表性的小组做采访体验报告。

2. 小组成果展示

小组 A：我们通过探访货车司机和货运公司，发现货运公司为了赚取更多的利益，压低货车司机的利润空间。这样一来，如果不超载，货车司机没有钱可赚。小组认为，必须要规范运输市场，对于交通运输安全隐患开展大排查大整治，要切实加强对物流运输市场的监管，推动行业有序发展、良性竞争，推动税费改革，坚持减税降费，真正降低货运行业的相关成本，使得货车司机"不超载也能赚到钱"。

小组 B：我们通过探访交通运输部门和有关执法部门，发现在超载问题上，几个相关部门没有明确职权，也没有很好地发挥监管作用。超载问题，理论上交警、运政、路政都可以管，因此，要想抓好超载超限，关键一点就是明确一家权责部门，切实负起责任。例如，通过科技手段提升治理超载超限能力是一个基本趋势，在未来，重型载重卡车都应当安装传感器、摄像头等设备，相关设备通过 5G 网络与职能部门的信息中枢系统相连接，并通过人工智能进行实时监控分析，将使得超载超限行为无所遁形。

3. 教师点评

教师：每个人都要对自己的行为负责。不负责任的行为会给社会、他人、自己都带来负面影响。我们不难发现，正是因为每个人的认真付出，各自承担责任，社会才能正常运转，生活才能更美好。

（三）活动分析

学习不是学习者被动地接受大量事实性知识的传授与灌输，而是主动发现与探索知识意义的过程，是学习者与外部世界的互动与交流。在课堂内外，学生可以通过职业体验式学习与职业生活情境建立联系，不仅加深自己对自我世界、生活世界的认知，还可以深化对于职业世界和社会发展的理解。学生基于选择探访的职业的探究过程,也是理解每个人对自己的行为都要付出相应责任的过程。在真实的选择与体验的过程中,不断加深对责任的理解,以期达到更好的教学效果。

活动示例二:"勇担社会责任"教学设计

(一) 活动构思

本单元是初中道德与法治(五·四学制)八年级上册第三单元《勇担社会责任》,在逻辑结构上起着承上启下的作用。通过之前的学习,学生已经初步了解了社会生活与社会规则,本单元将进一步引导学生明确自身的社会责任,并将社会责任感外化为积极主动的服务与奉献社会。本单元一方面深化了第一单元、第二单元的内容,一方面为第四单元维护国家利益、承担历史使命的学习内容作铺垫。本单元主要体现的学科核心素养是政治认同、道德修养、法治观念、健全人格、责任意识。本课主要从角色捕捉,联系自身责任与角色;场景体验分析,探究发现责任;角色认知,了解责任来源;探究真实事例,了解承担责任的重要性四个环节展开,旨在让学生了解承担责任的重要性,从角色互换的角度,由小及大地让学生体验责任与角色之间的关系。

(二) 活动目标

根据《义务教育道德与法治课程标准(2022 年版)》,本课依据的核心素养为"责任意识",依据的课程目标内容为学生能够关心集体、社会和国家,具有主人翁意识、责任感和集体主义精神,主动承担对自己、家庭、学校和社会的责任。

通过本课的学习,帮助学生明确什么是责任以及责任的来源;让学生懂得在社会生活中每个人都扮演不同的角色,承担相应的责任;能够正确区分负责任行为与不负责任行为,提高价值判断能力;通过对责任与角色之间关系、责任与回报和代价之间关系的探讨,提高辩证思维能力;明确自身应承担的责任,包括非自愿选择但应承担的责任,增强社会责任感,提高价值选择能力。

（三）活动过程

环节一：角色捕捉,联系自身责任与角色

教师播放视频(上学记)。学生在视频中可以看到开学季,交警、校车司机、老师正在忙碌的身影。

教师提出问题：请你描述你所捕捉到的信息。

学生看视频,思考回答问题：交警正在指挥交通,校车司机正在接送学生,老师也在准备上课。

每天早上上学,看似一件很平常的事,却有很多人在为我们上学承担着自己的责任。那么,我们到底该对谁负责,谁又对我们负责呢?

用真实情境问题的方法导入新课,激活学生的思维,引导其做好接受新课的准备,带着问题主动学习。视频资源具有现实性、直观性的特点。本课导入部分通过观看视频,引导学生观察身边的角色,也为接下来的学习内容做铺垫。视频资源的播放融入日常教学,可以增强课堂的教学趣味性,加强课堂对学生的吸引力,从而寓教于乐。从身边入手,着眼现实事例,逐步提高学生发现问题、分析问题、解决问题的能力。

环节二：场景体验分析,探究发现责任

教师出示学校门口志愿者、保安、老师、警察、家长的图片。

学生思考：(1) 他们分别扮演着什么角色? (2) 这些角色,对他们提出了哪些要求? 他们如果擅离职守会怎样? (3) 什么是责任?

学生在交流分享的过程中,体会到每个人都拥有自己的角色和与之相对应的责任。

通过分析自己所熟悉的场景图片,重新发现我们可能会忽视的角色,如志愿者、保安、老师、警察、家长等职业所承担的角色和相应的责任。角色不同,责任也不会相同。正是因为每个人都有属于自己的责任。每个人尽职尽责,才会让我们拥有幸福的生活。课堂教学用场景分析的形式,让学生明白生活中很多人在履行着自己的责任。

环节三：角色认知,了解责任来源

通过用做一做、练一练的形式让学生感受,家长的责任是抚养教育子女,学生的主要责任是认真学习,警察的责任是依法执行公务,医生的主要责任是治病救人。

课堂中用问答的形式,学生主动参与,从而得出结论:责任不仅来自于个体对他人的承诺与自身的职业要求,也来自于社会道德规范与法律规定等。只有每个人都明确自身扮演的不同角色肩负不同的责任使命,自觉践行责任,才能促进良好社会秩序的形成,共建共治共享幸福美好生活。从而提高对角色的认知,感受责任的来源。

环节四:探究真实事例,了解承担责任的重要性

课前让学生自由选择自己想从事的某一种职业,并思考如果是自身应该承担什么责任。通过社会事件分析身边的事例,了解不同的人在为我们的成长和幸福生活承担着责任。通过讨论可知,我们可以通过自己的努力,为社会、为他人做一些力所能及的事。通过本节课的学习,学生认识到责任就在身边,不同的角色会有不同的责任;只有人人具有责任心,自觉履行应尽的责任,我们才能共享更加幸福美好的生活。

(四) 活动分析

1. 活动设计的意图

八年级学生已经具备一定的责任意识,初步认识到不同的场合、不同的角色需要承担不同的责任,能初步感知承担社会责任的意义,能体会到承担责任带来的快乐,也知道承担责任需要付出一定代价。但是受认知水平与生活阅历的限制,履行责任的意识和能力还不够强,尤其是面对可能存在的利益冲突时,难免还会出现意志和立场不坚定。特别是部分学生从自我出发,只看到社会和他人对自己的责任,而不愿意承担属于自己的责任。通过本单元的学习,学生认识到责任就在身边、责任是相互的,个人的充分发展与社会的全面进步正是通过每一个个体承担责任实现的。教师引导学生通过对课堂情境问题的思辨过程,让学生体会到责任的多元性,提高责任意识,在生活中做一个主动担责、能担好责的负责任公民。

本课教学环节包括案例分析、讨论交流、师生互动等。通过真实案例分析,了解到很多人在为我们的成长和幸福生活承担着责任,如果不承担责任则会引发一系列后果。同时我们也可以通过自己的努力,为社会、为他人做一些力所能及的事。只有每个人都尽到自己的责任,社会才能更和谐。

2. 活动实施中应注意的问题

本课在选用的课堂活动中，通过视频播放、场景分析、热点事件点击、小组讨论交流等活动形式展开教学。

活动议题设计好后，教师要考虑到为提高活动可行性和有效性，部分知识内容需要学生活动前进行自主预习、了解、查阅，有些实践性活动则需要学生在课前做好准备，如准备活动工具、做课前调查等，教师要根据学情，给予学生适度的帮助。真实事件引入课堂需要时刻注意正面引导原则，教师要充分发挥主导作用，在发现、探讨、解决问题的过程中，要引导学生形成积极的认识，树立正确的价值观。遇到学生产生错误认知的生成问题时，要第一时间积极介入。

课堂中教师更要通过引导学生，培养学生发现问题、分析问题、解决问题的能力，使学生通过身临其境的参与，体验丰富经验，激发创新潜能；在探究问题、解决问题的过程中开阔视野，丰富经验，并培养创造才能。思考始于问题，贯穿于整个学习过程的问题是学习的纽带，善于发现问题、提出问题，是学生创造性学习、自主学习的生动体现。在好奇心与质疑的驱使下，学生具有较强的自主求知欲和学习兴趣，促使自己主动参与到探究学习中，提高学习效率，发挥自身潜能。因此课堂活动实施中既要创设情境、营造环境，也要教会学生学习方法，采取激励性评价方式，使活动型学科课程的实施达到既深化知识学习，也培育实践能力，更提升学科核心素养的多重效果。

3. 活动的思考与改进

学生开展多角度、多方面的活动，有利于提升学生各项能力，培养正确的价值观与核心素养。在一节课中，教师要关注课堂的导入是否具有趣味性，问题设计是否具有递进性，难点突破是否具有情境性。教师要思索课堂设问的有效性，问题设计不宜过多、过难或过易。在课堂中准确地表达问题，因人设问，使各层次的学生在课堂中各尽所能，各有所得。在开展诸多课堂活动时，要做取舍，不能一节课都在开展活动，活动与活动之间不能无效重复，也不能为了活动而活动。

活动设计与使用，在一定程度上还应该有大概念、大单元的理念。具体而言，教师在创设问题情境时，应基于学生已有的知识结构与水平和特定的知识内容与教学目标，设置科学的、难易适度、思辨性的序列化问题，通过组合、铺垫或设台阶等方法提高问题的针对性，由浅入深，循序渐进，拓展学生思考问题的深度。不能只讲情境,要把学科内容和具体事例一一对应起来。同时,课堂活动的开展、真实问题的解决,都不能忘记背后的科学道理、正确的价值引领、育人目标的实现。

4. 活动与智慧教学

智慧是所有人应该具备的品质,人的生命因智慧而闪光。智慧是利用经验、技能、知识、能力去解决实际疑难问题,通过创造性、实践性活动实现更好的生活与生存方式的本领,是智力的最高阶表现。智慧教学旨在改变过于注重知识积累与传授式教学的方式,不断促进学生合作,有效解决真实问题。

思想政治课是落实立德树人根本任务的关键课程,道德与法治课程是义务教育阶段的思想政治课。教师要能清晰地区分停留在知识层面的教学和上升到智慧层面的教学,并思考如何进行有智慧内涵、智慧指向的教学。

智慧教学是教师在教学经验的积累和理性的反思中不断生成和提高的高超教学艺术和卓越的关键能力。真正有智慧的教学是有生命力的,就是教会学生正确地看待生活。教育的目的不仅是知识的传授,更要用启智方法塑造学生的健全人格。要落实智慧教学理念,就需要在教育教学中师生之间交互引发、教学相长,激活教育者和受教育者双方的主体自觉。教师要以教育者的智慧启发、引导、激活受教育者的教育需求和智慧,最终实现转识为智,化智成德。

上海市长桥中学　吴萌

第二节　教育戏剧

活动概述

高中思想政治课中的教育戏剧是依据本学科的课程性质,根据核心素养的要求和学科内容的特点创设情境,借助戏剧表演的形式,通过学生的戏剧表演达成教育目标的活动。高中思想政治课结合课程内容适当运用戏剧表演活动符合智慧教学理念,有利于学生将知识转化为能力,解决"知不知"的问题;有利于树立正确的政治方向,解决"信不信"的问题;有利于学生树立正确的价值观,做出正确的行为选择,解决"行不行"的问题。

(一) 主要特征

1. 寓教于乐,激发共鸣

高中思想政治课的教育戏剧是有效的学习方式。以戏剧表演的形式再现生活情境,学生通过角色扮演、对话交往等在活动中获得知识与思想,并付诸实践。教育戏剧通过学生生动活泼的表演,寓教于乐,产生共鸣,可以有效激发学生主动参与课堂的积极性,提高学习探究的兴趣,提升课堂效率。

2. 短小精悍,以小见大

高中思想政治课的教育戏剧与正式的戏剧表演相比,通常短小精悍,以小见大,通过小故事阐述大道理,通过小事件折射生活的本质,通过小活动揭示社会发展规律,学生通过小戏剧活动树立大视野、大格局。

3. 富含哲理,教育启迪

高中思想政治课教育戏剧的教育作用不仅在于通过角色扮演激发学生的情感认知,更在于教育戏剧本身的富含哲理,具有学科内容的支撑,隐含价值判断和价值选择,能够引发学生的理性思考,在戏剧活动中提升学生智慧,达成思想政治课的育人目标。

(二) 组织原则

1. 精选剧本,明确目标

活动目标对表演活动起着导学、导教、导评的作用,因此教师要基于课程标准、课程内容和学生学情设置活动目标。教育戏剧活动不在于表演的精湛,而在于通过活动对学生人格的培养。教师要依据"课程标准—单元教学目标—本课教学目标—学生活动目标"的逻辑顺序,设置学生表演的活动目标,根据活动目标选择合适的剧本。这里的剧本通常不是现成的,而是根据活动目标编制合适的剧本进行表演。活动目标决定了剧本的选择、编排、表演和深化利用,表演活动的最终目标是促进与核心素养一致的学生智慧的生成。

2. 活动内容化,内容活动化

活动内容化是指使活动设计承载知识性内容的教学,内容活动化是指使知识性内容的教学通过现实活动来实施。内容决定了活动的形式,以一定形式为载体的学生活动达成了内容。没有学科内容支撑的活动是肤浅的,没有活动形式体现的内容是生硬的,要在活动中实现学科内容的回归和提升。教育戏剧表演活动要处理好活动本身和学科内容的关系,即在戏剧表演活动中始终贯穿思想政治课的理论内容。

3. 创设情境,深化反省

教育戏剧的表演需要创设适合的活动情境。真实的活动情境通过学生创造性改编,使得学习的文本内容故事化,故事内容戏剧化,让学生在角色扮演中感受、代入情感,从而获得实践的体验。学生是活动的主体,这就要求教育戏剧的创作、排练、表演要充分发挥学生的创造性、积极性、主动性。教师也要充分发挥主导的作用,始终做到心中有活动目标,围绕教育戏剧深化挖掘。教育戏剧的目的在于情感认知、价值判断而非戏剧表演,教师要引导学生深化反省,培养学生高阶思维。

活动示例一：《方向决定道路　道路决定命运》教学设计

(一) 活动目标

通过剧本表演"中国应该走什么路?"展现近代中国探索民族复兴的历程。

通过剧本表演"真理的味道有点甜"增进理解中国走社会主义道路的必然性。

通过剧本表演"相约建党"领悟中国共产党的先进性,认同中国共产党领导。

通过剧本表演"开山辟路"展现中国共产党带领中国人民建设社会主义的奋斗历程,增进理解坚持和发展中国特色社会主义是实现中华民族伟大复兴的必由之路。

(二) 活动过程

高中思想政治教材必修1《中国特色社会主义》第二单元综合探究《方向决定道路　道路决定命运》是本册书的总结和升华,尤其是对新中国"站起来—富起来—强起来"发展路径和实质的总结,是"中国为什么能"的综合概括,是实施全部课程内容的落脚点。根据课程标准要达成政治认同的核心素养,本综合探究要达成"四个自信"的目标,这也是本课需要突破的重点、难点。如何使中学生树立中国特色社会主义道路自信? 可以借助什么活动实现教学目标? 本课的内容较为抽象,离学生生活较远,因此在处理这一内容时,笔者以道路探索为中心议题,让学生通过戏剧表演的形式来呈现文本内容,提升他们对学习内容有话可说、有话能说、有话愿说的参与度。因此,教师以"方向决定道路　道路决定命运"为总议题,通过以下四幕学生表演,展现我国革命、建设道路探索的历程。

第一幕:"中国应该走什么路?"

1919 年,陈乔年、陈延年怀揣救国理想,踏上留学法国的道路,信仰马克思主义并坚定走上革命道路。

第二幕:"真理的味道有点甜"

1920 年,陈望道在浙江义乌翻译《共产党宣言》时和母亲对话,把墨汁当红糖水蘸粽子吃还说真甜真甜。

第三幕:"相约建党"

1920 年春,李大钊送陈独秀去天津,他们相约在北京和上海,分别进行活动,筹建中国共产党。

第四幕:"开山辟路"

1972 年,河南省郭亮村村民为改变家乡现状,在太行山上开凿壁挂公路,勤劳致富。

对于"中国特色社会主义道路的探索"这一包含丰富理论内容的学习,高中生的年龄决定了他们还难以摆脱感性认识,不能直接以理性认识来学习,因此戏剧表演生动形象的呈现方式更适合高中生的年龄和认知特点,这比单纯让学生阅读文本或观看视频更有利于学习内容入脑、入心,内化为学生内心的情感。学生剧本表演完毕是否就结束了呢? 思想政治课的活动要避免为活动而活动,避免将思想政治课肤浅化和娱乐化,剧本表演是活动的形式,教师还要带领学生深挖剧本活动的内涵,因此教师在学生表演完成后设置了系列问题,通过小组合作探究,以达成教育戏剧立德树人的目标,以下是合作探究的问题。

1. 中国应该走什么样的道路? 近代中国为追求民族独立、人民解放探寻了哪些道路?

2. 为什么无政府主义、资本主义等其他道路无法救中国?

3. 真理的味道为什么比红糖还要甜?

4. 马克思主义与中华优秀传统文化有哪些高度契合,提供了中国接受马克思主义的文化基础?

5. 马克思主义怎样与中国具体实际、与中华优秀传统文化相结合,筑牢了中国特色社会主义道路根基?

6. 中国共产党的初心和使命是什么? 中国共产党自身有哪些先进性?

7. 为什么中国共产党的领导是历史和人民的选择?

8. 太行山的壁挂公路被誉为"太行明珠",这体现了我们在社会主义建设和改革中走了一条什么样的道路?

9. 方向决定道路,道路决定命运,方向是什么方向? 道路是什么道路?

10. 我们对方向和道路的探索体现了什么哲理？你有哪些感悟？

11. 新时代中学生应如何坚定"四个自信"，担负起实现中华民族伟大复兴的重任？

通过对剧本表演活动的探究，学生从中国国情和中国历史文化纵深角度理解了中国走社会主义道路的必然性。通过分析马克思主义与中国具体实际、与中华优秀传统文化相结合，学生更加理解中国特色社会主义道路的"特色"在何处。学生通过对中国特色社会主义道路未来的展望，能够结合自身责任，坚定中国特色社会主义共同理想。

（三）活动分析

《方向决定道路 道路决定命运》是高中思想政治必修1《中国特色社会主义》的第二个综合探究，本课教学知识跨越了不同模块、不同单元内容。议题情境的复杂性，培育不同核心素养的综合性，要求选择合适的活动方式。教育戏剧作为一种活动方式和学习方式能够拓展多个议题，将事件联系贯通，拓宽课堂教学的内容，实现教学的整体性。本综合探究采用戏剧表演的方式，以道路探索为中心议题，跨越不同历史时间维度，提升学生的辩证思维和历史思维。

综合探究的探究性，要求落实活动型学科课程性质，通过活动设计组织课程，让学生主动体验探究过程，在活动体验中思考问题、比较分析、辨明观点、明确立场。教育戏剧作为活动方式和学习方式契合了探究性课程的需要，通过戏剧表演，让学生身临其境。学生难以从观看视频和阅读材料中获得个性化体验，但可以从角色扮演中感受情感。在本课探究中，教师并未给出固定的台词和剧本，而由学生查阅相关资料和党史后进行改编，充分发挥了学生的主体性。学生在戏剧表演的过程中并不是再现过去，而是经历当下，投入了自己的情感、认知和价值判断，实现了学生发展的主体自觉。

教育的最终目标是教会学生智慧地生活，冯契先生将其表述为"转识成智"。知识是智慧的基础，智慧是知识的升华。这就要求在进行学生戏剧表演活动时要以学科知识为载体，实现活动内容化。本课戏剧表演活动正是有了思想政治学科的内容承载，才与其他主题班会的戏剧表演不同，有了体现和落实思想政治学科核心素养的作用。

活动示例二："家庭生活　法律守护"教学设计

(一) 活动构思

本课是高中思想政治选择性必修 2《法律与生活》第二单元的综合探究,对应《普通高中思想政治课程标准(2017 年版 2020 年修订)》的要求"熟知监护、抚养、扶养、赡养、继承等民事关系,培育家庭责任意识","理解婚姻法律关系,阐释正确的婚姻家庭观念"。学生已学习了第一单元《民事权利与义务》和第二单元《家庭与婚姻》的具体教材内容,初步具备了民事权利与义务意识和有关家庭婚姻的一般法律知识。对于高中生而言,学习法律知识不在于掌握法律条文的精准性而在于通过法律知识的学习,树立法治意识,为将来走向社会打下坚实的法治基础。如何将所学法律知识上升为法律意识,笔者结合家庭生活的丰富多彩性和其中蕴含的法律知识内容,通过戏剧表演系列活动将知识点贯穿课堂,让学生实现在"做中学",让其在实践中解决真实问题,通过亲身经历、获得情感体验,达成智慧思维。

(二) 活动目标

通过剧本表演"老张的美好家庭生活",学生能运用赡养、扶养等法律知识阐述如何解决家庭生活中的实际问题,辨析家庭生活中权利与义务、道德与法律的关系,为构建美满家庭树立责任意识。

(三) 活动过程

1. 基于目标,创设情境

加深对婚姻家庭关系的认识,增强家庭责任意识和法治意识,树立正确的婚姻家庭观念,具有一定的公共参与意识,是本综合探究的目标,也是教学的重点。家庭婚姻问题是与学生生活关系最为密切的社会问题之一,学生根据单元目标创设剧本,在剧本表演中运用法律知识,提升责任意识,并为家庭做一些力所能及的事。

2. 基于内容,剧本创作

这里的基于内容是基于教材内容和基于生活问题的内容,基于教材内容保证剧本创作的政治性、科学性,具有政治学科内容特色;基于生活问题的内容使得剧本创作具有时代性,这是落实政治小课堂和社会大课堂相结合的要求。本课基于教材内容"父母对子女、子女对父母的权利义务关系"和"夫妻在婚姻家庭中地位平等"的主要内容,依据多彩生活进行剧本创作"老张的美好家庭生活",构建系列化结构化的剧本表演活动,在活动过程中运用法律知识处理实际问题,达成教育目标。

3. 小组合作,分工明确

在剧本创作时就要构建核心小组成员,教师可根据学生的性格、表达意愿、社交沟通能力等将学生分成编剧组、导演组、演员组、剧务组、观众组等,具体实施剧本创编活动。分组时要分工明确,如编剧组负责剧本编写,导演组负责剧本排练,剧务组负责 PPT 背景和小剧场服装道具的设置,演员组负责表演好角色。观众组也要按照四人一组进行分组,方便表演中进行"专家外衣"角色的扮演和表演完毕进行深化反省阶段的讨论。

4. 课堂表演,戏剧活动

表1 "家庭生活 法律守护——老张的美好家庭生活"活动设计表

学 生 活 动	教 师 活 动	设 计 意 图
学生表演:空巢老人老张与狗在家孤独生活,老张独自喝闷酒,出门踢狗,狗咬邻居,引发纠纷 观众学生观看并思考问题	教师提问:老张的狗咬到邻居,发生纠纷,老张要负什么责任? 应该如何处理纠纷?	利用所学"权利保障 于法有据",阐述权利的保护和侵权承担的责任
学生表演:居委会调解老张与邻居的纠纷 观众学生观看并思考问题	教师提问:居委会的调解突出了社会主义法治解决纠纷有什么特点?	明确调解是解决纠纷的伟大"东方经验",突出我国"和为贵"的优秀传统文化
学生表演:老张常年在外工作的儿子来看老张,居委会主任让他"常回家看看" 观众学生观看并思考问题	教师提问:"常回家看看"为什么被列入《中华人民共和国老年人权益保障法》,如何看待法律与道德的关系?	辨析法律与道德的关系,阐述我国依法治国的特点

学生活动	教师活动	设计意图
学生表演:老张儿子小张希望妻子在家做全职太太与妻子选择发生矛盾 观众学生观看并思考问题	教师提问:你怎么评价小张和妻子的选择?	阐述夫妻地位平等的法律内容,明确夫妻关系的处理要互谅互让
学生表演:律师和法官调解小张和妻子的矛盾,结局一家人团圆欢喜	教师提问:假如你是律师或法官,你会怎样调解小张的家庭矛盾?	运用诉讼调解的有关知识,分析夫妻关系中权利与义务的统一,正确看待家庭婚姻关系

5. 基于活动,深化反省

基于活动深化反省,就是要引导学生深度学习。深度学习是发挥学生主体性的学习,是结构化系列化建构性的学习,需要师生之间、生生之间进行深度的对话与交流。例如,教师引导学生思考:"常回家看看"为什么被列入《中华人民共和国老年人权益保障法》? 为什么法律不具体规定"回家看看"的次数和频率? 如何看待法律与道德的关系? 如何看待我国"孝"文化的变迁? 你认为怎样是"孝"? 你怎么看待"男主外女主内"的观点? 引导学生从正反两方进行课堂辩论。学生在深度交流中解决真问题,从而对家庭关系的认识更加具体、辩证、深刻。

6. 课后总结,智慧提升

学生在探究的过程中通过搜集资料、小组合作、剧本表演、分享感受等环节加深了对家庭、婚姻关系的认识,课后教师请学生总结本课问题,并撰写总结报告,进一步将知识升华,提升智慧。

(四) 活动分析

1. 教育戏剧的创编要构建真实情境

教育戏剧的创编需要构建真实情境,润物细无声。只有在真实情境中,才能促进知识建构,并将知识迁移到问题解决过程中。真实情境引人入胜,让学生身临其境,产生困惑,在解决困惑中运用知识,实现知识到能力的提升。真实的情境包含了社会矛盾与冲突,会引起学生的不同看法,让学生有极大的代入感和参与的积极性。没有真实的情境,学生也可以通过死记硬背的方式学习法律知识,但这种缺乏具体情境学习的知识不容易迁移，是惰性知识，不利于核心素养的培育和智慧的启迪，也不利于立德树人最终目标的实现。生活是真实的，也是复杂的，采用生活中的真实情境，才能解决学生社会经验不足的缺陷，才能避免从理论到理论的教学，才能让学生在生活中遇到相似的事件时回顾自己所学法律知识，将知识运用于生活，做到知行合一。

2. 教育戏剧的创编要将问题解决贯穿始终

教育戏剧是活动方式，问题解决要贯穿教育戏剧的始终。在本课活动中，学生剧本表演始终围绕"家庭生活　法律守护"这一实践问题，这需要学生事先查阅《中华人民共和国民法典》等相关资料，才能在课堂表演中演绎相关角色，将课本知识与实际生活应用联系起来，实现思维从感性具体到理性抽象，再到理性具体的完整发展。在剧本表演的过程中，学生并不是被动地背台词，而是充分发挥主观能动性地演绎角色，发挥创造性。在人物角色的对话中将课本知识转化为生动的生活经验，这种转化和表演过程中的不确定性也是学生将知识转化为能力、转识成智的过程。最后教师请学生们总结"如何构建和谐家庭"，写一份总结报告，反观自己的家庭生活，在分析问题、解决问题中提升思想认识和德性，从内心加深对法治的知、信、行。

3. 教育戏剧的创编要重视过程性评价

《普通高中思想政治课程标准(2017 年版 2020 年修订)解读》要求指出，活动评价要关注的点是学生的核心素养是否得到了提升，学生的主体性、创造性是否得到发挥，学生的交往能力是否得到增强，学生是否有获得感、成就感。这就要求教育戏剧的创编要重视过程性评价，不仅要教师评价，还要自我评价、学生互评，要关注学生在表演活动中的情绪、体验、情感、态度、价值观。通过活动促进学生语言表达能力的提升、团队合作能力的增强等，最终实现人格的全面发展。

4. 教育戏剧创编的不足与反思

运用教育戏剧的方式来学习思想政治课内容，需要师生充分的活动准备。在教育戏剧的创编中，教师是智慧教学的实践者。首先，教师需要有正确的政治立场和政治信仰，在指导学生进行戏剧创编和表演时始终保证学习活动的正确方向；其次，教师需要具备深厚的政治理论素养，理论深刻才能说服人；再次，教师需要有深度的研究能力，能够将教材理论知识、学生学情特点和社会生活时政结合,综合形成教育戏剧的创编。戏剧表演活动对学生也提出了更高的要求,学生需要在课前对课本知识有一定的掌握,预习和查阅相关的资料。在没有课本知识作为基础的情况下,戏剧表演可能沦为浅薄的对话,无法挖掘深层次的知识内涵和表达情感、价值观,也就无法生成智慧。戏剧表演的部分虽短,但因为不确定性,可能会占用较多的课堂时间,教师需要发挥主导作用,适时引领学生表演的节奏。表演是共同合作的过程,不同学生会在过程中建构不同的个人意义,教师需要引导学生将自我观点转化成角色语言、动作,及时对学生表演作出相应的评价,通过适当点评始终保证表演不偏离且服务于活动目标,提升思想政治课育人的实效性,最终实现立德树人的目标。

上海市第二中学　艾凤华

案例研讨

活动概述

案例研讨一直以来是中学思想政治课紧密联系现实、提高实效性的常态教学方式。案例研讨不仅能够丰富课堂形式，同时对于培养中学生核心素养也具有重要意义。中学生只有学会学习、养成素养，才能在踏入社会，面对不确定的、复杂的社会情况时，有能力去发现问题、分析问题和解决问题，从而更有信心去推动社会向前发展。

（一）主要特征

1. 教学案例的时代性

新的时代，网络发达，自媒体潮涌，信息唾手可得，各类国内外刚刚发生或正在发生的重大事件可以瞬间就出现在各类信息媒体平台上。作为"数字一代"的学生，他们可以及时地获知各类信息。中学生作为社会热点事件的即时受众和思想政治课的直接受众，他们运用自身理解能力，容易在教学中开展真实的社会热点案例研讨活动。当下的教学环境也在多媒体化、网络化，教师也可以将一些相应的案例作为教学素材引入到课堂中，组织学生在课堂上去了解该案例并开展讨论。

2. 学生较强的参与度

教师在思想政治课教学中组织对案例进行研讨，是对课堂活动形式的一种丰富。教师搭建平台，学生可以发挥主观能动性，积极参与到思想政治课学习中来,从而也避免了灌输式、一言堂式的教学模式。一些重大社会热点事件有其巨大社会影响力,学生能从中找到自己感兴趣、有需求、有思考、想表达的结合点。所以课堂上组织案例研讨活动,把真实案例与思想政治课相关理论知识有效融合,自然会极大地提高中学生主动思考、积极发言的参与度,进而促使教师智慧的"教"转化为学生智慧的"学"。

3. 内容理解的专业性

智慧教学的出发点和落脚点是学生。中学生对新鲜资讯感兴趣且接受快,而中学阶段又是学生良好价值观形成的关键时期。马克思指出:"人的本质不是单个人所固有的抽象物,在其现实性上,它是一切社会关系的总和。"①社会热点事件的发生、发展都有其社会背景与根源,一些重大事件会涉及国计民生、社会变革、社会制度、国家发展、世界局势等更深层的问题。中学生的思想是很活跃的,教师在课堂上采取这种协作式、探究式为特征的新型教学方式,学生能逐渐提升发现问题、分析问题、解决问题的能力。同时,教师可以在与学生的交流互动中及时了解学生的真实想法和思想动向。

(二)组织原则

1. 创设真实的任务情境

教师是智慧教学生成和运用的育人主体。面对海量的真实社会事件,怎样去利用这些资源? 将"生活"变为"课堂活动"的关键步骤是创设真实的学习情境,即教师根据学情选择合适的案例,从中提炼关键信息要素,将教学内容融入其中,创设具体的学习情境。这样既为学生提供了贴近生活的教学素材,又为提升学生素养、培养能力提供了契机。教师利用真实鲜活的案例创设具体情境,激发学生学习兴趣,唤醒学生内心的真情实感,从而达到立德树人的目的。

2. 开展分组合作学习模式

学生通过教师所创设的情境激发自身学习热情,能够在课堂上自主思考、积极参与,有时会进行合作探究,从而更为直观地体验、感受、实践所学知识,在无形中提高能力,形成素养。课堂时间毕竟有限,教师还可以引导学生组建合作学

---

① 〔德〕马克思、恩格斯:《马克思恩格斯选集第1卷》,中共中央马克思恩格斯列宁斯大林著作编译局编译,人民出版社1995年版,第56页。

习小组,围绕研讨的案例,在课后进行巩固和拓展学习。学生在课上和课下都能关注身边事物,在了解社会热点的同时进行小组合作学习,进而形成正确的世界观和价值观。

3. 案例设计要有任务意识

在创设学习情境时,案例设计要有任务意识。面对从真实案例出发设计的情境问题或创设的情境任务,学生需要对问题(任务)进行分析,将教材中较为抽象的理论知识与案例有机融合,通过探究、分析,解决问题或完成任务,做到学以致用。教师需要带着任务意识进行案例设计、情境创设,引导、帮助学生正确地认识、分析、解决相关问题。

活动示例一:"疫苗接种那些事儿"教学片段

(一) 活动目标

根据疫苗接种的案例创设系列情境,通过案例研讨、情境体验等,了解责任的含义和来源,知道不同的角色承担不同的责任;基于生活经验,通过回顾和分享,明确自身应该承担的责任;通过任务情境的研讨,能正确区分负责任行为和不负责任的行为,理解对自己负责和对他人负责的关系,提升观察与分析、价值判断和行为选择的能力。

(二) 活动过程

教师呈现情境:接种疫苗那天,妈妈陪同小龙来到接种点。虽然前来接种疫苗的中学生很多,但是在工作人员的安排下,疫苗接种有序地进行着。

教师:在学生接种疫苗的过程中,哪些人承担了责任? 他们承担了什么责任?

学生 1:医生、护士在给我们接种。

学生 2:志愿者在维护现场的秩序,保证我们快速进场。

学生 3:班主任老师在引导登记。

教师展示照片:疫苗接种现场的安保、教师、医护人员、志愿者等。

教师：除了照片中出现的人物，你觉得还可能有哪些人在这里承担了责任？

学生1：运输疫苗的人员要确保疫苗的冷链运输及时有序。

学生2：交警在维持外面的交通。

教师：学生接种疫苗的过程中各部门工作人员都是要通力合作的。我们不难发现，在社会生活的舞台上，每个人都扮演着不同的角色，不同角色所产生的责任也是不同的。

教师：你们有没有想过，当时如果这些角色没有承担责任，那么现场会变成什么样？比如没有交警在现场维持交通，可能会出现什么样的场景呢？

学生：那肯定一片混乱。那天我爸爸开车送我去的，是交警指引了地方让我们安全停车的。

教师：在社会上，每个人是不是只扮演着一个角色，承担一种责任呢？

学生：不是。

教师：那在座的同学，你们扮演了哪几种角色，又分别承担什么责任呢？

学生完成任务单的表格"我的角色、我的责任"并小组交流。

教师小结：随着时代发展和所处环境的变化，我们会不断变换自己的角色，调节角色行为，承担不同责任。角色与责任关系密切。每一种角色都意味着承担相应的责任。只有人人都认识到自己扮演的角色、承担应尽的责任，才能构建各尽所能、各得其所而又和谐相处的社会。

教师呈现情境：接种后回家路上，小龙跟妈妈提到了困惑："我的好友洋洋说，我们班其他人都打了疫苗，他就安全了，他才不要遭这份罪来打疫苗呢！今天我也没见到他人。"妈妈听了小龙的话，思考了一下，开口说……

教师：如果你是妈妈，会如何帮助小龙来解决这些困惑呢？

学生：洋洋的想法比较自私。如果人人都抱有这样的想法，那么整个社会就达不到防疫的效果了。

教师：打疫苗是目前最为有效的预防病毒的措施。我们每个人都应该对自己的健康和安全负责。接种疫苗不仅是为了自己的安全，更是为了结好防疫这张大网。我们每一个人都是大网中的一个点，我们参与的人越多，点也越多，这张网就会越紧密，我们也会更安全。国家将免费疫苗的覆盖面逐渐在青少年中铺开，这也体现了党和政府对青少年的关爱。所以我们应该积极承担起这份责任，对自己负责，积极配合疫情防控。

教师：生活中，我们做出的哪些行为是对自己负责的表现呢？请列举一二。

学生1：现在好好学习，让自己未来发展更好。

学生2：遵守交通法规，对自己生命安全负责。

教师：我们在成长的过程中，小到按时完成作业，为自己的一次约定守时，大到终身信守承诺、认真做事，都是对自己负责的表现。作为社会的一员，我们每个人首先要对自己负责，只有对自己负责的人才能使自己的潜能得到充分的挖掘和发挥，才有资格、有能力、有信心承担起时代和国家所赋予的使命。

（三）活动分析

该教学片段来自笔者《勇担社会责任》单元的教学实践。这一单元是初中道德与法治(五·四学制)八年级上册教材的第三单元。这一单元在逻辑结构上起着承上启下的作用，即在了解社会生活和社会规则的基础上，进一步引导学生明确社会责任，积极主动地服务和奉献社会；也为学习第四单元维护国家利益、担负历史使命的内容作了铺垫。

"天下兴亡，匹夫有责。"责任意识是中学生发展核心素养的重要内容，也是道德与法治课程重要的培养目标。教材上的案例比较分散，笔者有意识地选择了一个富有时效性和启发性、又贴近学生生活实际的"学生接种疫苗"案例，设计了层层递进的情境，作为课堂学习的内容载体。学生在探讨各情境中的问题，在探究、交流、师生对话的过程中，认识到承担责任的意义，意识到我们每个人都要承担社会责任。一些"大道理"也就在师生对话中自然地进行了渗透。

情境的创设基于学生的生活实际，而课堂情境问题的解决也有利于学生习得相应的技能。如该片段里出现的洋洋不打疫苗这一情况，这是学生群体里个别学生可能抱有的想法。利用这一冲突情境把学生在生活中可能遇到的矛盾引入课堂，在教师的组织和引导下，学生可以通过角色扮演，经历思考、劝导等过程，去解决真实情境中存在的问题，从而深刻体会到：每个社会公民不仅要对自己负责，也需要对他人、对社会负责。这一过程不仅仅引导学生正确处理个人与他人、个人与社会的关系，进行社会关爱教育，也在学生心中播下了理性表达、合理劝导的种子。

活动示例二："斑马线之困"教学设计

（一）活动构思

"斑马线之困"教学内容所对应的是初中道德与法治（五·四学制）七年级全一册第四单元第九课第二框"法律保障生活"的内容,旨在基于前面内容的基础之上,进一步探讨法律的内涵及其在社会生活中的重要作用和意义,引导学生尊法学法守法用法。本单元是教材中法律部分的起始单元,学生也正是由这一单元开始从学校生活领域过渡到社会生活领域。

对于刚接触法律知识的七年级学生来说,什么是法律,法律的特征有哪些,法律有什么作用,这些问题他们都还不明确。为了让学生能够更好地理解这些问题,教师不能简单地采用讲授式的教学,因而笔者在进行教学设计时采用了案例研讨这一课堂活动形式,组织学生基于自身生活经验,对根据真实案例所创设的情境进行讨论,继而形成对上述问题的认知与理解。

从选题缘由看,首先,《中华人民共和国道路交通安全法》是学生相对熟悉且有一定认知的法律;其次,学校周边每天上学、放学两个高峰时期,车流、人流交错在一起,经常会有学生因为赶时间而去抢跑、等红灯的时候站到了路上,甚至有学生家长为图方便而带孩子直接在车流中横穿而过,全然不顾危险等现象出现,因而笔者设计了围绕斑马线的相关系列情境。

（二）活动目标

通过围绕案例所创设的学习情境的研讨,学生能够感受法律对日常生活的保障作用;通过对情境中人物行为的评价及观点的辨析,辨别法律规范与道德规范的区别,理解法律具有强制性;通过对行人违法承担主要责任案例的分析以及课前调查数据的解读,树立法律面前人人平等的观念;通过对"全国首例斑马线之罚"案例的研讨及观点的辨析,懂得自觉守法、遇事找法、解决问题靠法的道理;通过对"斑马线之困"系列情境的分析、探讨,知道法律是一种特殊的行为规范,能列举出法律的特征或作用;通过在研讨案例过程中对法律依据的查找,知道一些法律条文,初步形成法治观念,从而在日常生活中自觉遵守交通法规。

(三) 活动过程

教师在进行"斑马线之困"教学活动之前,设计并进行了学生及家长的问卷调查;对与斑马线相关的社会案例进行搜集与整理,筛选后创设情境并设计情境问题;同时也为学生设计了课堂活动任务单。之后,围绕"如何看待斑马线乱象"的议题开展课堂教学活动。

环节一：通行与否？——学生进行选择并认识法律

任务情境：小明妈妈因小明爸爸遭遇车祸而从学校接上小明一起开车赶往医院。在一无红绿灯的路口遇到一批小学生排着长队经斑马线过马路。妈妈因想到"某女司机斑马线前车子顶着小学生前行,被处罚"的新闻,无奈停车等待,后来看准队伍中一处空当,通过了斑马线。

该任务情境分两次呈现,第一次就呈现到母子俩行车遇到无红绿灯的路口,小学生队伍正在通过。这时,教师引导学生思考：情境中的妈妈该怎么做？此时内心的想法是怎样的？如果她开车强行通过了,你又会如何评价她的行为？

在学生对于这些情境问题进行探讨之后,教师呈现课前问卷调查的数据。学生可以清晰地看出：造成斑马线上的乱象,司机和行人都有份儿。之后组织学生对于"汽车在马路上属于强者,行人天然是弱者,所以强者应当礼让弱者才是解决之道"这一观点进行辨析,同时呈现"女子开车顶行小学生被交警处罚"的案例视频。学生意识到,原来并不是所有人都能够自觉做到在道路上强者主动礼让弱者的,所以斑马线乱象并不是那么容易解决的,有些事情光凭道德的谴责和约束是不够的,要从根本上去解决问题还需要依靠法律的力量。

之后,学生再结合着手头的法律资料,对这一案例中最终交警给予该女司机罚款扣分的处罚结果寻找法律依据。在师生对话中,完成了对这一案例的研讨,学生也清晰地认识到：同样是行为规范,法律与道德是有区别的,法律是由国家制定或认可,并由国家强制力保障实施的。

环节二：责任在谁？——学生进行判断并理解法律面前一律平等

任务情境：在医院,小明和妈妈见到爸爸,也了解到：原来爸爸开摩托车载同事回公司时,经过一人行横道,遇行人胡某低头看手机闯红灯横过马路,发生碰撞。车祸造成行人胡某和摩托车乘客身受重伤。

教师提问:在这起事故中,行人应当承担怎样的责任? 为什么? 既然胡某的行为属于违法行为,那胡某应该承担怎样的责任? 让你来当法官,会怎么判决? 依据是什么?

学生查阅学习任务单上的法律条文等资料,回答情境问题。通过对这一案例的研讨,学生认识到:公民在法律面前一律平等,只要触犯法律,都必须承担相应的法律责任,法律对全体社会成员具有普遍约束力。

环节三:值与不值? ——学生进行辨析并树立法律意识

任务情境:不久后,小明妈妈被告知,车祸发生那天因她开车在人行横道前未停车礼让行人而违法,罚款100元并记3分。小明妈妈表示不服,自己已经停下等待,后来看准队伍中一处空当,通过了斑马线,并没有造成事故,怎么就被罚款扣分了? 于是提起行政复议,政府维持处罚决定。她又向法院提起行政诉讼,一审结果为交警处罚合法。继续上诉,被驳回上诉,维持原判。

教师提问:你怎么看待案例中交警和相关部门的处理结果? 你觉得小明妈妈为什么不服交警的处罚结果呢? 历时七个多月的申诉,甚至向法院逐级提起诉讼,请求撤回行政处罚决定的过程是一种什么行为呢? 她的较真并没有使处罚结果发生改变,这种较真有没有意义?

学生活动:根据情境进行回答,并对"司机耗时半年多,但并没有使处罚结果发生改变,这种较真还有意义吗?"这一问题进行辨析。

该情境是根据"全国首例斑马线之罚"的案例进行的创设。在对"司机的较真行为值不值得?"这一问题辨析时,学生有了观点冲突。教师进一步引导学生去思考:司机在这个过程中发生了哪些转变? 她实际上收获了什么? 有了前面辨析的基础,学生在后面的思考中就能明白:表面上看这个司机失去了时间、精力和金钱,但辩证地看,这也正说明司机具有较强的法律意识,在依照法律程序维护自己的权益。在这个过程中,学生不仅获得了法律的真知,而且通过正确行使监督权,促进相关部门严格执法、公正司法。

在课堂教学的尾声,教师创设了续写活动:"司机礼让行人,_____。"学生尝试续写后半句,并进行小组交流,以作为对课堂教学活动的归纳总结。

（四）活动分析

1. 整合资源、创设情境，展现教师教学机智

本单元是初中道德与法治教材法律部分的起始单元，其实也延续着前面几个单元的青春生命成长教育的理念。七年级的学生辨别是非的能力不强，法治观念也较为薄弱。结合学情，教师进行教学设计时从学生的生活实际出发，从学生生活经验入手。在对诸多斑马线乱象案例进行筛选后，笔者保留了"女子开车顶行小学生被交警处罚""行人过马路看手机闯红灯造成车祸""全国首例斑马线之罚"三个真实案例，将其整合、修改，创设了以小明一家为主体，在斑马线前遭遇种种"斑马线之困"的情境，并设计了不同任务。课堂上，学生通过小明一家经历的"斑马线之困"系列情境，进一步感受法律与生活密不可分，理解法律是一种特殊的行为规范，了解法律的作用。实际教学中，环节过渡更流畅，情境前后也有一定的连续性、完整性，学生更有代入感，在课堂师生对话中，学生也有话要说、有话可说。

随着系列情境的逐步展开，师生可以围绕案例进行研讨，又能很好地推进教学，在情境问题的分析中，在师生的对话里，教材的知识内容得以落实，做到灌输性和启发性相统一。学生对事物的认识往往会将现实生活中的真实问题作为起点，从真实感受出发对事物形成概念和认知。所以，思想政治课智慧课堂上引导学生核心素养培育的教学情境，就需要教师精心地设计。该教学案例中，用带有完整故事性，又层层推进的三个情境与课前所搜集的三个案例巧妙结合，学生作为旁观者目睹"小明一家"经历不同的"斑马线之困"，既可以作为代入者进行主观的观察和体验，又可作为学习者进行客观的分析和思考。

2. 关注细节、促进思维，激发学生学习智慧

在对案例进行整合、加工处理后，创设的教学情境会更加适合初中生。在现实生活中，若家人遭遇车祸在医院里，那内心肯定是十分焦急的，有时甚至会因心急做出莽撞之事。所以设计妈妈从队伍空当驶过斑马线，一来比较符合客观实际，二来为情境三做好铺垫。在情境三中，学生对于"妈妈为什么不服交警处罚结果？"这一问题的判断和分析存在分歧，把握不够准确。笔者设计的情境是："妈妈表示不服，自己已经停下等待，后来看准队伍中一处空当才通过，并没有造成交通事故。怎么就被罚款扣分了？"着重突出了妈妈是在空当时通过的。这个细节与环节一中的任务情境前后呼应。而且,在"全国首例斑马线之罚"这一真实案例中,司机之所以花费大半年时间进行申诉,甚至向法院逐级提起诉讼,请求撤回行政处罚决定,就在于他当时停车礼让了行人,因行人停下来了他才通过,他觉得自己没有过错才会有这一系列的动作。

学生要在有细节的真实情境中,去发现问题、分析问题、解决问题。环节三中学生对"司机的较真值与不值"这一问题进行辨析,呈现出不同的看法,有的认为知错就改就可以了,有的认为纯粹是在浪费时间,当然也有学生想到,正是因为有妈妈这样很较真的人,才能去发现法律中的不足,去完善法律。虽然《中华人民共和国道路交通安全法》的这条规定并没有什么漏洞,但是学生的不同声音已经让我们看到他们迸发出来的思维火花。课堂上学生呈现出不同的观点,笔者并不急于去通过简单判定谁对谁错而去终结这一价值判断,而是在学生的辨析中,在教师循循善诱的过程中引领学生去探索、打通思维、锻炼综合素养。

思想政治课智慧课堂采用案例研讨这一课堂活动形式不仅需要教师精心设计教学情境,使情境立足学生生活,营造真实场景,而且需要教师挖掘情境中的争议点和冲突性。学生在自由、平等的课堂活动氛围中发挥自身的主体性,在冲突中互动辨析,在辨析中推进思考,从而形成基于真实生活的真理性认识。

3. 注重素养、多元评价,化知为信,"转识成智"

核心素养作为人的内在品质与能力,是无法被直接观察与度量的。教师在教学过程中,可以通过观察学生在各种学习活动中的表现,来推断学生核心素养的发展水平。通过"斑马线之困"系列情境的展开,问题探讨、辨析之后,学生能意识到法律面前人人平等,同时权利和义务是相统一的。课堂最后的续写,一是对课堂的归纳总结,二是对学生的考察。教师可以从学生的续写情况观测到学生对于课堂内容的理解与认同。若学生能写到类似"行人疾步快走"这样的答案,则说明学生已经意识到:法律面前人人平等;行人过马路享有权利的同时,也必须履行一定的义务;斑马线上遵守规则,能保障自己与他人的生命安全。学生续写出类似答案正体现了他们通过这堂课学习已经形成一定的法治观念。

核心素养不是直接由教师在课堂上教出来的,而是学生在问题情境中借助问题解决的实践培育起来的。教师通过精心设计教学活动,旨在引导学生主动地去"经历"。以培育"法治观念"这一核心素养为例,教师可以设计基于真实生活的法治情境,精心设计和建构问题情境,这样能让学生更好地融入,激发兴趣,引发思考，在真实的情境体验中实实在在地感悟、外化法治观念。思想政治课要把学生培养成为有德性的公民，使学生能处理好人际关系，教师要注重丰富评价的内容维度，并基于活动过程的开展和活动评价的生成，促进学生素养的形成。

上海市中国中学　顾馨樱

第四节　提出建议

活动概述

高中思想政治课提出建议活动是针对真实社会问题提出建议和设计方案类的学科活动。具体而言，该活动在课堂教学和课后实践活动中，创设包含真实社会问题和明确学习任务的真实性问题情境，教师指导学生在问题情境中提出建议或设计方案，从而培养学生解决真实问题的探究式学习活动。

（一）主要特征

1. 坚持马克思主义为指导，落实立德树人根本任务

培养学生适应未来社会发展的实践智慧，要坚持正确的政治立场，同时要提高学生的政治觉悟，培养良好的道德品质，从而引导学生树立正确的世界观、人生观和价值观。针对真实社会问题提出建议和设计方案类的学科活动必须充分体现马克思主义的基本立场，融入培育和践行社会主义核心价值观，以及对中国特色社会主义制度的认同。教师需要通过一系列活动，帮助学生逐步形成辨方向、识大局、立大志、走正路的眼界和格局，从而进一步坚定中国特色社会主义道路自信、理论自信、制度自信、文化自信，立志成为德智体美劳全面发展的社会主义建设者和接班人。

2. 顺应时代发展潮流，关注学生未来发展需求

《普通高中思想政治课程标准（2017 年版 2020 年修订）》中明确指出，"高中思想政治课需要紧密结合社会实践，引导学生理解中国特色社会主义进入新时

代的历史方位，了解新时代中国特色社会主义经济、政治、文化、社会、生态文明建设和党的建设进程"①，因此学科育人活动必须适应新时代发展要求，符合国家未来发展的目标和方向。教师要关注学生个性化、多样化的适应未来社会的发展需求，设计体现智能化、全球化时代特征的情境和问题，提高学生综合运用知识解决实际问题的能力，并促使学生立志自觉投身于社会主义建设的伟大实践之中。

3. 符合真实世界原貌，在开放环境中整合资源

学校教育中影响问题解决的条件常常是显性的、静态的、现成的、清晰的，现实世界中影响问题解决的条件、信息是多种多样的，并且形态各异。针对真实性社会问题提出建议和设计方案的学科活动应当体现条件开放、资源开放、反馈开放的特点。具体而言，解决问题的条件应当是动态的、多样的甚至是模糊的、不确定的，才更加符合真实世界的原貌；解决问题的资源应当是开放的，包括人和物的资源，如使用各种工具，与他人合作，通过团队合作去解决问题；问题解决过程中得到的反馈是开放的，不仅来自问题解决的对象，也可能来自同伴和自我。活动设计具有开放性才符合现实世界的特征，才能使学生对现实世界的认识更加深刻、具体，具备较强的问题觉知和分析能力，实现从知到行的转化。

4. 具有复杂性和限制性，在权衡比较中优化方案

真实性问题情境始终与外界环境保持交流，呈开放性，这就决定其必然具有复杂性。问题解决的复杂性主要体现为，认识主体需要从纷繁复杂的信息中梳理、识别出主要信息，从中发现和界定问题，并利用各种资源和条件解决问题。在此过程中，还要根据信息的变化和行为的推进对原有的方案进行调整和改进。现实世界的问题情境通常是有限制的，如时间限制、空间限制及资源限制等，需要认识主体去比较和权衡。这就决定了真实性问题的解决方案和建议只能是相对"最优的、可行的"，而不是"完美的、唯一的"。

（二）组织原则

高中思想政治课基于学生问题解决能力提升的学习活动设计，应坚持以下

---

① 中华人民共和国教育部：普通高中思想政治课程标准（2017 年版 2020 年修订），北京：人民教育出版社，2020 年 5 月版，第 1 页。

原则。

1. 创设任务型的问题情境

情境学习理论认为,情境的创设能够有效地推动学生带着具体任务去发现问题、提出假设,并在复杂性的情境中寻求到问题的解决路径,这种"任务驱动"的方式能够更有针对性地提升学生的知识和技能获取能力。问题情境并不专指日常生活中的真实情境,可以是类真实的或抽象的,如影视文学、新闻报道、研究成果、历史文献、政策报告等。

2. 鼓励学生清晰表达观点

问题解决是一个复杂的过程,发自思维过程,进而转化为行为过程。因而,学习活动设计中教师要不仅要启发学生"勤于思",还要"敏于行"。"行""说"的过程中,问题解决的思维路径不仅逐渐清晰,问题解决的行为能力也会不断提升。因此,教师要给学生提供更多"说"的机会,鼓励学生清晰地阐释、表达自己的理解、思考和问题解决的思路。

3. 提供社会化互动的环境

社会化互动环境的创设通过生生互动、师生互动合作的方式,促进学生提出更加合理的问题解决方案。互动的双方并不单指人与人之间,它包括了影响学生问题解决能力发展的一切因素,如师生个体之间的互动,教师与学生群体的互动,学生个体之间的互动,学生群体与学生群体之间的互动,学生与学习资源的互动,学生与外部环境的互动等。教师必须聚焦主题,提前对互动过程做出相应设计。

4. 提供有效的学习支架

学习支架是为学生完成任务提供的概念框架,维果茨基(Lev Vygotsky)认为,教师作为学生的学习支架,应根据学生的"最近发展区",把学习任务预先设计分解,然后引导学生去完成任务。在此过程中,学生逐渐掌握、建构、内化那些能使其从事更高认知活动的技能,从而对学习进行有效的自我调节。

5. 提供真实的持续性评价

情境学习的评价不应被看作一个总结环节,而应成为整合在整个学习过程中的一个进行时的、无接缝的组成部分,可采用档案袋、问卷调查、基于访谈的他评与自评结合的评价方式。对提出建议和方案类学习活动的评价与此相似,应当关注活动过程中学生的感受,重视建议和方案的可行性、策略的优缺点、反思的深刻性等,对学生在学习过程中理解与提取问题、表征与分析问题、计划与解决问题、监控与反思问题等方面的表现给予全面评价。

活动示例一:"勤劳如何才能致富"教学片段

(一)活动目标

学生通过观察社会现象,辨析不同现象和观点,能够以建设性反思批判精神回应社会转型的复杂变化,理性认识有关现象和观点;通过创造性解决方案的提出,进一步提升解决问题能力和公共参与素养,理解和认同我国的收入分配制度,培养正确劳动观。

(二)活动过程

教师:电影《我不是药神》中有这样一句话,"这世上只有一种病,就是穷病"。你认为"穷"病是怎么产生的? 有人说,穷的根本原因是懒,只要自己努力奋斗,就一定能战胜困难,勤劳致富。可也有人不同意这样的观点,勤劳一定能致富吗? 请同学们阅读材料1,观看视频《穷富翁大作战》,小组讨论:"勤劳致富需要具备哪些条件? 国家和社会需要作出哪些改变? 我们每个人应该怎么做?"请你提出自己的看法和建议。

学生1:勤劳致富的条件应该包括和平稳定的社会环境、公平合理的分配制度、尊重劳动的社会风尚、健全的法律法规、能有效保障劳动者合法权益的制度等。

学生2:从国家的角度看,国家应该完善收入分配制度,建立体现效率、促进公平的收入分配格局。初次分配中,要努力提高劳动报酬在初次分配中的比重,坚持多劳多得,鼓励勤劳致富,着重保护劳动所得,尤其是一线劳动者报酬。再次分配中,要通过完善税收、转移支付、社会保障等机制,维护公平,缩小收入差距。三次分配发展慈善等社会公益事业,帮助低收入者和弱势群体改善生活。同时,还要完善教育、就业等公共服务体系,帮助低收入者提高职业技能,获取公平就业机会,应继续完善劳动保护和公平就业方面的法律法规,提高最低工资标准,保障劳动者合法权益。

学生3:从社会角度而言,我们要在全社会树立劳动最光荣、劳动最崇高、劳动最伟大、劳动最美丽的观念,要以辛勤劳动为荣,以好逸恶劳为耻。此外,还要逐渐形成尊重劳动、尊重创造的良好社会氛围。

学生4:社会成员个体应该具备正确的价值观和劳动观,通过自己的诚实劳动、辛勤劳动、创造性劳动来创造美好生活。

(三)活动分析

1. 以冲突性问题情境激活思维

本活动的情境和问题设计具有较强复杂性和开放性,面对"勤劳而不富"这一社会敏感话题,学生表现出极大的兴趣和热情。各组学生首先就"为什么有的人勤劳而不富"进行原因分析,有的学生从家庭环境、教育机会等角度寻找根源,还有的学生从完善法律维护劳动者合法权益的角度提出看法,说明学生充分调用了已有的知识和经验,对社会现象能够探究其背后的深层次原因,展现了较强的分析问题能力。

在课堂实施过程中发现,学生围绕"勤劳如何才能致富"提出的建议较为发散,缺少对具体问题的深入分析和可行性论证。教师应加强指导,引导学生不断调整和优化自己在提取问题、表征与分析问题、计划与解决问题、监控与反思问题等方面的思维方法,从而持续提高问题解决能力。为培养学生的实践能力,教师应当在课后组织学生通过发放问卷、访谈等方式搜集服务对象的意见,获得真实有效的反馈,并对建议进行持续改进。

2. 以合作学习方式提升思维

教师为学生创设了包含明确任务的真实性问题情境,提供了互动协作的环境和有效的指导,在活动中鼓励学生清晰表达观点,通过师生互动、生生互动,促进深度学习的发生,为实现从"知"到"行"的转化创造了条件,增长了学生的学习智慧和实践智慧。教师组织学生将自主学习与小组合作探究相结合,从提高劳动报酬在初次分配中的比重、完善社会保障制度、强化税收调节、创造公平的教育机会和就业机会等方面提出了具体的建议,拓展了解决问题的思路。合作学习促使学生在互动中以建设性反思批判精神回应社会转型的复杂变化,理性澄清有关现象和观点,创造性地提出了解决方案,提升辩证思维能力和公共参与素养。

在活动过程中发现,小组合作探究活动中部分学生的参与度不高,不能提出明确的观点。因此,教师应在课前对学情进行调查分析,把握学生的认知基础和心理特点,在学生分组过程中进行有效指导,合理调配组员,使每位学生在组员的相互支持下都能够理清思路,真正理解探究活动的任务并积极参与,以提高小组合作学习的效率。教师还应当为学生的学习提供必要的学习支架和恰当的指导,提供一些与问题相关的阅读材料如政策、理论、新闻报道等,使学生能将课堂问题与已有经验建立有效连接,避免思维断层导致无法理解现象背后的成因,不能提出更具可行性的建议。教师还应当设计合适的评价量表,关注建议和方案的可行性、策略的优劣性、合作的参与度、表达的清晰性、观点的创新性等,在课后及时评价和反馈。

活动示例二:"探究收入分配,担当社会责任"教学设计

(一) 活动构思

在高中思想政治必修 2《经济与社会》第四课《我国的个人收入分配与社会保障》的教学过程中,借助电影《我不是药神》创设系列富有冲突性和挑战性的问题情境,引导学生针对特定任务提出建议,以"提出问题—分析问题—解决问题"的逻辑开展情境探究活动,推动学生形成"共同富裕"的大概念,培养学生问题解决能力,增强学生对我国收入分配制度和社会保障制度的认同,提升社会责任意识和公共参与能力。

教师之所以选择《我不是药神》这部电影,是因为该电影集中反映了现实生活中的矛盾和困境,具有很强的典型性,且情节能引起人们强烈的心灵撞击和共鸣。一方面,该片能激发学生对"看病难、看病贵"和"贫穷"等问题的关注和思考,构建学生生活与真实世界的联结;另一方面,该片引发人们对于如何解决天价药问题,如何解决百姓"看病难、看病贵"问题的进一步重视,推动政府不断优化医疗制度。在教育教学上,促使学生了解真实世界,关注弱势群体,从民生需

求层面思考解决天价药问题的必要性,从政府制度设计层面思考解决这一问题的有效方案,从道德伦理层面思考生命的价值和人生的意义。

第一课时以"'天价药'难题有解吗?"为主议题,设计"程勇是否该卖仿制药?是否应该被判刑?"的价值冲突问题,激起学生对生命与利益、法理与人情等两难问题的争论,随后引导学生为解决"天价药"难题从政府、企业、个人的角度提出建议。第二课时和第三课时对电影内容适当拓展延伸,依次分别从"如何完善我国的医保制度和社保制度"以及"如何完善我国的收入分配制度"的角度进行更深层次的探究,创设阶梯式问题情境,不断刺激学生对"实现共同富裕"的大概念进行多维度、深层次思考,并从不同的立场和角度提出解决问题的思路和方案。

(二)单元活动目标

学生通过观看电影、视频和阅读教材文本及相关材料,了解收入分配和社会保障相关的知识和社会现象;用所学知识分析社会现象,提出自己的观点并对观点进行辩护和论证,培养辩证思维和逻辑思维能力;在交流和探究过程中学会用辩证唯物主义世界观和方法论来观察事物、分析问题、解决矛盾;通过参与社会实践活动,学生能够在学习过程中感知和研究真实社会问题,形成丰富的体验,多元的思考和富有创新性的观点,提高对话协商、沟通合作、表达诉求和解决问题的能力,同时增强对社会主义经济制度的理解和认同,自觉践行社会主义核心价值观;在课堂探究和课后实践中培养集体主义精神,激发爱国情怀和公共参与的热情,勇于承担社会责任。

(三)活动过程

议题一:"天价药"难题有解吗?

本议题共设计了层层推进的三个探究活动。在第一个探究活动中,教师引导学生在课堂上讨论问题:卖仿制药该不该被判刑? 请学生对自己的观点进行论证。学生对这一问题展开激辩,从法理与人情的角度深入探讨了"天价药"难题。教师顺势引导学生围绕"如何破解'天价药'难题"提出建议。由于学生对于这一问题缺乏知识储备,因此教师为学生提供了必要的学习支架,请学生结合《国务院办公厅关于促进医药产业健康发展的指导意见》,从政府、企业、个人三个角度思考,如何推动"天价药"价格下降? 在这一问题的基础上,教师引导学生继续深入探讨将"天价药"纳入医保的意义,使学生对我国的医保制度的作用有较为切身的感受。在课后实践中,引导学生尝试对如何完善我国的医保制度从而解决"天价药"难题进行进一步研究,撰写调查报告和提案,并通过政府网站提交自己的建议。

议题二:如何完善我国的社会保障制度?

本议题承接第一课时的问题,即进一步深入探讨我国医保制度和社保制度如何改进的问题。引导学生理论联系实际,学会用社会保障制度的相关知识解决真实生活问题。在这一过程中,教师为学生提供了《中国医保发展简史》和《国际医保模式比较》两份阅读材料,请学生结合材料思考"如何建立理想中的医保制度? 需要哪些条件? 可能会面临哪些难题? 如何破解这些难题?"在对完善我国的医保制度提出建议后,教师引导学生结合我国社会保障体系建设的总目标和《中华人民共和国国民经济和社会发展第十四个五年规划》第四十九章中"健全多层次社会保障体系"的相关内容,思考:"我国社会保障体系目前还存在哪些困难和挑战? 选择其中一个挑战谈谈解决思路,提出建议。"

议题三:"穷"病怎么治?

本议题围绕"完善收入分配,促进共同富裕"的主题设计了系列探究活动。在探究活动一"勤劳如何才能致富"中,教师首先引导学生回忆电影《我不是药神》中假药贩子张长林的台词"这世上只有一种病,就是穷病"。据此,学生主动对这句触动人心的话背后的社会原因进行思考:"穷"病是由哪些因素导致的? 是因为人们不够勤劳吗? 在此基础上,教师提供阅读材料和视频《穷富翁大作战》片段,引导学生对当前存在的一些"勤劳而不富"的现象进行思考。小组讨论问题:勤劳致富需要具备哪些条件? 国家和社会需要做出哪些改变? 我们每个人应该怎么做? 对此提出自己的建议和看法。

探究活动二的主题是"应该树立怎样的劳动观",教师引导学生针对"啃老族"这一社会现象进行分析并提出建议。课堂活动设计了一个模拟情境,请学生扮演社区工作者对"啃老族"小郑进行劝说。

本课时的最后一个探究活动指向了收入分配的根本性问题,即怎样从根本上治好"穷"病,实现共同富裕? 教师引导学生思考:"在实现共同富裕的道路上,我们还面临着哪些挑战? 应该如何应对? 请提出你的建议,并将自己的想法认真梳理,撰写时政小论文。"

(四) 活动分析

本单元每一课时内部均以"提出问题—分析问题(探究现象)—解决问题(提出建议)—实践应用(走入社会)"的步骤展开,建立起课堂活动与真实社会的有机联结,使学生在课堂活动和社会实践中增强解决复杂问题的能力,提升公共参与素养和社会责任感。以下将对每一课时从活动设计意图、活动开展后的效果、活动实施中的问题和活动改进方向三个方面进行分析。

议题一 "天价药"难题有解吗?(分析电影《我不是药神》中的民生难题,提出建议)

1. 活动设计意图

学生通过观看电影和课堂讨论,梳理出电影中的冲突性事件和价值两难问题,对价值冲突问题进行符合实际的理性分析和判断,从纷繁复杂的信息中辨别、梳理出主要信息,从中发现和界定问题,全面分析问题;通过观看视频、阅读材料,小组合作对真实社会问题提出建议,认识到不同主体应承担不同责任,学会利用各种条件和资源解决问题,拓宽解决问题的思路和方法,培养辩证思维和创造性思维;通过研究社会现象,撰写调查报告和模拟政协提案,学习调查研究的方法,培养实事求是的科学精神,提升公共参与素养。

2. 活动开展后的效果

本课设计了冲突性强的复杂情境,激活了学生的情感和思维,课堂气氛活跃,问题讨论充分,在观点碰撞中产生了很多富有创新性的观点。《我不是药神》这部电影故事本身非常感人,学生在讨论相关问题时代入感很强,对影片人物有深切的同情,对其反映的苦难有强烈的共鸣,学生对课堂探究活动的参与度很高,各抒己见,讨论热烈,对某些问题展开激烈的辩论。如在"程勇到底该不该被判刑"的问题上,双方均提出了明确的观点和充分的辩护。

课堂探究任务明确,学生能从不同角度分析问题并提出较为合理的建议。教师基于情境设计明确的学习任务,提供必要的指导和合适的学习支架,组织学生采用小组合作的方式充分利用各种资源和工具展开协作,开展探究式学习,为解决真实问题提出了较为合理的建议。课后实践环节,教师指导学生继续深入调查研究,将调查结果和建议提交政府网站,引导学生亲身进行公共参与的实践。通过这些活动学生对如何解决"天价药"难题形成了较为清晰的思路，提高了分析问题和解决问题的能力。

3. 活动实施中存在的问题和活动改进方向

本课的探究活动紧紧围绕如何解决"天价药"难题展开，对于这样一个复杂的问题，虽然教师提供了一些学习支架（政府政策文件），但是由于学生缺乏足够的知识储备和社会经历，针对该问题提出的有些建议不符合社会实际，可行性较弱，有些建议缺乏可实施的具体路径，如有学生提出"政府应当对医药企业加强道德教育，引导企业主动降低药价"。教师应当围绕一个角度设计系列连续性问题，引导学生聚焦一个具体领域进行深入挖掘，提出更加有明确实施路径、具有较强可操作性的建议，并指导学生对不同的建议进行可行性论证，学会考虑各种限制性条件，在比较和权衡中选择相对"最优的、可行的"建议，培养能应用于实际生活的问题解决能力。

议题二　如何完善我国的社会保障制度？（学会用社会保障制度的相关知识解决真实生活问题）

1. 活动设计意图

通过阅读资料和合作探究，从历史发展和国际比较中辩证看待我国当前的医保制度，推测完善我国医保制度可能遇到的挑战和需具备的条件，识别决策目标和主要限制性条件，确认合理的选择方案，学会用历史的、辩证的、国际的眼光分析和解决问题；运用所学社会保障的相关知识分析案例并提出解决问题的建议，表明参与公益活动、践行公共道德的积极态度，加深对我国社会保障制度的理解和认同；践行社会主义核心价值观，综合运用所学知识解决真实生活问题，在实践中运用课堂所学知识帮助困难群众，促进社会和谐、维护人民利益；研究我国社会保障体系的建设目标和当前面临的挑战，在自主辨析和合作探究中提出创新性见解和解决问题的思路，展现主人翁意识和社会责任感。

2. 活动开展后的效果

在为王敏一家解决生活困难提出建议的过程中，教师指导学生先分析王敏一家需要解决的困难具体有哪些，再针对这些困难从社会救助、社会保险、社会优抚、社会福利、社会互助等角度提出了很多切实可行的建议。例如，帮助王敏一家申请低保和灾害救助金，帮助王敏申请助学金，通过"水滴筹"等方式申请社会捐赠，通过医疗保险减少手术费用，帮助王敏爸爸通过社会优抚制度找到合适的工作,将王敏的奶奶暂时送入养老院等。

这些建议可以迁移到真实生活情境中,帮助学生认识到社会保障制度在实现人民美好生活向往中发挥的重要作用,学会运用所学知识解决现实生活问题。课堂活动培养了学生的公德意识和服务精神,有助于促使学生形成健全人格和正确价值观,利于学生终身发展。课堂活动贴近真实生活,学生在用所学知识解决问题的过程中不仅巩固了知识,锻炼了能力,也感受到关爱和帮助他人的幸福感。

3. 活动实施中存在的问题和活动改进方向

在本课的探究活动三"如何完善我国的社会保障制度"中,学习任务是根据材料4思考我国社会保障体系目前还存在哪些困难和挑战,选择其中一个挑战,谈谈解决问题的思路。活动开展过程中,学生感觉材料4的内容与自身生活距离较远,理论性过强,难以理解,因此无法提出解决问题的建议和思路。针对这种情况,教师一方面应调整问题设计,从学生身边可感可知的问题入手,设计符合学生认知水平的问题;另一方面应该为学生提供对解决问题具有较强支持作用的学习支架,以免学习支架的作用流于形式,不能真正为学生解决问题服务。

议题三　"穷"病怎么治?(完善收入分配,用实际行动促进共同富裕)

1. 活动设计意图

学生通过观察和思考"勤劳而不富"的社会现象,了解社会真实问题,分析社会现象存在的复杂背景和原因,辨析不同观点,作出理性分析和判断;为推动共同富裕和解决收入分配中的公平性问题提出建议;回应不同群体的冲突性观点,揭示其理论和实践根源,并提出解决矛盾的办法;通过观看脱贫故事,体悟实现共同富裕需要国家政策和个人勤劳的共同作用,认同我国的收入分配制度和政策;通过劝说"啃老族"的活动,培养正确劳动观,提升分析和解决问题能力,用实际行动服务社会,促进共同富裕。

2. 活动开展后的效果

本课时的情境和问题设计具有较强复杂性和开放性,学生在课堂探究活动中能充分发挥辩证思维和逻辑思维能力。学生在考虑我国当前的社会实际和各种限制性条件后,对如何解决"勤劳而不富"的收入分配不公平问题从多角度进行分析和论辩。例如,从提高劳动报酬在初次分配中的比重、完善社会保障制度、强化税收调节、创造公平的教育机会和就业机会等方面提出了具体建议,拓展了解决问题的思路,提出了创新性观点。养牛姐脱贫的真实案例能使学生感受到我国解决贫困问题富有实效,也感悟到在国家政策支持下,人民群众通过自己的努力劳动能够致富。劝说"啃老族"的活动反响热烈,角色扮演的方式激活了学生的参与热情,学生在活动过程中对不劳而获的行为进行谴责,对什么是正确的劳动观达成共识,提高了沟通协作、表达诉求和解决问题的能力。

3. 活动实施中存在的问题和活动改进方向

教师应当提供真实的持续性评价,促进学生解决问题能力的持续提升。教师在课后虽然布置了实践性作业,但是对学生在课堂探究活动中的表现未及时进行过程性评价。应当设计合适的评价量表,关注建议和方案的可行性、策略的优劣性、合作的参与度、表达的清晰性、观点的创新性等,教师在课后及时评价和反馈,指导学生不断调整和优化自己在提取问题、表征与分析问题、计划与解决问题、监控与反思问题等方面的思维方法,从而帮助学生不断提高分析问题和解决问题的能力。

华东师范大学第二附属中学　李小鹏

角色扮演

活动概述

角色扮演活动是以学生发展为本的体验式教学方式。学生作为参与活动的主体,变被动为主动,带着明确目标、好奇心和使命感而进行自主探究学习。在这个主动探究的过程中,学生通过扮演不同的角色,站在不同的立场,探索、发现和体验,初步学会对信息的收集、分析和判断,从而培养了学生的创新意识、科学精神和实践能力。角色扮演活动是一种实践性、体验性活动,可以分为课堂内活动和课堂外活动。课堂内活动主要是情境活动,通过创设特定、真实、复杂的生活情境,通过模拟和扮演实践中的角色,解决实际问题,是一种在课堂中运用掌握知识的学习活动;课堂外活动主要是模拟活动,通过模拟真实的、无剧本的场景,站在实践中的角色的立场。

(一) 主要特征

1. 课前探究的主动性

每个小组成员所体验的每一个角色都需要事先设定,参加角色体验的同学课前都需要主动做大量的资料搜集和筛选工作。学生自行组成小组,在教师的指导下自主选择主题,搜集相关案例。例如,学生可以上网搜索或去药房、商店等查询口罩的价格,比较不同时期的口罩价格的变化;可以上网或实地考察长桥地区老旧小区成功加装电梯的经验、长桥 X 村小区居民意见难一致、加装电梯遇挫折等等。可以对一个典型案例进行深入分析,也可以对几个案例进行比较分析。

2. 角色设置的合理性

教与学的过程应当是角色创造的过程，但是角色的创造的前提是进行合理的角色设置。例如，如从"口罩行业发展"看社会主义市场经济体制，分小组采用模拟"企业、投资者、消费者"三方角色的情境式教学，促进学生的知识构建。以"小区加装电梯的难与易"为主题，各小组分别认领不同的角色，如：居民代表、业委会代表、居委会工作人员、物业公司、电梯公司、街道工作人员等，充分展示不同立场对于小区加装电梯的不同诉求，可以培养学生多角度思考问题、分析问题、解决问题的能力。

3. 体验过程的多元性

《基础教育课程改革纲要（试行）》中指出，要"注重培养学生的独立性和自主性，引导学生质疑、调查、探究，在实践中学习，促进学生在教师指导下主动地、富有个性地学习"。智慧教学在一定程度上是教师智慧的"教"转化为学生的"学"。锻炼学生确立自己角色之后，能够合理合情提出自己想法诉求的逻辑表达能力，培养学生换位思考的能力和素质，锻炼学生学会从发现问题到解决问题的能力。学生根据自己的能力将生活体验置于学习的知识点之中，对教材和生活情境多角度、有创意地体验感悟，将形象思维唤醒而达到多种功能的活跃水平，进而激活想象、联想，打开抽象思维，进行分析、总结、提升促使"知行融通"。

4. 活动评价的多样性

智慧型教师能够关注学生在活动开展过程中所呈现出的状态，动态地关注学生的体验，能够分析学生的需要，根据学生反映和需要调整节奏和引导方式等，把握好引导的时机，有的放矢地进行引导育人。正是在明确了任务和协作机制的前提下，活动评价才能科学合理、多元开放，让学生在实践活动中不仅收获知识，也能获得饱满的情感体验。小组活动评价一般评价以下内容：学生参与小组活动的态度，在活动中的合作精神，在活动中体现的创新精神和表达观点的能力，归纳整理材料的能力，汇报展示的具体表现等。

（二）组织原则

1. 理论与实践的统一

学生对知识的认知与发现，是建立在对探索过程的亲身体验和心灵感悟上，进而将探究行为转化为技能和方法,并且转化为解决问题的能力,从而在根本上提高学生的思维能力和创新能力。认知学习需要从感性的生活出发,并在感性中分析和理解学习的理性意涵。高中思想政治课作为活动型学科课程,具有理论与实践相结合的属性。学生学习本单元内容之后,通过综合探究活动,将被动地学习理论逐渐转化为主动地探究与实践,从而更好地"转识成智"。

2. 主体与主导的统一

在角色体验类活动过程中,教师是主导,学生则是探究主体。这需要教师充分利用本校教学资源,有针对性地设计活动课流程,充分调动学生探究的积极性和主动性,给学生展示的平台,以达到教学目的。教材指出了探究活动的目标和探究活动建议,需要教师以主体与主导的统一为原则,针对具体内容采取适当的方法。

活动示例:"小区加装电梯的难与易"教学设计

(一) 活动构思

本课以"小区加装电梯的难与易"为主题设计探究活动,教师根据学生情况、本地教育教学实际和经济社会发展现状,组织相应的探究活动,引导学生学会全面地、发展地、联系地分析问题,让学生分析加装电梯成功或失败的原因,并归纳出一般性结论。

本课所采取的角色扮演的体验类活动,是一种间接类实践活动,即通过信息技术等工具间接获得一种参与体验,也包括引入特定、真实、复杂的生活情境,得到一种身临其境的参与感,通过对解决实际问题的角色扮演,或对社会性场景的分析,解决现实问题,起到立德树人的作用。

(二) 活动目标

本课通过课内、课外的角色模拟,在真实的情境中,通过对小区加装电梯的课前调查,以现场协调会的形式进行课堂展示,最终提升学生解决问题的能力,即为小区加装电梯制定方案。通过体验角色扮演活动,学生能初步掌握学习《中华人民共和国民法典》的相关知识，能阐释与自己生活密切相关的法律常识，明确处理好相邻关系，注意权利行使的界限。学生能够树立法治意识，坚持宪法至上，在日常生活中具有尊法、学法、守法、用法的思维方式和行为习惯。

（三）活动过程

步骤一：课前充分准备，解读政策并实地走访

课前，学生以小组为单位，通过问卷、采访、实地走访的形式，对学校附近的长桥 X 村加装电梯的情况做一个初步的调查。在走访的过程中，学生以拍摄、记录等方式，分别对居民、居委、物业等相关人员进行采访，对该小区加装电梯进程中的"难"与"易"进行梳理。

同时，学生查找《中华人民共和国民法典》中的相邻关系和财产制度的相关规定，汇总后将文本以小组为单位上交，由一名学生对小组的收集成果进行整合。学生通过上网查找、实地考察等方式，学习上海市住建委、市房管局等 10 部门联合印发的《关于进一步做好本市既有多层住宅加装电梯工作的若干意见》、办理加装电梯相关手续流程、长桥 X 村小区概况等资料。

步骤二：课堂环节合理，全面参与并有效引导

在课堂导入部分，教师在板书上呈现"小区加装电梯中的相邻关系"议题，播放由学生收集、拍摄、制作的上海长桥 X 村加装电梯的真实情景视频。各小组派代表汇报长桥 X 村加装电梯的调查结果，将对小区居民、社区工作人员等进行访谈的情况进行初步汇报。其余学生思考各组的调查结果。

第一环节：加装电梯之据

以现场协调会的形式，开展议学活动。各小组分别认领不同的角色，如居民代表、业委会代表、居委会工作人员、物业公司、电梯公司、街道工作人员等，将挑选好的角色名牌置于小组的桌子中间。请一名学生模拟视频中的社区工作人员，主持召开现场协调会，各方推选一名学生对自己的观点进行阐述，教师以会议记录员的身份以板书的形式记录学生主要观点。在这一过程中，要求学生站在各自立场表达诉求。

扮演居委会工作人员的小组，从几个角度阐述居委为加装电梯所做的工作。比如，可以谈谈为了电梯加装，居委在社区内了解居民意愿、动员居民撰写电梯加装请愿书、向街道递交电梯加装申请等；也可以谈谈居委在开展电梯加装过程

中遇到的困难,如产权多样、住户的类型多元、居民加装电梯意愿较低等;还可以就居委的下一步工作重点做一个规划,如在楼宇粘贴通知,与居民进行沟通等。

扮演居民代表的小组,可以分为几种不同类型的居民。比如高层居民、低层居民、底楼居民,同意加装电梯的居民、反对加装电梯的居民、持观望态度的居民,业主、租客等,尽可能站在不同的立场表达自己的观点与看法。

扮演街道工作人员的小组,可以就小区加装电梯中的难点进行梳理,从而引发学生的思考。比如,电梯的费用高,体现在加装环节、后续运行以及维护保养中所产生的费用;后续的电梯管理、维保的负责机制,也是加装电梯之后的难点。

在现场协调会中,教师以观察员和会议记录员的身份,将各方的主要诉求和关键词写在副板书上,鼓励学生查看《中华人民共和国民法典》,为诉求寻找法律依据。

第二环节:加装电梯之法

学生结合记录员在副板书上展示的协调会中各方主要诉求,查找《中华人民共和国民法典》中的相关法律条文。请一名学生扮演律师,对居民、居委会、物业公司、街道等提出的诉求一一进行专业的解答。其他学生站在自己角色的角度,通过记录律师话语中的关键词,谈谈自己的感想。在倾听的过程中,学生在律师的解读中提炼有用的信息,并尝试用法律知识对其进行解读与分析,为分析"小区加装电梯"这一时政热点新闻提供法律视角。

教师在学生角色扮演、分析的过程中,结合《中华人民共和国民法典》有关条文内容,对"相邻关系"和"相邻权"进行分析,指导学生掌握法律工具进行分析思考。

第三环节:加装电梯之策

学生展示上海市关于小区加装电梯的政策,思考妥善处理相邻关系的内容、原则。运用相邻关系的原则,完善老旧小区加装电梯的方案。学生在制定方案的过程中,依然站在自己所扮演的角色的立场,分别从居民、居委会、业委会、街道办事处、电梯公司、物业公司等角度,完善小区加装电梯的方案。

扮演街道办事处工作人员的小组,可以从政府的角度,提出方案。比如,先试点,再分步推进统筹开展小区综合治理;给予合理补贴,同时鼓励社会资本参与改造运营;制定加装电梯相关利益的补偿依据、补偿标准或操作手册,形成更加完善的利益协调机制等。

扮演居委会工作人员的小组,可以从居委会这个基层群众自治组织的角度提出方案。比如,帮助居民组建加装电梯自治协调小组,让人民群众充分参与社会治理;建议寻找专业的电梯维保单位或者物业公司进行托管等。

扮演电梯公司工作人员的小组,可以从电梯公司的角度提出方案。比如,提高自主创新能力,通过降本提质帮助居民缓解电梯资金困难问题;依托大数据为居民提供托管式服务,保障电梯的正常运行。

扮演物业公司工作人员的小组,可以从物业公司的角度提出方案。比如,将电梯使用费用纳入物业服务费中,保障加装电梯的正常运营,使其能长期惠及老旧小区居民。

扮演业委会成员和居民代表的小组,可以从业委会、居民的角度提出方案。比如,组建加装电梯自治小组,积极了解相关法律法规与申报指引;以合法合理的形式向有关部门反馈意见或寻求帮助;运用处理相邻关系的原则,妥善处理好相邻关系。

在课堂环节落实的过程中,学生以小组为单位,完成以下学习任务单。

表1 "小区加装电梯中的相邻关系"学习任务单

班级＿＿＿＿＿ 组长＿＿＿＿＿ 代表方：□ 居委　□ 物业　□ 居民　□ 业委会 □ 街道　□ 物业公司　□ 电梯公司　□ 其他	
诉求	
解决方案	
涉及知识点、法律条文	
我的疑惑和建议	

步骤三：课后评价及时,方式多元并合理优化

教师在进行角色扮演类活动评价设计时,要对学生的表现予以肯定评价,教学评价需要注重学生在思想政治学科核心素养方面的表现,要保证评价活动中不仅有学生的实际学习情况,还要利用评价结果更好地改进教学活动。

表2 现场协调会活动评价(个人)

评 价 内 容	等级 (A—E)
政治认同:能初步掌握学习《中华人民共和国民法典》中的相邻关系的相关知识,能践行和弘扬社会主义核心价值观	
法治意识:明确处理好相邻关系,就是要注意权利行使的界限,能在活动中遵守法律,有遵守规则的意识	
科学精神:能对调查数据进行理性分析,实践活动结论与学科知识关系紧密;数据精当,表达准确,有一定创新能力	
公共参与:积极参加活动,有较强的合作意识和责任意识	

在表2中,学生对自己在实践活动中的表现进行打分,等级越高,分数越高。学生通过这张表格先对自己的表现做一个客观的评价,再结合团队评价(表3)和教师评价,从而实现评价的多元、合理。

表3 单元实践活动评价(团队)

维 度	等级(A—E)
小组同学配合主动	
信息收集充分精当	
观点表达流利严谨	
分类认识深刻独到	

(四) 活动分析

思想政治课的一个重大而紧迫的任务即在于培养学生运用政治、经济和哲学知识分析实际问题的能力，掌握在现代社会中生存的基本技巧，并且最终成为热爱生活、懂得生命的"智慧市民"。[①] 本节课通过对"小区加装电梯"这一社会经济热点事件的分析，在情境学习、合作探究中明晰法律规定的相邻关系的实质和种类。以"知识学习、课堂模拟、实践尝试"培育三部曲，激起学生参与热情。参与角色扮演的课堂模拟，解决学生本领问题，提升学生参与能力。经历实践尝试，解决学生行动问题，产生真知、真信的效果，增强法律意识。学生通过解读相邻关系，学会全面地、发展地、联系地分析问题。

1. 角色选择要符合实际和学生认知

本课为高中思想政治选择性必修 2《法律与生活》的第一单元综合探究《财产制度助力经济社会发展》的内容，是对第四课第二框"权利行使，注意界限"第二节内容的延伸，也是对前一节"民事权利有限制"内容在逻辑上和生活上的延展。高三学生对现实生活有一定的感知，思维活跃，尤其对生活中一些热点问题有一定的关注和自己的思考。但是，对于法律法规的相关具体规定和解释缺乏深入的理解力和思维力，要使思想政治课达到"智慧育人"的效果，教师在活动的设计上，要启迪、引导学生"转知成信""化信为行""知行融通"。

本课采用角色扮演的情境模拟形式，还原贴近学生既有经验，且符合当下兴趣的特定环境。本课以"小区加装电梯现场协调会"为情境，让学生分小组进行角色扮演，分别从居民代表、业委会代表、居委会工作人员、物业公司、电梯公司、街道工作人员等角色中，进一步剖析小区加装电梯过程中的"难"与"易"。角色的选择符合实际，也符合学生的认知水平。

2. 议题创设要科学合理

围绕总议题"小区加装电梯中的相邻关系"，设计"加装电梯之据""加装电梯之方""加装电梯之策"三个环节，三个环节环环相扣，使议题贯穿教学过程始终。

学生在课堂内外思考：小区在加装电梯的过程中，究竟存在着哪些困难；同一栋楼的住户对于加装电梯有着哪些不同的看法等。学生通过学习思考，认识到小区加装电梯涉及的法律意义上的相邻关系的种类与实质，明确权利与义务相统一的关系，认识到《中华人民共和国民法典》对相邻关系的相关规定，培养学

---

① 孟祥萍：《追寻智慧——思想政治课智慧教学探索与实践》，复旦大学出版社 2014 年版，第 24 页。

生对材料信息和关键词的提炼能力。通过学习,让学生明确法律规定的相邻关系,以及稳定社会秩序的重要意义。

3. 情境创建要突出育人功能

本节课选用"加装电梯"为素材,与学生的生活息息相关。例如,有部分学生所居住的小区也正面临着是否加装电梯的选择。结合长桥 X 村小区加装电梯的时政背景,本节课以"小区加装电梯"为情境主题,由"加装电梯现场协调会""加装电梯解决方案""长桥 X 村小区加装电梯成功案例""出谋划策助力老旧小区改造"组成,为"议"中学提供载体。

本课旨在走出教室小课堂,迈进社会大课堂,搭建教材与生活联系的桥梁。让学生在积极解决电梯加装难题的同时,透过真实的情境去思考问题的本质。角色体验类活动,是间接类的实践活动。所谓间接类实践活动,更多地指在课堂内,通过创设真实、有价值的情境模拟真实的生活场景,进而分析和解决问题。基于单元规划的实践活动,是在学科单元教学设计框架内的活动,应该区别于一般的课外活动,既要考虑学科的知识逻辑,又要考虑学生的成长逻辑和生活实际。

4. 任务设定要注重培养学生能力

学生对事物的认识往往会将现实生活中的真实问题作为起点,从真实感受出发对事物形成概念和认知。学生要经过"感性具体—理性抽象—理性具体"的认识过程,在此基础上经过活动实践或思维实践寻求智慧的生成。学生在前一节课学习相邻关系的实质、原则,课下查阅相关新闻时事,了解相关情况。之后,分组选择不同的角度,进行方案设计,制定调查问卷并进行实地调查访问,结合自己所代表的身份,有针对地形成合情合理的意见诉求并进行充分表达、协商。

针对思想政治课教学智慧,教师可充分利用各种课程资源,关注国内外的时事变化以及社会环境,善于将这些鲜活的第一手材料穿插进课堂,与书本知识点相结合。教师还应当根据学情、教学内容的差异采取多样化的教学方式完成教学。[①]教师在课堂上要引导学生正确认识老旧小区加装电梯的必要性,充分考虑在加装过程中对业主相邻权的保护。同时,教师还可以组织相关实践活动,让学生搜

---

① 孟祥萍:《追寻智慧——思想政治课智慧教学探索与实践》,复旦大学出版社 2014 年版,第 21 页。

集老旧小区加装电梯的成功或失败的实例，深入分析其原因和面临的问题，比较不同地区老旧小区加装电梯的政策，进行主题交流。

5. 评价活动要多元合理

角色扮演的体验类活动的评价不能简单地用考试成绩来评价，要采用多元化的评价方式。不仅要看学生角色扮演的体验类活动的结果，更要看学生在活动过程中的态度和表现，重视学生在活动过程中获得的情感体验、合作意识、创新精神和实践能力等。同时，允许学生对同一个问题有多种解决方案。评价方式可以是学生自评、团队互评，也可以是教师综合评价。只有这样，才能让每个学生在实践活动过程中充满信心，从而更加积极地参与活动。要通过评价引导学生在角色扮演的体验类活动中体验、生成和感悟，为学生发挥学习主动性、发展创新能力和提高实践能力创造机会。

基于智慧教学理念，学生从活动体验中通过整合建构获取知识，通过情感体悟化知为信、激发信念、塑造德性、探索行动，推动自身"转识成智"，寻求"知信行融通"的状态，逐步实现智慧的生成。在模拟教学模式中，教师可以根据教学内容，利用角色扮演、模拟等直观教学手段来创设课堂情境。在"知识获取—情感体验—信念生成—行动落实"的机制下，在教学过程中，通过对情境的复现、模拟，能够使学生身临其境，调动学生情绪，在参与、体验和实践中掌握所学知识，从而提升智慧育人的实效。

上海市紫竹园中学　　杨蓓丽

第六节　时政演讲

活动概述

时政演讲是初中道德与法治课经常开展的一项活动,通常是对"近期发生的国内外大事或者学生身边的热点问题"进行讲述和评析。时政演讲能有效地将社会热点、生活实际引入课堂,激发学生学习兴趣,提升创造性思维和解决问题的能力,引导学生关心公共事务,关心国家发展和前途命运,落实立德树人的根本任务。

(一) 主要特征

1. 演讲内容的时效性

时政演讲体现了"将时事引入课堂"的课标要求,它不仅能开阔学生眼界,而且能够弥补学生在社会公共生活领域的不足。时政演讲的内容突出"时"和"政",一般以近期国内外大事或者以学生身边热点问题为主,体现出鲜明的时效性,能反映当前社会现象,能联系学生生活经验,引起学生共鸣,激发学习兴趣,引导学生在"听、看、想、说"的过程中提升分析问题、解决问题的能力,形成正确的价值判断,提升道德观念和法治意识。

2. 演讲要求的适切性

时政演讲在各个年级的初中道德与法治课教学中被广泛运用,但各年级的演讲要求不能"一刀切",必须根据各年级学生的认知特点、已有能力呈现出不同的"梯度和层次"。比如,对于六、七年级的学生,演讲的要求应适当放低,侧重

"陈述事实"，演讲内容可选择身边的社会热点；对于八、九年级的学生，演讲要求有更广泛的视角，关注国内外影响较大的时事，有国际视野，能从社会主义核心价值观的角度审思时事。不同的年级，不同的要求，体现出时政演讲要求的适切性，有利于学生进阶式学习，不断加深思维深度，拓展能力，提升素养。

3. 演讲过程的互动性

时政演讲倡导生生互动和师生互动。时政演讲不是针对某件事情泛泛而谈，而是演讲者调动综合能力"内化新闻"并清晰表达的过程。在演讲中增强互动，可以激发"听众"的参与性，让"演讲者"和"听众"的体验更加充实，有更明显的代入感，能激发双方在互动中产生灵感，让更多学生从不同角度切入思考，获得更丰富的思考路径，得出更全面、更客观的结论。所以，时政演讲不是演讲者单方面"输出"，而是在"输出"内容的基础上进行交流，使各种见解在交流中明晰，在互动中升华，让思维在碰撞中产生新的智慧。

（二）活动要求

充分准备，做好演讲内容的积累和梳理。学生通过关注相关公众号，阅览报刊，搜集、摘录有意义的新闻材料，进行概括提炼，为时政演讲积累"源头活水"，提升演讲的质量。教师要对演讲准备工作给予适时指导，在内容选择、演讲深度、媒体制作等方面提供专业建议，帮助学生完成高质量的时政演讲，使学生在活动准备过程中有收获和成长。

倡导合作，在分工协调中扬长避短。合作能力是活动型课程培育的重要能力之一。学生以小组合作方式开展时政演讲，在资料搜集、媒体制作、现场播报等环节中分工合作，既能培养学生相互信赖、相互理解、相互帮助的精神，也能帮助学生在合作中正确认识自己，扬长避短、提升自信、健全人格。

多维评价，做到全面客观公正。评价是时政演讲的最后一个环节，也是不可或缺的一部分，它能起到画龙点睛的作用，促进时政演讲活动长远发展，引导学生在获取知识、促发情感、做出行动的过程中知行合一。从评价主体看，多维评价可以包含学生自评、学生互评、教师点评等；从评价方式看，多维评价可以通过等第分值进行评价，也可以通过语言描述进行评价。多维评价要关注评价的激励性，能引导学生树立正确的思想观念，能激发学生的兴趣，提高教学的实效性。

活动示例一：建设美丽中国时政演讲点评

（一）活动目标

通过学生的时政演讲点评活动，激发学生参与讨论的积极性，增强互动性，形成思维碰撞，产生共鸣；引导学生关心时事政治，了解我国生态环境建设现状以及取得的重大成果，树立人与自然和谐共生的基本理念。

通过教师的时政演讲点评活动，对学生时政演讲取得的成果给予充分肯定，激发学生参与时政演讲的积极性。教师指出时政演讲中存在的问题，能帮助学生优化演讲内容、训练思维深度、提高演讲质量。通过教师点评，促使学生增强生态文明建设的使命感和责任感，为建设美丽中国尽一份力。

（二）活动过程

本堂课的教学内容是初中道德与法治（五·四学制）九年级第六课《建设美丽中国》，本次时政演讲的时长要求控制在五分钟左右，演讲内容要与教材相关，能贴近学生生活，有时效性，演讲要有适切性；演讲者能逻辑清晰地讲述时政内容，能审思时事。围绕本堂课的教学主题，三名学生组成演讲小组，以主播和场外记者的身份进行时政演讲。本次时政演讲内容包含《"十四五"生态环境领域科技创新专项规划》、中国建成白鹤滩水电站、渤海亿吨级大油田建成投产、中国13个城市获得"国际湿地城市"称号等。

演讲结束后，演讲者对本次时政演讲进行自评：我们小组为这次时政演讲做了充足准备，我们提前一周准备新闻内容，在收集大量国内外时政热点的基础上对新闻内容进行筛选，选出与今天上课内容相关的新闻主题进行播报，可以加深同学们对本课教材内容的理解，也能拓宽学生的眼界。通过这次时政演讲，我们小组对"创新、协调、绿色、开放、共享的新发展理念"有了更深层次的理解，懂得绿色发展离不开科技创新，明白我国要实现碳达峰碳中和，必须进一步提升自主创新能力。

参与演讲的学生自评结束后，台下学生以小组为单位，通过评价表的方式对本次演讲进行互评，评价表样例见表1。

表1 时政演讲互评表

评价内容	评价指标	评价等第
演讲内容	时效性	A
	适切性	C
	教育性	B
演讲台风	语言清晰	A
	仪态大方	B
	合作默契	A
具体评价	今天听到的时政演讲内容新颖，和课本内容有密切关联，打开了我们的视野，让我们感受到我国生态文明建设方面取得的重大成就。三位同学分别以主播和场外记者的身份默契配合，仪态大方，能完整流畅地播报新闻内容。不足之处是此次时政演讲的白鹤滩水电站、渤海大油田等内容离我们的生活比较遥远，新闻内容包含很多科技专业术语，内容过于深奥，不容易理解。希望以后能多讲讲我们身边的社会热点，能带给我们更多的启示	

* 评价等第以 ABC 等第进行评价，A 为很好，B 为较好，C 为需改进。

在听取学生自评和互评之后，教师也对本次时政演讲做了点评：演讲者表达清晰，语言流畅；相互间能配合默契，值得肯定；演讲内容和教材内容有一定关联度，能成为本课学习内容的有效补充，有利于学生加深理解。建议对演讲内容进行有效筛选，可以选择国内外大事，也可以选择和学生密切相关的身边事进行演讲，注意"远近结合"，更容易引起学生的共鸣。演讲过程要避免平铺直叙地呈现新闻内容，演讲要有互动性，在讲述新闻的过程中提出问题，引发在座学生积极思考，参与解决问题，形成思维碰撞，产生共鸣。

（三）活动分析

1. 时政演讲点评要发挥评价激励作用

评价主体多元化有利于发挥评价激励作用。通过自评的方式，让自己能够公正客观地进行自我评价,在自评过程中实现自我反思和调整,促进自觉成长。教师点评要关注学生的进步、发展和成长,要提建议,更要谈优点,这能让演讲者充分了解演讲的诸多优点和改进措施,让学生看到演讲者为之付出的努力。在本次点评中,师生肯定了演讲总体上是成功的,对演讲者的表达能力和合作精神,以及演讲内容的时效性和教育性给出了较高评价。这样做能提高演讲者的自信心,激励演讲者不断努力,丰富时政演讲的内容和形式,促进时政演讲的高质量发展。

2. 时政演讲点评要发现不足之处

本次演讲内容虽然与教材有关联,但内容包含的《“十四五”生态环境领域科技创新专项规划》、中国建成白鹤滩水电站、渤海亿吨级大油田建成投产等信息过于专业,在没有相关知识储备的情况下,学生很难理解。所以在点评过程中,师生都关注到本次演讲内容远离学生生活实际,超出学生认知水平,难以实现演讲者和倾听者的共鸣,在“适切性”方面还需改进。这样的点评过程体现了听讲者不是简单被动地接受“新闻内容”,而是能在倾听的过程中主动思考,发现问题,提出解决问题的方案。

3. 时政演讲点评要关注思维表现

时政演讲点评除了点评演讲内容、演讲台风,更要关注演讲者的思维表现。在本次点评中,教师关注到演讲内容平铺直叙,演讲者仅仅是新闻的搬运工,缺乏对新闻内容的理解和再加工,导致时政演讲缺乏思维深度。因此,教师提出在演讲过程中增加互动环节,力求在演讲中吸引更多学生参与思考,提升思维品质。

活动示例二:从时政演讲中品味中华传统文化,坚定文化自信

(一)活动构思

本课主题关键词是“文化自信”,是初中道德与法治(五·四学制)九年级第三单元内容,主要阐述了中华优秀传统文化是中华民族的根,体现了中华优秀传

统文化源远流长、博大精深的特点。本课的重点落在"感受文化价值,体会文化力量,坚定文化自信"。

九年级学生对中华传统文化有一定认知,但在全球化大背景下,九年级学生受其心理发展水平、认知能力及辨别是非能力的限制,容易忽视对中华优秀传统文化的继承发展。

为帮助学生感受中华优秀传统文化的魅力,热爱中华文化,坚定文化自信,时政演讲学生围绕本课教材内容,积累并筛选近期国内热点,选择中学生关注度高、符合中学生认知水平、与教材前后文密切联系的时政内容进行讲解。本次时政演讲内容以"中华优秀传统文化"为主线,围绕"给航天器取名""杭州亚运会会徽""古镇文化建设"三项内容展开。教师将以上三项内容作为本堂课的三个议题展开教学,通过课堂讲解、问题设计、讨论交流等环节,引导学生研究"中国优秀传统文化"内涵与外延,领悟中华文化的源远流长、博大精深,认同文化价值与文化力量,增强文化自信,弘扬民族精神。

(二) 活动目标

通过时政演讲,学生提高信息提取能力,了解悠久灿烂的中华文明,体验中华优秀传统文化的创新性发展,增强对中华优秀传统文化的认同感和归属感。

通过对议题一"给航天器取名"进行讨论和对比分析,学生懂得"每个航天器名字的背后都是一张闪亮的文化名片",学生从中体会到中华优秀传统文化的魅力,提高价值判断与价值选择能力,坚定文化自信,增强国家认同感。

通过对议题二"杭州亚运会会徽"的鉴赏和分析,学生提升审美情趣,领略会徽背后的文化元素,感受传统文化与时代精神的完美融合,提高民族自信心和自豪感。

通过对议题三"古镇文化建设"的解读,学生懂得以文化人,打造文明乡风、良好家风的重要性,理解文化是一个国家、一个民族的灵魂,是中华民族独特的精神标识;学生通过参与时政演讲和课堂学习,能用实际行动弘扬传统美德,延续文化血脉。

(三) 活动过程

1. 课前准备

学生以 2—3 人为单位组成小组,收集一周内国内外时政热点,根据演讲要求进行筛选,选出能吸引学生注意力、有一定启发性,并与教学内容有一定关联度的演讲内容。学生分工合作,根据内容制作 PPT 或者短视频,清晰明了地展现新闻内容。教师根据学生演讲内容,结合教材进行教学设计,将演讲内容作为本堂课的三个议题,合理设计问题,引导学生思考讨论,达成教学目标。

2. 课堂教学

议题一：给航天器取名——品味典故,领略传统文化的魅力

本课时政演讲的第一项内容介绍了我国的"北斗"导航卫星、"嫦娥"系列月球探测器以及执行我国第一次火星探测任务的"天问一号"航天器。每一个响亮的名字背后,都是一张闪亮的文化名片,彰显了中华优秀传统文化的独特魅力。

根据学生的时政演讲内容,教师在教学过程中运用三个问题组成问题链,推进课堂教学。首先,教师询问学生是否了解这些名字背后的文化典故。学生在课堂中回答问题,分享交流航天器命名背后的故事,不仅加深对中华文化相关知识的了解,也体会到中华文化源远流长、博大精深的特点。

在此基础上,教师将美国登月器命名与中国航天器命名作比较,引导学生在比较中思考第二个问题：为什么中国航天器的命名更能让中国人产生共鸣？学生以小组为单位在组内畅所欲言,产生思维碰撞。学生在交流、讨论的过程中澄清观点,做出价值判断和价值选择,提高思辨能力。

紧接着,教师带领学生探索第三个问题：这些取自古代神话的名字寄托了什么愿望？学生通过分享交流展现人文积淀素养,了解这些取自古代神话的名字承载着古人未竟的梦想与期待,寄托着我们当下的希望与祝福,从而领悟航空航天人承载着中华民族千百年来的梦想,"给航天器取名"彰显了传统文化与民族精神的传承。

教师将学生时政演讲内容作为课堂的源头活水,通过三个问题组成问题链,引导学生结合已有知识深入思考和探讨,感叹"中国式命名"的精妙和深刻含义。

议题二：杭州亚运会会徽——解读会徽,感悟传统文化与时代精神的融合

本课时政演讲的第二项内容介绍了杭州亚运会会徽"潮涌",它是亚运会重要的视觉形象标志,是展示杭州亚运会理念和中国文化的重要载体。

教师在教学过程中结合这项演讲内容,带领学生一起解读会徽,探寻它背后的文化元素。会徽中的钱塘江是核心元素,既展示了杭州山清水秀的自然特质,也表达了浙江儿女勇立潮头的精神气质。整个会徽象征着新时代中国特色社会主义大潮的涌动和发展，也象征亚奥理事会团结携手的品质和永远向前的精神。

在会徽的解读过程中，学生逐步学会鉴赏会徽，领略"潮涌"的精妙设计，提升审美情趣，感悟传统文化与时代精神元素交相辉映，增强文化自信。

在此基础上，教师继续带领学生思考"在中华文化走向世界的过程中，我能为中华文化的传承和发扬做些什么？"学生通过深入思考，懂得文化是民族的灵魂，是中华民族伟大复兴的精神动力。坚定文化自信必须将传承文化与日常生活紧密联系，真正做到将文化传承落细、落小、落实。

议题三：古镇文化建设——建言献策，为古镇的文化建设添砖加瓦

本课时政演讲的第三项内容讲述了古色古香的古镇正成为热门打卡地。然而，当人们满怀兴致准备体验古镇文化、领略古镇之美时，却发现不少古镇开发建设存在同质化现象，越"长"越像。长此以往，势必影响广大游客游览的体验。

教师将以上演讲内容纳入课堂教学，引导学生通过日常观察、思考和课堂交流，了解古镇建设存在的问题，剖析古镇同质化的原因，培养学生的观察能力、辨析能力和批判精神。学生通过多角度思考问题，逐步形成客观公正看待社会现象的品质。

在了解古镇建设同质化的基础上，教师进一步引导学生为古镇"商业化与文化保护传承之间的平衡"建言献策。学生提出，古镇文化建设要认真梳理历史渊源，充分挖掘每个古镇独特的文化符号，要考虑到古镇建设的商业发展和当地特色的结合。在建言献策的过程中，学生逐步坚定传承中华优秀传统文化的积极态度，提升社会责任意识。

3. 课后点评

学生互评：今天演讲的内容非常精彩，不仅能丰富知识、拓宽眼界，也让我们一起欣赏了中华文化之美。在此之前，我对亚运会的会徽一知半解，只能总体上感觉会徽的图案美，听过演讲之后才发现图案美的背后是文化美，是传统文化和现代文化的融合之美。演讲者仪态大方、语言流畅、表达清楚，演讲内容能吸引同学们注意，是大家比较感兴趣的话题，能引发大家思考，我很喜欢今天的时政演讲。

教师点评：参与今天时政演讲的同学有一双慧眼，在众多的国内外大事中找到我们感兴趣的话题，而且时政内容与教材内容的结合度非常高，既与"文化"相关，也与我们教材的"科技创新、公民参与"等内容相连，能帮助同学们在参与的过程中将以往所学内容温故知新。今天的时政演讲既让同学们了解国家大事,也让大家一起领略了中华文化蕴含的独特魅力。

(四) 活动分析

1. 课前准备,精心指导

时政演讲的素材积累不是简单的拿来主义,要求学生平时积极利用课余时间多看报、多看电视、多听新闻,用心搜集、摘录、整理时事新闻材料,能根据教材内容和学生认知水平进行筛选,这需要教师的精心指导。比如,在本次演讲准备过程中,教师指导学生选择的三则新闻的内核都与教材内容"中华传统文化"相关。此外,第一则新闻讲述的"航空器"与教材的"科技创新"内容相关,第二则新闻"杭州亚运会"与教材的"国际交流"内容相关,第三则新闻"古镇建设"与教材的"文化传承"内容相关。所以,在教师的指导下,学生选择的演讲内容与教材密切相关,这有利于学生运用所学内容对时政材料进行分析,形成自己的见解。

2. 从小处着手,向深处挖掘

学生在进行时政演讲时会自觉关注当前社会热点,寻找热点问题与教材知识的结合,但由于热点问题往往牵涉面广、内容多,又受到课堂时间限制,学生观点剖析往往不够深刻,看问题的角度容易单一。为了避免这种情况,教师引导"演讲者"从小处着手,聚焦一个小话题,这样既解决了时间有限的问题,也能让学生在规定的时间内把问题讲清楚,更能促使学生辩证而有逻辑地思考问题,从一个"小现象"中找到时政演讲的"大内涵",把教材中的"理论"和生活实际相结合,进行深入思考,最终实现从理论到德性的转化,实现学科核心素养的提升。比如,本次教学设计在较短的演讲时间内抓住"文化自信"一个"点",从"航天器命名、亚运会会徽、古镇建设"三方面深入挖掘,引导学生在品味我国传统文化魅力的过程中培养对文化的自豪感,坚定文化自信。

3. 注重前后联系,实现资源再利用

把时政演讲素材引入课堂教学,让时政演讲真正成为课堂教学的有机组成部分。如果说教材是静态的,那么时政演讲的内容则是动态的源头活水,它是教材内容的有效补充,也是教材内容的形象化展现。时政演讲能用鲜活的事实论证教材内容的科学性,让教学内容更加生活化,让"静态教材"更加与时俱进。在本课的时政演讲过程中,演讲主题以中华传统文化为核心,内容围绕"航天器命名、亚运会会徽和古镇建设"，因此，教师在本课的执教过程中所用的"素材"也紧紧围绕这三项内容，既帮助学生全面客观地了解新闻，理解新闻背后的内涵，又让时政演讲与课堂教学有机融合，相互联系。

4. 巧设问题，引发思考

好的问题能体现思辨性和障碍性，引发学生的探究兴趣，引导学生多角度、深层次地挖掘时政材料，激发学生的创造性思维。当时政演讲内容成为课堂教学的素材时，教师要巧妙设计问题，问题要呈现思维和能力的梯度。以"杭州亚运会会徽"为例，第一个问题"杭州亚运会会徽包含哪些文化元素？"基本停留在"知"的层面；第二个问题"说说你可以为中华文化的传承做些什么？"则上升到"行"的层面，需要学生深入思考，从自身实际出发，思考自己能做什么。

5. 科学评价，及时反馈

在日常教学中，我们有时会将评价简单化，这不利于激发学生的热情，也不利于活动持续有效展开。所以，在每学期的时政演讲开始前，教师要和学生一起规划科学合理的评价机制，明确清晰的评价标准。比如，每学期对全年级的时政演讲进行评选，选出"最佳主播"进行表彰；每学期将对学生时政演讲的评价内容记录在其成长档案中。这些评价机制将极大地激发学生的积极性，也让时政演讲有更广泛的影响力。在本课中，学生和教师对时政演讲给予较高评价，认为其有利于拓宽学生的知识面，帮助学生在倾听和参与过程中领悟中华文化之美，引导更多学生关注时事热点、思考社会问题，在思考过程中学会理性客观地看待社会，学会逐步解决复杂的问题，将书本的"知"转换成内在的"智"。

华东理工大学附属中学　丁燕芬

第三章

社会大课堂典型活动

第一节　居委会选举调研

活动概述

对居委会选举的调研活动是针对学习完高中思想政治有关基层群众自治制度的城市高中生群体,以居委会选举过程为主要研究对象,引导学生通过系统学习基层民主的相关知识与理论,再深入到真实的居委会选举过程调研各个环节,进而发现基层自治中可能存在的问题并提出解决问题的思路与建议,真正提升高中生在政治认同、科学精神、法治意识、公共参与四个维度的学科核心素养,为培养学生成为热爱社会主义祖国、具有社会公德、文明行为习惯、遵纪守法的公民打下良好的基础。

在对居委会选举开展调研的过程中,教师与学生都应充分理解并融汇智慧教学理念,都应在不断学习知识、观察社会的过程中聚焦问题、分析问题,进而解决问题,真正落实高中思想政治课标中关于思想政治课活动型课程的定位。师生通过将课本及衍生的知识融会贯通于对社会现象的理解过程,生成创造性的解决问题的方法,从而提升对我国政治制度与政治生活的理解与认同,真正实现智慧教学的境界提升,并最终转化为学生内心深处对民主、法治等社会主义核心价值观的自觉认同和践行。

(一) 主要特征

1. 直面鲜活的基层治理

我国从 20 世纪 50 年代开始实践城市居民委员会制度至今,已经形成了较为完善的有关居委会的法律和组织基础。居委会从民主选举、民主协商、民主决策、民主管理、民主监督等多个维度体现了中国特色社会主义民主政治的运行逻辑与相关特点。相关内容见于高中思想政治必修3《民主与法治》第二单元第六课中的第三框"基层群众自治制度"，从理论层面为高中生理解基层民主进行了完整的解释。

高中生群体对社区事务以及居委会的运作情况是较为陌生的，学生缺乏渠道，无法从自己的实际生活中体验、理解我国基层群众自治制度。相关的理论与制度对于绝大多数高中生而言仅仅停留在较为浅薄的识记层面，距离内化为自己方法、德性尚远。

有鉴于此，智慧教学所强调的"化理论为方法，化理论为德性"在这里就拥有了可以开展生动实践的广阔舞台。通过组织学生到居委会开展调研活动，可以使学生近距离对居委会的实际运作情况进行细致观察，对直接参与政治生活的诸种方式进行真实体验。在参与公共生活的过程中，培养作为一个公民的德性，深刻理解并实践直接民主的相关内容，培育政治认同、公共参与等学科核心素养。

2. 典型的直接民主渠道

居委会组织开展的相关民主活动从内容到形式有着非常丰富的维度。在所有的民主实践活动中，民主选举因其重要性以及充满仪式感的特点，成了能吸引高中生群体参与的关键一环，是学生直接体会基层民主的重要的窗口之一。

同时，相较于人大代表选举等其他民主选举活动，居委会的民主选举无论从选民登记到候选人协商，再到选举日相关组织工作的安排，通常都在社区内直接完成，且工作人员也多为社区内居民，这就为高中生全过程的观察与参与提供了便利的条件。只要方法得当，学生不仅能够参与投票日当天的活动，还能对整个选举流程进行一定程度的参与，从而更为深入、全面地体会并理解基层民主的运行特点与价值。

（二）组织原则

本活动包含课堂教学与学生课后参与选举活动两个部分，其中课堂教学作为前期的理论铺垫与指导，以及后期成果展示，其发挥的作用是辅助性的，而活动的重点在于高中生亲自参与所在社区居委会选举活动。因此，相关教师在组织此类活动的过程中需要将重心放在观察并指导学生课后参加活动的各个流程环节,及时地给予必要的事前培训、事中指导以及事后反思。教师在组织活动时应当具备以下三个原则。

1. 理论先行

教师一方面需要对居委会换届选举工作有较为全面的理论与实践经验,另一方面需要对整个民主选举工作中的重大时间节点与相关事务的内容有较为充分的把握,才能在事前培训与事中指导过程中及时提醒学生应当重点关注和参与的内容,从而切实提升活动的有效性,避免出现走马观花式的体验。

2. 重视协作

教师应当充分关心学生并积极鼓励学生发挥主观能动性,以学生为中心构建个性化、协作式、探究式的调研问题与计划,引导学生对他们感兴趣的问题进行深入思考并尝试解决问题。在实际活动中,以小组为单位进行活动指导是比较合乎实际的做法,应当以地理空间作为任务划分的重要依据。同时尽可能地保证小组成员所居住的小区的整体特征,例如社区治理水平、居民素养等大体相当,从而保证活动的代表性。

3. 积极引导

教师应当对活动中学生观察到的各类现象及时进行引导,强调综合辩证地看待居委会选举工作中所出现的问题,通过向学生展示我国基层民主事业发展的整体脉络,使学生意识到虽然当下的居委会选举工作尚有不足之处,但是,一方面,居委会整体工作向好,另一方面,随着社会文明程度的不断发展,这些问题终究会被克服,教师需要引导学生对基层群众自治制度充满信心,保证政治方向正确。

活动示例一:"居委会选举调查活动"课堂成果展示

(一) 活动目标

本活动的目标在于通过鼓励不同小组进行成果分享,进而引导学生发现并思考不同社区选举和治理结果背后的深层次原因,加深学生对我国国情的理解,将他们之前调研活动的收获放在一个宏大的背景进行深入挖掘,从而提升学生的科学精神,同时加深他们对中国特色社会主义民主政治的理解与认同。

(二)活动过程

1. 教师汇总

课程伊始,教师在汇总了所有小组的选举调研报告后,提取共性的特点与问题,在课堂进行统一分析与讲解。随后,教师邀请部分小组做调研报告的成果展示。

2. 小组成果展示

小组 A:我们根据所在社区的居委会换届选举调研的候选人见面会的开展情况,发现选举候选人的酝酿过程远比我们之前预期的要复杂得多,涉及多项指标的考量,单纯的用奉献精神并不足以概括说明。我们小组根据各自观察的结果罗列了一个合格的候选人应当具备的各项条件,并且着重分析了这些候选人产生的过程。其中,除了上一届居委会的部分留任成员以外,新出现的候选人都是上一届居委会在街道办事处的领导下,结合所在社区的党组织、业委会、居民会议等多方力量协商产生的,非常能够体现平时居委会对本社区的基本情况的熟悉程度,这也让我们意识到居委会换届选举不是一个单独的事件,而是应当作为社区治理完整过程中的一环加以考察才能得出正确且全面的结论。

小组 B:我们从所在社区选举的过程中得出的一个重要结论就是,党的基层组织具有战斗堡垒作用。在这次调研活动之前,我们组员对社区治理所涉及的关系并没非常清晰的认识。通过这次调研,我们深切地感受到党组织在其中发挥的不可替代的决定性作用。在选举过程中,候选人推选、监票唱票、突发事件的解决,都需要一个能让居民信服的党组织或党员才能顺利推进。在他们身上我们看到了党的组织领导是如何发挥具体功效的,也充分体会到中国特色社会主义民主政治必须坚持党的领导的正确性和重要性。

3. 教师点评

教师重点围绕各展示小组的自身特点,对不同报告进行横向比较与点评,既肯定各小组学生在调研过程中的特色与亮点,又引导学生体悟基层治理的复杂程度,鼓励他们在现有的调研基础上进一步深入社会,对基层民主的理论与实践做更进一步的研究。

（三）活动分析

不同小组汇报的亮眼之处都在于没有将调研对象仅仅局限于选举过程本身，而是充分意识到并主动挖掘选举活动所涉及的完整的社区治理网络，进而将居委会换届选举的完整意义充分展示出来，真正进入真实的问题情境，形成有更高价值的认知结果。特别是通过课堂展示分享，不同小组在聆听其他案例时能够更好地体会并理解基层治理的复杂程度，由此加深对我国政治制度、民主政治实践的体悟，实现转识成智的智慧教育目标，进而为提高学生的政治认同起到了促进作用。

活动示例二：居委会选举调查活动完整调研过程

（一）活动构思

居委会选举涉及社区治理中多个维度的问题，活动设计应当从一开始就将选举活动视为所在社区治理成果的重要案例，教师应当通过整理选举活动中的关键环节，去粗取精，力争引导学生以最小的调研活动获取对社区基层治理的相对完整的认识。具体表现为调研前的知识与方法技能培训、调研中的重大节点调研以及事后的集体分析与交流，使学生在调研过程中不仅仅对居委会选举本身形成较为清晰的认识，还深刻认识到社区治理的复杂性与艰巨性，从而对中国特色社会主义民主政治的发展进行深入的思考。

（二）活动目标

本章节所讨论的有关居委会选举的实践类活动应当充分将思想政治学科核心素养贯穿于活动的全过程，其具体表现如下。

1. 政治认同

引导学生在所居住的小区范围内的基层民主活动中，感受并思考我国基层群众自治制度运行的特点与意义，从而夯实对中国特色社会主义民主政治的政治认同，理解并认同全过程人民民主是社会主义民主政治的本质属性，是最广泛、最真实、最管用的民主。

2. 科学精神

基层群众自治因其所在社区的具体地理、经济、人文等因素会产生出非常独特的区域特点,各地的民主实践情况也会随之呈现出不同的现实问题。在观察并参与所在社区的民主选举时,高中生不仅应当及时发现问题、分析问题并试图解决问题,更要站在宏观的高度,运用辩证唯物主义和历史唯物主义的观点,认清基层民主发展过程中所展现的中国社会发展的阶段特点,提高辩证思维能力,从而更好地认识国情,在实践中增长才干。

3. 法治精神

我国基层民主的发展史可以被视为一部法治理念在基层工作不断扎根落实的进步史,相关法律法规的制定与执行不断推动着居委会的民主选举工作日趋完善。因此,高中生在参与社区居委会的选举活动时亦应当将法治化程度作为主要考量指标之一,进而理解如何在社会生活中依法行使权利、履行义务。

4. 公共参与

社区居委会的民主选举活动是一次真实的社会情境中的思想政治学科活动,是高中生群体较为难得的有序参与公共事务、承担社会责任、行使人民当家作主权利的政治活动。学生应当在参加活动中过程认真地体会并理解民主活动的程序,感受其对于社区生活,乃至于整个社会的重大作用,从而增强自身的公共参与素养。

(三)活动过程

1. 智慧的基础——教师事前指导中的必备知识与技能

教师应以集体授课的方式先进行有关居委会选举流程的一般性介绍,充分调研学情,事先对学生所能达到的调研深度进行预估。智慧教学强调由教转学的转变,重视从浅度学习向深度学习的推进,因此教师有必要对学生所能达到的参与程度的深度做出判断,再根据学生的实际情况设计调研活动。这里给出一个可供参考的浅度与深度的判断依据。

浅层参与指的是,学生仅参与选民登记、了解候选人与选举日投票三个基本环节,行使作为公民的基本权利与履行相应的义务。该做法的优点是对学生的参与能力要求较低,不涉及与居委会以及选举相关工作人员的观察与互动,缺点则是对整个选举过程的理解容易仅停留于表面。因此并不推荐作为主要的参与类型。

深层参与指的是，学生除了参与三个基本环节以外，同时参与组织选举活动的其他环节，例如确认候选人名单以及组织候选人的竞选活动。该做法的优点在于学生能够真正地全程参与选举组织工作，能够完整观察并理解整个选举工作的流程与可能存在的值得改进的地方，从而对我国的基层民主制度形成更有价值的理解，缺点则在于对学生的沟通与观察能力要求较高。

确定参与程度后，教师应当要求学生返回自己所在社区，并尝试联系当地居委会，表达自己想深层参与观察居委会选举工作的愿望，并努力获得居委会相关工作人员对于学生可以参与观察到何种程度的答复与许可。

当所有学生完成上述沟通后，再以所在社区地理位置与获得的许可范围为依据结成小组，以保证小组成员能够相对方便地在实地进行组队活动，且活动内容整体比较接近，方便在比较中进行进一步的研究。

2. 智慧的生成——学生开展调研的基本流程

由于每个学生和小组获得的来自各社区居委会以及相关工作人员的许可范围不同，因此，这里所展示的选举过程是理论上的完整过程，实际活动中应当根据许可范围进行相应调整。

（1）旁听所在社区选举居委会第一次会议，学习该社区选举工作方案，重点记录其中主要选举活动的时间地点，为后续观察研究做好规划。

（2）观察所在社区对选举工作的宣传形式与内容，重点关注居委会以及选举相关工作人员如何对社区居民进行动员，以保证选民登记、投票等活动顺利举行，特别是当遇到不配合的居民时，相关工作人员是如何应对的。

（3）观察居民代表的产生过程，找出其中的关键环节以及最具影响力的因素，并尝试归纳被推选出的居民代表是否具有共性。同时可以有针对性地观察一位或若干位居民代表在后续活动中的表现，以评估居民代表在选举工作中所发挥的作用。

（4）参与并观察居民代表大会，记录大会会议内容、讨论问题的过程、遇到问题时各方如何处理并达成共识。

（5）记录本社区的选举方式和投票选举日期，以及本社区选民登记的起止时间、方式、地点等信息。

（6）观察选民登记过程，重点观察如何确认本社区有选举权资格的居民，如何对这些居民进行登记、审查和确认，以及遇到不够配合的居民，相关工作人员是如何处理的。年满18周岁的学生可以借此机会做好自己的选民登记工作。

（7）观察公布选民名单的方式，以及发放选民证的方法及效果。

（8）深层参与过程中最为重要的一环是观察候选人的产生。通常情况下，社区选举委员会对每一位由居民小组提名的或个人报名的对象进行必要的资格审查，产生初步候选人。之后，教师应当积极跟进学生的调研过程，并对可能出现的现象或问题做好必要的解释，从而帮助学生厘清协商的过程与作用。

（9）观察候选人可能开展的介绍和竞选活动，对不同人、不同类型的表现进行特征的归纳与解释，并通过与社区居民交流来尝试评估这些活动对选民的影响，重点观察选民对候选人的评价以及选举结果的预测。

（10）投票日当天，须提前到达投票点（如果有多个投票点，则可以动用小组的力量分头行动）观察会场的布置，总结其特点，同时观察相关工作人员的工作情况，记录人流情况、投票方式、委托投票的比重、整体氛围、工作人员的工作表现，预估投票率是否符合标准等。

（11）选民投票完成以后，观察工作人员后续的工作是否符合规范，有条件的可以参与计票工作以了解计票、监票活动开展情况。

（12）观察选举结果的公布方式，以访谈的方式了解当选人的心情与想法，条件允许的情况下也可将访谈对象扩大至即将卸任的原居委会工作人员或者社区选民，从多方面了解不同群体对本次选举的看法与评价。

3. 智慧的呈现——化零星的素材为整体的素养

智慧教学强调其教学成果应当形成核心素养的整体化体现，因此学生应当以小组为单位形成结构完整、内容翔实的调研报告。报告应当在分析总结活动特点与问题的基础之上，结合学生已学的相关理论知识进行评价与建议，从而进一步发展学生的学科核心素养。有条件的小组可以比较不同社区选举过程中的异与同，尝试分析并解释其背后的原因，从而实现真正意义上的深度学习，以此彰显智慧教学的特点。

教师在各小组撰写报告的过程中应当全程介入，对其中的分析与解释思路进行及时跟进，并充分与学生交换意见。对于其中可能提到的问题，教师应当注重引导学生认识并理解问题背后的原因，从全局的高度，辩证地看待问题产生与解决的方法,避免出现以偏概全的观点和偏激的负面情绪,使其能够真正理解基层群众自治制度的积极意义。

4. 智慧的互动——在课堂展示交流中提升素养品质

教师在收集完所有小组的报告后,结合各小组在参与活动过程中的记录材料等内容,以过程性评价与终结性评价相结合的方式评选出优秀的小组,并将其报告打印成册分发给班内其他学生。

教师应当在此之后专门用一节课的课时邀请优秀小组进行报告展示。在对每一个小组做出点评的基础上,请学生进一步思考不同优秀报告之间的异同,并对报告中所展现出的不同的居委会选举情况进行深入比较,尝试回答哪些因素可能决定或影响选举工作的开展。

(四) 活动分析

该活动相较于传统的课堂教学有着较大的不同,对教师与学生的综合能力都有着较高的要求,因此在活动开展的过程中,有以下四个方面的问题需要认真对待并加以妥善处理,才能保障活动最终的成功。

1. 以复杂情境驱动学生开展智慧学习

基于智慧教学的理念,必须要让这一活动自身拥有驱动学生去参与、探索的动力,因此,教师需要在活动伊始就为学生讲解清楚这次活动中的驱动问题,重点向学生展示该活动的意义,引导学生进入社会大课堂去观察体悟真实的国情民风。同时,教师还应当注重提升情境问题的可行性,并积极参与到学生的活动设计中去,从一开始就保证相关的活动环节在正确且可行的轨道上运行。

同时,对于学生在活动过程中可能涉及的多种多样的问题,教师应当始终明确活动内容应当与课程标准紧密相连,所涉及的问题最终应当对提升学生的核心素养有着积极的意义,即使过程中遇到一些负面问题,教师也应充分引导学生认识负面问题背后的多种条件和因素,辩证地看待民主政治发展过程中可能出现的阶段性问题,从而凸显"科学精神"素养的作用,同时也更好地实现转识成智的终极目标。

2. 教师主动构建智慧学习中的重要节点

居委会选举活动真实地发生在社会生活之中,其必然包含着极其繁杂的不同维度的现象与问题，因此，教师应当充分关注学生将要开展的活动内容，帮助学生减少情境中不必要的复杂性。

教师应当使情境问题中有关学生智慧学习的内隐要素外显化。教师应当根据学生初步拟定的活动方案，为其指明应当重点观察和分析的关键人物、组织和事件，帮助学生厘清一些基本的社区运作的常识，从而便于他们更快速精准地观察并记录相关的情况。在学生逐步推进活动时，教师应当有预判地提醒学生下一阶段的重心为何，以保证活动的高效。

教师应当注重审查学生在活动开展过程中形成的阶段性观点与认识，及时纠正其中可能存在的问题与价值错误，保证活动在正确的道路上开展下去。

3. 重视小组协作共同促进智慧高效生成

无论是参与活动还是撰写报告，小组活动都应当重视组内的协作。教师应当为同一组学生彼此协作、调查问题、交流思想创造必要的环境，避免出现小组内"各自为战"的情况。一般情况下，教室是成为学习者共同体的最佳平台。在教室中，学生之间可以彼此协作，也可以和教师协作，提出问题、做出解释、形成结论、解读信息、分析数据、展示成果等。教师应当积极鼓励学生并组织相关活动，以推动学生的协作水平的提升。

4. 重视教学反思中形成清晰的智慧维度

报告分享完成并不一定是活动的终点，也可以是新一轮活动的起点。教师应当充分鼓励并引导学生就自己在本次活动中的表现展开充分的反思。这里的反思并不强调对学生报告的不足之处的批评，重点在于养成良好的学习习惯。比如，应当要求学生能够清晰地表达假设，这是因为在复杂的活动中，随着各个阶段的陆续展开，参与其中的学生容易随波逐流，进而遗忘最初的起点，即自己最终是要回答一个什么样的问题。因此教师应当将学生拉回研究的起点（这一动作也可以出现在研究的进程之中，一旦发现学生的活动有偏离主旨的可能时，教师都应当以此方式介入），询问学生现在所做的事情和得到的观点与回答最根本的问题有什么关系，从而让学生始终保持清醒的问题意识，保证活动的连贯与完整。

总之，在这一项完整的调研活动中，学生通过观察与体验并重的方式参与完成自身知、情、意等多个方面的调动和经历，既包含了认知层面的发展，也孕育了情感认同的升华。在对整个选举活动的观察、理解、评价的过程中，重新整合建构原有的书本知识,并进一步化知为信,坚定信念、塑造德性、探索行动,推动自身"转识成智",趋向"知信行融通"的理想状态,逐步运用智慧教学实现了智慧的生成,培养了学生的思想政治学科核心素养。

上海市杨浦区教育学院　王开尔

活动概述

社会参与是道德与法治学科实践活动的重要载体,即学校有目的、有计划、有组织地为学生创设一定的情境,从思想政治学科背景出发,通过教师的指导,走出课堂,走出校园,主动了解社会、探究社会、服务社会,并从中汲取丰富知识,促进学以致用,知行合一的活动。在社会参与中,激发学生学会求知、学会做事、学会共处,在促进知行合一中,不断提升自身的德性与素养。

(一) 主要特征

1. 活动内容性

突出学科知识、技能的运用是道德与法治学科的重要特征。学生在社会参与中不断巩固和延展课堂所学,以具体实践来检验课堂所学到的理论知识,加深体验或促进反思,从而做到"化知为识";在社会参与的具体展开过程中,学生的调查能力、阅读能力、创新能力、交流能力、合作能力等关键能力不断提升,并且在社会参与中提升政治认同、道德修养、法治观念、健全人格和责任意识,从而做到"转识成智"。

2. 自主探索性

道德与法治学科的社会参与是在教师的帮助下,由学生根据学科所学独立完成的社会实践活动。教师为学生营造探索的氛围,学生在探索中巩固所学,在探索中学习新知识、发现新问题,激发新思考,逐渐成为自主探索的主人,并不断强化社会责任感。

3. 社会参与性

道德与法治学科的社会参与鼓励学生走出书本、走出课堂、走出校园,走进社会这个最真实的大讲堂。教师通过"看、走、访、问、查、议"的社会参与教学方式,培养学生的责任担当与实践创新素养。

(二) 组织原则

1. 坚持目标导向原则

道德与法治学科的社会参与以素养为导向,以真实问题为抓手,遵循学科逻辑与生活逻辑相统一、实践主题与学生生活相结合的要求进行。在设计社会参与活动时,必须要指向核心素养,体现课程性质、反映课程理念、服务教学目标,不能偏离目标靶向、违背教学实际。在操作层面,社会参与目标的确定,要立足于发展学生学科素养,致力于提升学生的政治认同、道德修养、法治观念、健全人格和责任意识,落脚于引导学生把知识运用于社会、服务于人民,发挥道德与法治课立德树人、铸魂育人的作用。通过与教学内容相互交融、相互依存的社会参与,引导学生在求知的过程中,增长与外在世界打交道的本领,也提升人的心性境界。

2. 坚持可持续发展原则

坚持可持续发展原则是指,学生通过教师的启发与引导将课堂所学知识运用到实际生活中去,利用所学去发现问题、分析问题、解决问题,在解决问题中或许会生成更多的新问题,激发新的思考。在开展社会参与活动中,教师和学生都以探究者和学习者的身份共同参与活动过程,在智慧教学理念的引领下,师生能够在情景交融中共同参与,最终达成真、善、美的和谐统一,不断做到"化理论为方法,化理论为德行"。无论是教师,还是学生都能在活动中受益,促进一步发展。

3. 坚持多维评价原则

坚持多维评价原则是指,坚持以评促学,鼓励学生在社会参与中扩展自己的视野,提升自己的能力,学以致用,知行合一。坚持以评促教,通过对学生社会参与活动的反馈,促进教师反思,不断改进教学方式。教师应注重对学生在社会参与活动中表现出的必备品格、实践能力及学科思维等方面进行综合评价。在评价主体上注重多元化,在评价内容上注重丰富性,在评价方法上注重多样化,在过程性评价与结果性评价中注重评价的发展性,在学科社会参与活动的开展中体现"教学评"的一致性。

活动示例一："小区垃圾分类面面观"学生活动报告

(一) 活动目标

通过各种方式开展本次学科社会参与活动,了解身边垃圾分类的现状,综合运用所学,发现尚存的问题,分析问题背后的成因,并能提出解决问题的具体措施。教师在活动中促进学生做到知行合一,锻炼学科思维,涵养学生的德性品格,培育责任意识,增强参与能力和担当精神。

(二) 活动过程

A组学生在了解上海市推行生活垃圾分类管理的必要性后,设计了本次社会参与活动的方案,进行了实地走访和调查后,形成了本次社会参与活动报告,具体内容如下。

活 动 报 告

垃圾分类的实施现状:

上海市绿地世纪城三期由6栋居民楼和1栋酒店式公寓组成,共有566户,居民人数约2 000名。小区现有全天候垃圾分类站2个(分别位于小区南门和小区北门附近),分时垃圾分类站1个(位于小区中部)。其中南门附近的全天候垃圾分类站面积较大,为正方形半封闭式,有干垃圾箱4个,湿垃圾箱1个,可回收垃圾箱2个(其中一个为超大回收箱,容积是普通回收箱的2倍)。该垃圾站主要服务于南门附近的4号楼酒店式公寓。垃圾箱设置符合酒店式公寓的特点:户数多(200户)、年轻住户多,因此网购产生的可回收包装材料多,厨余垃圾少。北门附近的全天候垃圾分类站是垃圾箱种类设置最全的垃圾分类站,放置干垃圾箱2个,湿垃圾箱1个,可回收垃圾箱1个,有害垃圾箱1个,另外还有口罩垃圾箱1个。小区中部的垃圾回收站开放时间是早上7:00—9:00,中午13:00—14:00,晚上18:00—20:00,放置有干垃圾箱2个,湿垃圾箱1个,可回收垃圾箱1个。此外,每个垃圾回收站都有围栏式可回收物专用投放点一个。每个垃圾分类点都配备有洗手池、电风扇。小区垃圾分类点有1名管理员,配备有电瓶垃圾清运车1辆。

存在的问题:

1. 猫、狗粪便类别不清。

2. 装湿垃圾的塑料袋需要单独处理。

3. 网购及外卖产生的大量可回收垃圾问题。

4. 可回收垃圾和干垃圾未能做到真正分类。

产生这些问题的主要原因:

1. 按照目前的垃圾分类方法,没有明确划分猫、狗粪便属于何种垃圾,也没有明确此类垃圾的处理方法。从网络查找相关资料,仅看到建议:处理粪便的纸属于干垃圾,建议把粪便带回家中冲入马桶。而实际操作中,养猫养狗人士任凭猫狗的粪便直接露天排放,影响了小区的环境。

2. 湿垃圾主要是厨余垃圾,汤汤水水装了一垃圾袋,把湿垃圾倒入湿垃圾桶后,往往塑料袋里还剩余了不少的油污及汤汁,把这些垃圾袋倒入干垃圾桶,在处理干垃圾(如焚烧)时仍然混入了不少可能影响焚烧效果或会排放有毒气体的湿垃圾。

3. 塑料袋、纸箱的生产过程都会产生大量的碳排放及污水,从小区垃圾站的可回收垃圾箱放置数量及每天产生的大量此类垃圾看,这部分垃圾的数量堪称海量,如果能减少过度包装及采用循环包装,将会减少此类垃圾的处理难度,并且减少碳排放和污水排放。

4. 我们在认真区分了可回收垃圾和干垃圾后,往往看到垃圾清运车过来,把这两个垃圾箱的垃圾还是混装一车拉走了。这可能是清运人员还需要将干垃圾和可回收垃圾进行二次分类,也可能是为了减轻垃圾清运次数,但这样的操作会影响居民进行垃圾分类的热情。

解决问题的建议:

1. 建议有关部门针对居民饲养宠物问题建立或完善相关规章制度。养宠物的人士有义务处理宠物粪便,不能任由宠物随地大小便。

2. 建议单独设置一个湿垃圾包装袋的垃圾箱,把湿垃圾包装袋进行单独处理。

3. 研制及鼓励可循环使用的包装材料,鼓励大家使用便于清洁消毒又可以循环使用的包装材料,减少纸箱、塑料袋、塑料盒、泡沫包装填充物的使用量。

4. 提高清运人员的工资和福利待遇,确保他们能够更加用心工作。

活动体会:通过这次垃圾分类的调研,我们发现垃圾分类不仅仅是垃圾分类员的工作,还是涉及垃圾分类的处理方法、行政管理、宠物管理等方面的工作。我们可以轻易地发现很多的问题,但真正地解决问题还需要很多部门和单位的配合。

(三) 活动分析

本次社会参与活动由准备活动、实践活动与梳理活动三部分构成。经过前期准备后,该组学生采取了实地观察的方式聚焦小区垃圾分类实施情况。从活动完成度看,该组学生能够运用较为合理的调查方式开展社会参与,调查内容具体化,并且能清晰表达调查的结果。在分析调查结果的成因时能够尝试多角度思考问题,且逻辑较为相匹配。学生能够结合自身生活实际,针对调查中的问题多角度地提出较为合理的解决方法,从而做到"转识成智"。

个人要将社会道德规范和国家法治要求内化为个体道德,不是通过被动学习就能够完全吸收的过程,而是一个能动选择、自主构建,需要经过自我道德认知系统地甄别、扬弃、接纳、转化、整合的过程。通过社会参与活动,学生的"学习主场"是他们的真实生活和所真切感受的社会环境,生活的社会成为学生的学习情境,学生的主体性和积极性在生活中得到充分激发。同时,社会参与活动的实施是一个"实践—认知—再实践—再认识"的过程中,学生在课堂教学与社会参与的双重变动中探索知识发生的过程,理解知识应用的价值,推动他们不断将理性思辨与感悟践行实现统一。

活动示例二:"小区垃圾分类面面观"活动设计

(一) 活动构思

党的二十大报告指出:"中国式现代化是人与自然和谐共生的现代化。"道德与法治学科旨在提升学生的思想政治素质,将党和国家的重大实践和理论创新成果引入课堂,增强课程的时效性是课程的应有之义。九年级上册第三单元以"建设文明中国"为主题,对学生进行社会主义核心价值观教育,指出文明是社会进步、国家发展的目标,守望精神家园、共筑生命家园是实现国家富强、人民幸福的必由之路。

在追求高质量发展的今天,我们越来越深刻地认识到人与自然是相互依存、相互联系的生命共同体,保护环境就是保护人类自己,建设生态文明就是造福人类。建设美丽中国、共建生态文明,就需要坚持节约资源、保护环境的基本国策,坚持人与自然和谐共生,树立践行绿水青山就是金山银山的理念,走绿色发展道路,建设生态文明,共筑生命家园。那么建设美丽中国,我们每个个体在现实生活中可以具体做些什么? 如何才能更好地践行绿色生活方式? 带着这些思考,基于对学情的把握,结合九年级第三单元《文明与家园》所学内容,笔者聚焦上海垃圾分类实施现状,设计了《小区垃圾分类面面观》的社会参与活动。将思想政治课的小课堂同社会大课堂有机结合起来,学生在社会参与中,以知识应用为抓手,增进社会责任感,促进知行合一。

(二) 活动目标

学生通过实地走访、问卷调查、人物访谈等方式开展本次学科社会实践活动,了解身边垃圾分类的现状,综合运用所学,针对上海市生活垃圾分类管理实施的现状,发现尚存在的问题,分析问题背后的成因,并提出解决问题的措施,促进知行合一。学生通过本次活动,懂得上海市推行生活垃圾分类管理的必要性,知道坚持绿色发展,走生产发展、生活富裕、生态良好的文明发展道路的重要性,并在活动中锻炼学科思维,涵养德性品格,增强社会责任感。

(三) 活动过程

环节一:了解上海市推行生活垃圾分类管理的必要性

通过课堂学习,学生能够理解人与自然相互依存、和谐相处的关系,知道坚持绿色发展的必要性。如何才能更好地践行绿色生活方式,做维护生态文明的建设者呢? 笔者聚焦学生生活实际,以生活垃圾分类处理为切入点,通过学生的观察、记录,激发学生的思考。为此,笔者设计了如下的任务。

1. 选择你喜欢的一种方式(文字、照片、绘画、视频等)记录你家庭一周内产生的生活垃圾。

2. 观察你的记录，写下你的感想。

3. 结合生活实际，综合所学内容，请你分析上海推行生活垃圾分类管理的必要性。

学生通过观察、记录发现：在人民生活水平日益提升的今天，生活垃圾越来越多，如果不进行分类处理，既会造成资源的浪费，又会污染环境。生活垃圾分类管理是社会发展的必然要求。

环节二：设计本次社会参与活动方案

这是活动的核心准备环节。在与学生进行充分交流后，笔者设计了"《垃圾分类面面观》活动方案模板"（见表1）供学生使用，并提供了一定的学习支架：我国在环境保护方面的法律，例如《中华人民共和国环境保护法》、《中华人民共和国大气污染防治法》、《中华人民共和国水污染防治法》、《中华人民共和国固体废弃物污染环境防治法》、党的二十大报告中关于生态文明建设部分内容、《上海市生活垃圾管理条例》、《上海市生活垃圾分类投放指引》。

表 1　《垃圾分类面面观》活动方案模板

1. 我们小组的名称是：_____　成员：_____
2. 我们小组打算用何种方式开展《垃圾分类面面观》的活动？
□ 问卷　　　　□ 访谈　　　　□ 实地观察_____　　□ 其他_____
3. 为此，我们做了这些具体的准备：_____
4. 我们小组初步设计的活动方案是：_____
5. 在本次活动中，我打算承担的具体任务是：_____
在完成任务中，我的优势有：_____
6. 目前，团队或个人关于本次活动的设计尚存在的困惑有：_____
最需要老师帮助的事情是：_____

在教师的引导下，由学生商讨决定用何种方式具体开展本次学科社会实践活动，体现学生的自主探索。明确具体方式后，小组协作，积极准备，设计初步方案，凸显了以学生为学习中心，以协作式、探究式为特征的学习方式，在活动中进一步培养学生综合分析问题和解决问题的能力。学生在分析自身参与本次活动的优势与需要获得的帮助后，教师再进行有针对性的指导，能更好地培养学生的调查能力、交流能力、合作能力等关键能力，进而为学生的全面发展创造了更广阔的空间。

环节三：完成本次社会参与活动记录

经过前期的准备,学生能主动地参与到本次社会参与活动中来。笔者设计了"《垃圾分类面面观》活动记录表"(见表2)供学生记录之用。同时,笔者还设计了"个人自评表"(见表3)强调学生自评,坚持多维评价原则,促进知行合一。

表2 《垃圾分类面面观》活动记录表

1. 我们小组用_____方式开展《垃圾分类面面观》的活动 　　□ 问卷　　　　□ 访谈　　　　□ 实地观察_____　　　　□ 其他_____ 2. 关于活动的开展,我们的记录是: 　 _____ 3. 根据活动表现,完成个人自评表。

表3 个人自评表

评价维度	评 价 内 容	分值	评价维度	评 价 内 容	分值
活动参与度	开展活动运用的方式				
活动参与度	调查的具体结果		活动呈现	活动呈现形式	
活动参与度	产生问题的成因分析				
活动参与度	提出的优化措施				
总分:					
评分说明:每项内容分值范围为0—10分,分值越高代表该方面能力越强。 本次活动中,我运用了(请勾选) □ 问卷　　　　□ 访谈　　　　□ 实地观察　　　　□ 其他_____　的方式来开展本次学科社会实践互动。 用这种/些方式开展调查,我做的具体事情是: _____ 本次活动中,我们小组采用_____方式来呈现我们的活动成果。 在活动成果呈现方面,我做的具体事情是: 本次活动带给我的感悟/困惑有: _____ 在本次活动开展中,我尝试通过实际行动去试图解决一些问题。我还做了/我还打算做: _____					

通过活动,学生将学科所学融入实践场景中,真正让学生走出书本、走出课堂、走出校园,走进社会这个最真实的大讲堂。学生通过参与活动,逐步增强探究意识和提高参与社会生活的能力。

环节四：梳理本次社会参与活动

学生通过实地走访、调查问卷和采访访谈等方式开展本次社会参与活动,从课堂走向社会,加深对所学的理解,这就是德性培养。在实践中,笔者通过设计"活动梳理反馈表"(见表4)有意识地引导学生去发现问题、分析问题,提出优化方案,尝试去解决问题,在实践与思考中彰显学科特色,提升学生的德性与素养,促进学以致用,实现知行合一。

表 4　活动梳理反馈表

1. 通过本次活动,我们小组发现的问题有：＿＿＿＿＿＿＿＿
2. 结合生活实际,综合运用所学,我们认为产生这些问题的主要原因有：＿＿＿＿＿＿＿
＿＿＿＿
3. 面对问题,我们小组给出的建议是：＿＿＿＿＿＿＿＿
4. 结合实践与思考,完成活动报告,并做活动成果呈现。

环节五：关于本次社会参与活动的延展

学生在活动中生成的新问题,产生的新思考,都是本次活动宝贵的延展。为此,笔者设计了"活动延展记录表"(见表5),促进学生做到"化理论为方法,化理论为德行",落实教与学的发展性原则。落实学科育德树人目标,提升学生的政治认同、道德修养、法治观念、健全人格和责任意识,把知识运用于社会,服务于人民,强化学生的社会责任感,提高他们的实践创新能力。

表 5　活动延展记录表

1. 通过本次活动,我的收获或感悟或困惑有：＿＿＿＿＿＿＿＿
2. 在本次活动开展中,我尝试通过实际行动去试图解决一些问题。
我还做了：＿＿＿＿＿＿＿＿
我还打算做：＿＿＿＿＿＿＿＿

（四）活动分析

1. 转变教学观念，助力教师智慧成长

本次学科社会参与活动聚焦生活垃圾分类这一社会热点，既结合教学内容，又提升了学生分析问题、解决问题的能力，打通"知识"与"生活"之间的价值链接，在活动中促进师生的共同发展，更好地促进知行合一。这就要求教师需要对教材内容有精准、全面的理解与把握，这样才能做到将学生所要学的内容与学生实际结合后进行拆分和重组，将其对应到相关社会实践项目的不同环节；教师需要充分了解学生的认知水平、能力水平与实践需求，这样才能设计出贴近学生生活实际、符合学生真实需求且受到学生欢迎的学科社会参与活动；教师需要及时把握学科项目实施的各个环节，做好共性与个性的指导，这样才能实现教材与学情间的双向贯通。

2. 创设学习支架，助力理论联系实际

在环节二的设计中，教师有意识地请学生谈谈设计活动方案时的准备，引导学生大胆发挥。为学生提供了学习的素材，例如《中华人民共和国环境保护法》《中华人民共和国大气污染防治法》《中华人民共和国水污染防治法》《中华人民共和国固体废弃物污染环境防治法》相关条例、《上海市生活垃圾管理条例》《上海市生活垃圾分类投放指引》相关条例、党的二十大报告中关于生态文明建设部分内容等。学生对上海市生活垃圾管理过程有了更直观的了解，在实践中拓展了课堂所学内容。

3. 坚持任务驱动，助力学生多彩发展

学生通过问卷调查的方式实现本次学科社会参与活动，还有学生用行动诠释责任："我们小组把解决问题的建议已经投送至居委会信箱，并且在每户楼组贴上了垃圾房的指示图标，也有利于外来人员正确进行垃圾投放，为优美的小区环境尽一份微薄之力。"学生在探索中学习新知识、发现新问题、激发新思考，逐渐成为自主探索的主人，做到了知行合一，增强了社会责任感。

上海市徐汇中学　吴艳萍

第三节　实地考察

活动概述

　　高中生思想政治实地考察是学生以观察社会为目的,通过资料收集、调查、走访的形式进行社会问题研究,思考学科知识,培养学科能力,提升学科核心素养的实践活动。高中生思想政治实地考察强调让学生走进真实的社会现场,以观察和探究的方式发现社会发展某个领域的真实问题。学生在问题解决的过程中以探访、研讨的方式践行"公共参与"。

　　学生实地考察,是实现思想政治学科成为提升思想政治学科核心素养、增强社会理解和参与能力的综合性、活动型学科课程的重要抓手,也是历练教师教学智慧,培养学生实践智慧的重要载体。

(一) 活动主要特征

1. 以知识验证为基本目标

　　实地考察的主题是从高中思想政治课教学出发,实地考察的方案可以是来自高中思想政治学科教材中的"综合探究"。例如,完成必修 1 综合探究二,可用实地考察的方式了解改革开放以来,特别是党的十八大以来人民生活发生的变化,分析变化发生的原因。这一类实地考察活动,是对教材中学习任务的延展和提升。

2. 坚持以"研究者"身份参与社会观察

　　学生以"研究者"身份走进社会生活的现场,通过实地考察了解教材中的"基

138

层民主""社区建设"在现实生活中的具体呈现方式。所谓"研究者"身份,是指学生需要始终保持"问题"意识和"探究"意识走进社区,对社区建设中存在的问题或已有的经验进行观察、研究。同时,学生也需要带着推动社会问题解决的责任感,分析社会问题,提出解决方案,参与社会建设与发展。

(二) 组织原则

1. 选择考察内容要具有时代性

所谓时代性,是指特定的历史阶段出现的,具有一定历史意义的事件。例如,《上海市生活垃圾管理条例》于 2019 年 7 月 1 日正式实施,居民开始对生活垃圾进行精细分类这件事,从无到有,居民们实行的情况怎样? 有怎样的政策建议? 学生开展垃圾分类实施情况的调研,有助于他们了解城市建设的困难点和突破点,可以使学生以垃圾分类实施的基本流程为典型案例,了解城市公共卫生建设的相关机构和设施,了解社会居委会工作的基本方式。此外,2018 年,我国修订了《中华人民共和国老年人权益保障法》;2020 年,上海市颁布了《上海市养老服务条例》,社区养老建设成为基层民生建设的重要内容。具有时代性的考察主题可以真切地反映时代变迁,使学生认识到党深入贯彻以人民为中心的发展思想,始终坚持以人民为中心的根本立场,培育政治认同和公共参与的学科核心素养。

2. 选择的考察对象要有典型性

教师需要精心设计和组织学生展开学科小调研,这就要求教师以科学研究的方式来寻找"典型案例"。以"社区民主建设"的调研为例,2020 年,上海市人大常委会修订了《基层立法联系点工作规则》,将全市基层立法联系点扩大至 25 家,实现 16 个区全覆盖。上海市虹桥街道办事处、杨浦区新江湾城街道办事处、闵行区七宝镇九星村村委会的基层立法联系点实践经验丰富,便于学生开展调研。教师可以通过查找相关研究成果的方式,选择成功、典型和有特点的案例,确定适合中学开展学科小调研的基层点,保障学生在调研考察中有所收获,做到调研到的结果与教学主旨和方向高度一致。

3. 组织实地的考察要有可行性

教师在设计和组织实地考察时要以培育学生的社会主义核心价值观为目

标,精选调研对象和主题,协调好学校和社区资源,运用过程评价的方式,指导学生参与实地考察,促成学生基于社会观察发现问题并提出政策建议或改进方案。社区和学校都是保障学科调研顺利进行的重要的社会资源。为保证学生们的社会研究能得到社区的支持,教师需要采取事前集中沟通的方式和被考察的社区的居委会的工作人员进行对接,说明学生实践活动主要目标,为后期学生开展调研做好铺垫。教师还应该与学校年级组做好沟通和协调,确保学生能够在固定的时间展开实地考察活动,进而促使学生保质保量完成考察任务。

活动示例一：居家养老新模式——对上海市黄浦区豫园街道"老伙伴计划"的考察

（一）活动构想

上海已经步入老龄化城市,以居家养老为主体的传统养老模式由于家庭养老资源及能力的锐减受到强烈冲击,因此开拓居家养老新模式的重要性与紧迫性日益凸显。自 2012 年起上海的一些街道启动了"老伙伴计划"。推进社区养老新模式是完善我国社会保障制度,提高老年人社会福利的新举措。设计本次实地考察活动,想让学生走进上海社区建设的现场,收集反映社区养老新模式的第一手资料,为课堂学习作好初期认知的准备。

（二）活动目标

在完成高中思想政治必修 1《中国特色社会主义》第三课《伟大的改革开放》、第四课《中国特色社会主义进入新时代》两个专题内容时,教师以"上海城市养老问题解决"为专题,组织学生开展实地考察活动。本次实地考察以黄浦区豫园街道"老伙伴计划"为样本,要求学生对其工作制度、工作模式、工作成效等进行考察研究,探究其中的优势与不足,提出相应的建议。本次实地考察旨在使学生在积累社会调研的实践经验的同时,能够自觉关注"老有所养"的民生议题,体会居家养老新模式对上海乃至全国经济社会发展的积极作用。

(三) 活动过程

活动准备:教师通过走访调研了解调研点的概况和特点,评估学生考察活动可能取得的成果。根据思想政治课教学的需要设计考察任务,调整学生调研考察的方向。教师需要提前联络豫园路街道的工作人员,确定学生们可以调研走访的社区。学生们在实地调研之前,需要查阅一些反映上海社区养老现状的新闻报道和研究成果,预设实地调研时需要着重观察的现象,设计好对社区工作人员和老人们访谈的问题,为开展实地调研做好准备。

过程指导:在实际考察期间,学生需要根据调研对象实际生活的状况进行客观观察和记录,在此过程中不能擅自改变被观察者的思想和行为状态。为不打扰老人正常作息活动,在本次实地考察活动中,学生可以志愿者的身份参与豫园路街道不同居委会老年人的护理活动,例如陪老人聊天,拉家常,在谈话中完成访谈;学生也可以摄影师、志愿者的身份参加老年人们的活动,观察、访谈收集"老伙伴计划"实施的实际资料。

调研结果评价:为了使学生的实地考察活动更有成效,在学生实践活动的不同阶段,教师给出相应的评价量表(考察调研汇报阶段所使用的评价量表参见表1),坚持以"教、学、评"相一致的方法指导学生进行实地考察。教师可以根据调研准备、调研实施、调研结论等基本环节进行考评。参与实地考察的学生可以依据评价量表进行自评,其他学生可以对调研学生进行他评,教师则可以做更详细的点评。教师作为评价主体,需要从研究成果的有效性、研究方法的科学性等维度对学生的考察过程和成果进行评价。这就要求学生沿着发现问题、分析问题、解决问题的思路开展考察调研。在考察调研的汇报阶段,学生需要汇报自己所使用的研究方法,以及对该社会问题解决的建议或意见。教师对调研小组的点评要以鼓励为主,肯定调研小组成员们的付出和收获。

表1 社区养老问题考察调研结论评价量表

一级	二级		水平1 ──────────────→ 水平4			
调研结论	内容与观点	水平描述	水平1：结论观点描述存在部分错误，缺乏条理性，论据单薄，论据形式单一，对社区建设情况不了解，讲不清楚该社区养老建设的特点	水平2：结论观点基本准确，但较为普通，论据涉及两、三个方面，能基本支撑论点，论据形式有图、有文、有表，能阐述清楚该社区养老建设的特点	水平3：结论观点准确，有新意，论据涉及多方面且支撑力强，能阐述清楚该社区养老建设的成就、创新点和社会效益	水平4：有独到见解，富有创新性，论据涉及多方面且支撑力强，论据形式丰富新颖，能阐述清楚该社区养老建设的成就、创新点和社会效益，有合理的建议
		自评				
		互评				
		师评				
	过程与方法	水平描述	水平1：缺乏实地调研的方法总结，语言表达不够流畅	水平2：对实地调研的方法进行总结，语言表达基本流畅	水平3：有条理地总结实地调研的方法，运用思政学科必修2、必修3术语比较得当，语言表达比较流畅	水平4：提炼实地调研的有效方法，方法总结有高度概括性和适用性，得当运用思政学科术语，语言表达较为流畅
		自评				
		互评				
		师评				
	情感态度与价值观	水平描述	水平1：缺乏情感体验，未能形成社会参与的观念	水平2：描述了自身的调研体验，认识到社区养老建设复杂性和整体性	水平3：能关注社区老年人生活的质量，能举例分析社区养老建设的成效，能对社区养老建设提出建议	水平4：能关注社区老年人生活的质量，能举例分析社区养老建设多个专项建设的成效，能对社区养老专项建设提出合理建议
		自评				
		互评				
		师评				

说明：本表中学生行为表现水平由低到高表示为水平1到水平4。评价人对照本表水平描述，在自评、互评、师评栏对应水平的空格栏里打"√"即可。

（四）活动分析

"老伙伴计划"通过结对互助的方式，由低龄老年志愿者向高龄老人提供家庭互助服务，开展精神慰藉等家庭关爱和生活辅助服务，防范或化解风险，降低老年人意外发生概率，使高龄老人的生活质量得到保障。"老伙伴计划"旨在对居家养老作有力补充，缓解养老难题，该计划的运行模式为"1＋X"，具体由政府牵头、多方协作、居民参与。

通过实地考察活动，学生对豫园路街道"老伙伴计划"成功的原因进行分析。他们认为，首先作为老城厢地区，尽管大多数居民房屋为 1949 年之前建造，建筑陈旧但是排列紧密，这在客观上促使邻里关系非常亲近；其次，政府职能转变、简政放权，高度重视养老民生问题，起到计划牵头作用；街道、居委会开展基层工作，提供数据、落实"结对互助"；再次，"老伙伴计划"是由低龄老年志愿者向高龄老人提供家庭互助服务，低龄老年人的积极参与，增添了"老伙伴计划"的活力。

学生利用暑假时间走访黄浦区豫园街道的老人。他们走访了多位 80 岁以上的"老老人"，也走访了多位 60—70 岁之间的"小老人"，结识了街道里多个居委会的干部；学生发现了"康乐家"，即一个在社区以养老服务为主要工作的社会公益组织。学生们总结归纳出豫园路街道推广以"以小老帮老老"的"老伙伴计划"需要具备的各种条件；同时为街道和政府部门对改进推动"老伙伴计划"实施，提出了相应的策略建议。通过实地考察活动，一方面，学生的观察社会、发现问题、分析问题、解决问题的能力得到提升；另一方面，学生们看到豫园路街道低龄老人给予高龄老人的心灵慰藉、人文关怀，于无形中增强了社会责任感和道德感。

活动示例二：提升居民社会自主管理的参与度——对田林十二村居委会垃圾分类模式的考察

（一）活动构想

西南位育中学所在的田林街道，在基层民主建设方面比较有特色。田林街道办事处立法点是上海市设立的 25 个基层立法点之一，其中的田林新苑居委会书记、田林五六七村的居委会书记分别是徐汇区和上海市的人大代表，田林十二村居委会在社区基层建设方面是上海市先进单位。田林地区也是徐汇区老年人口密度较高的城区，其中的田林十二村居委会、田林新苑居委会，在社区养老服务建设方面都位于市、区前列。可以说，良好的社区建设是学生开展学科调研的门前资源。

2019 年 7 月 1 日，《上海市生活垃圾管理条例》正式施行，垃圾分类进入"强制时代"。经过一年多的推进，上海市大部分市民初步养成了垃圾分类的习惯，但垃圾分类的执行情况在不同区域间存在差异。有些社区依然依赖社区志愿者、保洁人员在垃圾投放期内进行驻守监督，这表明部分居民依旧没有对垃圾分类予以应有的重视，未养成垃圾分类的习惯。怎样推进社区垃圾分类的实施，使得垃圾分类的管理制度真正落地，这是社区管理和建设的真实问题。

（二）活动目标

针对高中思想政治必修 3《政治与法治》第二单元《人民当家作主》这一板块的教学，教师希望通过增设学科小调研的方式，丰富教学形式，增强学生对基层群众自治的深入体验，提高政治认同和公共参与的学科核心素养。学生通过实地考察调研，将田林社区作为推进垃圾分类实施的成功样本，并转化为课堂议题式教学的案例，从而做到理论与实践的有机结合。学生以观察者的身份参与到社区的民主协商、民主决策、民主管理、民主监督中，体验人民当家作主的幸福感。《上海市生活垃圾管理条例》作为地方性法规，从制定到实施，是我国以推进法治建设的方式来完善国家治理的典型案例。教师指导学生以调研的方式来观察《上海市生活垃圾管理条例》的贯彻落实情况，激发学生理解法治在完善国家治理中的积极作用，同时促使学生在主动观察和研究中，学习法律知识，培养法治思维，提升法治意识。

（三）活动过程

步骤 1：学科小调研的准备

实地考察可以为教学开发出最为具体、最真实的教学资源。这些教学资源源自社会生活的真实场景，来自于学生们的观察和采集，具有典型的原生性，具有良好的说服力，可以为课堂教学提供有效的证据。为了使课堂教学和学生的学科调研相互促进,教师需要从单元教学设计的角度,规划学科调研的目标和实施方法。

经过备课组内的讨论,教师对高中思想政治必修 3《政治与法治》第二单元《人民当家作主》的教学内容进行重构。教师从我国基本政治制度中的"基层民主自治制度"出发,以"美丽城市建设与垃圾分类实施"为主题,以"怎样提升居民在社会自主管理参与度,让垃圾分类制度真正落地"为学科调研议题,设计了《人民当家作主》这个单元内三个课时的教学,课时安排如表 2 所示。

表 2　"美丽城市建设与垃圾分类实施"三课时教学设计

课时安排	教学议题	教学案例及主要情境	资料来源	知识达成
第一课时	《上海市生活垃圾管理条例》是怎样制定的	案例:垃圾分类实施十年试点与上海市人大制定《上海市生活垃圾管理条例》 情境问题:科学立法,怎样寻找法治建设的最大公约数?	网络资源	人民民主专政的本质:人民当家作主; 最广泛、最真实、最管用的民主
第二课时	法治,从理想到现实,是一帆风顺的吗?	学生对自己社区垃圾分类的简单调研和评价 情境问题:一年来,社区垃圾分类实施的效果究竟怎么样?	学生自主社区微调研(实践作业)	居民基层自治组织、小区物业各自的职责
第三课时(调研汇报交流课)	怎样提升居民在社会自主管理参与度,让垃圾分类制度真正落地	案例:田林十二村垃圾分类推进的四个阶段 情境问题:居民议事会在垃圾分类推进中的作用	学生代表到田林社区实地调研	基层群众自治制度的形式及其实践

"美丽城市建设与垃圾分类实施"的三个课时中,第一课时,教师通过带领学生讲解《上海市生活垃圾管理条例》诞生的过程,使学生了解上海市人大常委会立法工作的一般过程,使学生体验、理解我国社会主义人民民主的特征;第二课时,教师引导学生通过观察和分析《上海市生活垃圾管理条例》作为一部新法在落地的过程中遇到的一些实际困难,引出"怎样才能让《上海市生活垃圾管理条例》落地,有效实现《上海市生活垃圾管理条例》落地的社区究竟有怎样的妙法"的问题;第三课时,在第二课引出的问题基础上,学生介绍田林十二村居委会

在推行《上海市生活垃圾管理条例》实施过程中的有效经验,进而提炼出基层民主自治组织在推进社区依法治理过程中的积极作用。

步骤2:对实地考察活动的动员和指导

借助学校"我要做研究"的研究性课程平台,教师对学生开展"推进社区垃圾分类实施"研究做了动员。在讲明考察任务的价值意义同时,教师对学生讲解了社会调研的一般过程,同时介绍了以往学生在研究"实地考察调研"方面的成功案例。教师向学生讲授实地调研的基本方法,要求学生们做好调研日志,整理好过程性的资料,为调研汇报作好准备。

步骤3:对学生实地考察的过程性指导

第二单元共6个课时,"美丽城市建设与垃圾分类实施"所构成的单元教学是总单元中的一个部分。在该单元教学的开始阶段,教师需要向学生布置考察任务。学生的实地考察一共有3周时间,先后拥有2—3次的访谈和实地考察的机会。

这次考察调研的议题是"怎样提升居民在社会自主管理参与度,让垃圾分类制度真正落地"。学生对田林十二村居委会的调研,实质是对田林十二居委会社会工作方法的观察和反思,以调研的方式提炼出田林十二居委会在推进小区居民对小区建设参与度上的经验做法,再进一步分析这些经验做法中基层民主建设的实践方式。表3为学生进行实地考察的问题提纲。

表3 实地考察的问题提纲

序号	调研目标问题
1.	田林十二居委会的居民对垃圾分类投放的参与度高吗?
2.	田林十二居委会的居民对垃圾分类投放的参与度一直很高吗?如果不是,他们是怎样解决这个问题的?
3.	田林十二居委会有没有通过居民议事会的方式来推进居民垃圾分类的参与度?
4.	在小区推进垃圾分类的进程中,小区民主决策、民主管理的具体形态是怎样的?
5.	在调研中,你发现田林十二居委会非常值得推广的做法是什么?

为了使教学和学生调研有更高的一致性,教师需要和学生考察小组保持高效沟通,了解学生在调研中的收获,辨析其中的细节,并提示学生下一次调研的

内容和重点。通过师生之间的有效沟通,教师可以确保学生调研的内容真实有效,能够使实地考察成为单元教学的重要组成部分。

步骤 4:对学生调研成果进行评估

从单元教学的视角看,学生实地考察是单元教学的重要组成部分。参加调研的学生以先行者和观察者的身份深入考察现场,同社区居委会干部、居民深入交流后,将考察的议题总结,形成自己的学习成果。学生的学习成果会有很多的形式,包括在他们考察中收集到的田林十二居委会在社区建设方面的第一手的资料,以及他们基于田林十二居委会社区建设的特点所形成的调研报告。在进入课堂教学之前,学生应当以小型研讨会的方式交流自己的考察收获,并以调研报告的方式呈现自己的调研成果。教师要以指导者和评价者的身份参与学生的研讨会,观察学生的行为表现,全面了解和评估学生的研究成果,同时判断现有的资料是否符合课堂教学的要求。

在研讨会上,学生概括出田林十二居委会在推进垃圾分类的过程中的四个典型做法:

1. 田林十二居委会在垃圾分类宣传上"小手牵大手"的特殊做法。

2. 居委会借居民办理门禁卡的契机,对小区内的租户进行一对一教育,确保社区内每一个居民知道要分类、会分类。

3. 田林十二居民区党总支有个"三会制"①平台。居委会通过多次议事会和调研的方式,认真选定垃圾厢房的设置地点,争取符合更多居民的生活习惯,并将使用率最低的垃圾厢房设置为误时投放点,在非定时时段开放。

4. 针对一些特殊居民,田林十二村的干部还会根据居民的不同情况来选择不同的劝说教育方案。

学生通过实地考察能详细地介绍田林十二居委会的议事制度、议事方式、议事成果,能论述田林十二居委会切实有效的社区治理方式,在此基础上进入教学的总结阶段。

步骤 5:课堂汇报与议题讨论课

专项研究汇报,是学生们实地考察的总结汇报阶段,也是基于学生实地考察

---

① 注:田林十二村成立了居民区综合治理管理小组,以居民区党总支为引领,以居民代表为主体,居委会、业委会、物业、民警等共同参与,通过召开工作例会,不断提高小区综合治理能力。三会制,是为提高小区综合治理水平举行的评议会、听证会和协调会。

的单元教学课最为关键的部分。在本单元的最后这节课上,考察小组是课堂的主角。他们的身份更像是田林十二村居委会会的代言人,而其他学生则像是从其他社区赶来的"取经人",学习和借鉴田林十二村居委会在推进垃圾分类工作中的经验做法。教师的任务是控制好这堂课讨论的基本方向和讨论节奏,让课程的进程向教学的逻辑终点迈进。教师控制课堂进程的主要抓手是课堂教学的情境线和问题线,通过提问和解释的方式,适时地推动课堂情境的转移,并且在总体上控制好课堂教学的进程。

表4　汇报交流课教学进程

	起　点	关键点	逻辑终点
情境线	田林十二居委会是一个老小区,社区里老年人占17%左右,外地务工人员也很多。垃圾分类投放这样的"新事物"在小区里推广的时候也遇到不少困难	小区里以志愿者来监督居民倒垃圾的方式或是假装探头的方式来监督那小部分居民,管理成本太高,且不是"智慧"的长久之计	田林地区有近十所中学,田林十二居委会在推进垃圾分类的宣传上有"小手牵大手"的特殊做法对一些特殊居民,田林十二村的干部会根据居民的不同情况来选择不同的劝说教育方案
问题线	田林十二居委会是否存在居民对小区垃圾桶设置点和投放时间的争议	"三会制"平台助力小区居委会干部通过议事会,收集小区热心居民的建议,实现了"垃圾分类绿色账户"一卡通的管理方式。概括"三会制"在社区治理中的功能和地位	田林十二居委会在推进垃圾分类投放、治理小区停车难等问题上,都有自己行之有效的办法。田林居委会在"从群众中来,到群众中去"的实践中有哪些值得推广的经验?
活动线	调研小组的学生以汇报和答疑的方式,同其他学生保持关于议题的互动和交流		
	讨论:这些居民们的利益诉求是否合理?	评析:田林十二居委会垃圾投放"一卡通"智能管理的方法好在哪里?讨论:"三会制"为什么能帮助居委会干部们找到"智慧方案"?	讨论并概括:基层民主自治的关键是发挥居民主体的作用,依靠"群众路线"实现"集民智""靠民力",提高居民自治的参与度、支持度。
知识线	基层自治的内涵	民主协商、民主决策、民主管理、民主监督的内涵	基层自治制度在我国民主建设、国家治理中的意义

（四）活动分析

经过两周的调研,考察小组的学生们发现田林十二居委会社区垃圾分类实施有不少成功经验。不仅如此,学生在后期又做了近一个月的补充调研,经过整理分析之后形成了完备的调研报告。学生在整个考察调研的过程中亲身接触了社会,也逐渐认识到自身在参与社会建设中可以发挥积极作用。

1. 验证学科知识,实现社会参与

思想政治学科实践活动,突出的特点是从学科出发实施社会观察,引导学生参与到社会生活的真实场景,运用思想政治学科所学概念、原理解读社会生活;分辨社会生活中的政治生活元素,在学科实践中实现个体与社会生活的互动。学生以观察者的身份观察居民们在议事会上讨论、决策,可以看到居民们的"智慧"方案在社区建设中真实地发挥作用。据此,教师要努力发掘社会生活中积极的、有教育意义层面的资源,合理运用思想政治学科的核心观点去感染和启发学生,这也是政治教师教学智慧的实现方式。

2. 改善认知方法,提升社会认同

学生通过实地考察,对社区建设的状况和作用有了更深刻的认识,也有了更多的认同感。智慧教学的要旨在于,在新的时代背景下,教师需要通过转变教学方式来满足学生的学习需要,最终实现转识成智、化智成德、化德成行。教师通过教学任务的设计、教学活动的组织引导学生,使其逐渐在学习上能够做到独立思考、主动探究、自觉创造。思想政治学科调研如果能教会学生社会观察的技能,促进学生形成社会接纳、社会参与的观念和方法,那么培养富有社会责任感的社会主义公民指日可待。未来他们在社会发展中遇到新的问题和争议时,一定能作出符合社会发展的客观规律和最广大人民根本利益的价值判断和价值选择。

上海市西南位育中学　　王红妹

第四节　模拟仲裁

活动概述

模拟仲裁活动是学生通过查阅资料对特定纠纷事实经过的再现,扮演不同角色模拟仲裁的流程,进行深入探讨和评判的活动。模拟仲裁将法治实践与课堂学习结合起来,充分展示学生对纠纷的庭审思维和裁判逻辑,从而拓宽法治视野,激发公共参与的积极性和主动性,提升逻辑思维能力,增强规则意识和法治意识,真正理解法治精神的深刻内涵,即人类追求公平与正义的永恒主题,树立为法治建设添砖加瓦的理想信念。

(一) 主要特征

1. 案例选择的真实性

智慧教学理念强调,思想政治课的智慧课堂应该关注学生的生活经验,密切联系学生当前的生活实际和社会热点,同时要关注学生走向社会的未来生活。[①]真实的体验能更多地激发学生主观能动的思考,为活动探究创造更多可能实现的路径。例如,模拟仲裁通过真实的案情分析、角色划分、法律文书准备、正式开庭等环节模拟仲裁的部分过程,使学生零距离参与、观摩学习仲裁,深入体会仲裁程序灵活性优势、专业化优势及一裁终局的效率性优势,加深学生对社会的认

[①]　孟祥萍:《寻智慧——思想政治课智慧教学探索与实践》,复旦大学出版社 2014 年,第 24—28 页。

识与理解。

2. 活动过程的非正式性

《普通高中思想政治课程标准(2017 年版 2020 年修订)》指出,学习路径要着眼于学生思想活动的独立性、选择性、多变性、差异性和高中阶段成长的新特点,引导他们步入开放的、辨析式的学习路径,理性面对不同观点。在活动展开的过程中,学生作为参与活动的主体,在经过体验后能够形成自身的认知和感受,这便是学生自我生成的内容,这种"生成"是即时的。虽然仲裁是有严格而规范的流程,但学生在模拟仲裁活动过程中更加注重实质性问题,而非流程性问题,学生可以在亲历自主辨识、分析等的过程中,挖掘潜能、提升能力,坚定对法治的信仰。

(二) 组织原则

1. 角色选择自主自愿

在模拟仲裁中,学生可以根据自己的特长和兴趣,自主选择自己愿意担当的角色,承担相关任务,组成模拟仲裁庭。随后,在自主合作中对案例进行学习、研究,运用相关的仲裁理论知识,完成模拟仲裁前的各种准备工作,如证据材料的调查、整理,答辩状、代理词等的写作,仲裁辩论训练等。通过角色扮演模拟仲裁员回避申请、管辖权异议、反请求、证人出庭等环节,学生亲身体验法律程序和法律关系角色,体验仲裁的严谨和公正。

2. 仲裁程序公平对等

学生在模拟仲裁审理过程中,要全面、深入、客观地查清与案件有关的事实情况,包括纠纷发生的原因、发生的过程、现实状况以及争议各方的争执所在,通过查明事实,分清是非曲直,正确确定当事人所应当享有的权利和承担的义务。学生要明确:仲裁庭在查清事实的基础上,根据法律的有关规定确认当事人的权利和义务,确定承担赔偿责任的方式以及赔偿数额的大小。同时,仲裁庭处理纠纷应当公平、公正、不偏不倚。仲裁员应当处于公正地位,无论仲裁员是由哪一方当事人选定的,他都不代表任何一方当事人的利益,而应公平地对待双方当事人,公正地处理纠纷。

3. 庭审现场庄重严肃

在现场模拟环节,学生要按照角色的分工进行情境表演。模拟仲裁机构的人员包括首席仲裁员 1 名、仲裁员 2 名、书记员 1 名，申请人、被申请人、委托代理人、证人。仲裁庭的开庭审理是庄重严肃的，必须做一些前置性工作。如创设真实的模拟仲裁的场所和音响设备；为参与角色扮演的学生制作席卡；学生要规范着装，首席仲裁员、仲裁员统一穿着正装，委托代理人要统一穿着深色西装，其他角色也应穿着与身份相吻合的着装，营造一种严肃、正规的庭审气氛，以便较快进入"实战"状态。开庭审理的过程严格按照法定程序和要求进行。模拟仲裁庭人员对案件进行处理，其余的学生旁听整个过程。教师在整个过程中处于旁观者的角色，注意记录学生在这一过程中存在的问题，包括法律知识的运用是否准确、法律程序的进行是否存在疏漏或瑕疵、仪态和语言是否得当，等等。

活动示例一："张先生诉上海某有限公司股权投资协议争议"案

（一）活动目标

以明股实债案例为主要学习情境，借助《中华人民共和国公司法》《中华人民共和国仲裁法》《劳动人事争议仲裁办案规则》等法律知识，模拟庭审辩论环节，掌握答辩技巧，提升权利意识和证据意识。

（二）活动过程

步骤 1：课前准备

本次模拟的案例：申请人张先生与上海某有限公司因股权投资等事宜发生争议。申请人称，其于 2017 年 8 月 16 日与被申请人上海某有限公司签订《股权投资协议》，被申请人向申请人借款 270 万元，借款期限为 5 年，借款年利率为 20%。被申请人将目标公司 18% 股权登记在申请人名下，作为债务履行的担保。借款期限到了，但被申请人没有履行约定。

该模拟活动需要让学生根据案情自主搜集相关法律法规并进行角色选择（申请方、被申请方、仲裁委等），对庭审辩论有所准备。学生不仅通过网络搜集到与案例相关的法律依据，还多次观看了仲裁庭审的录像，了解了相关角色以及答辩技巧等,既提高了自主学习能力,又提升了团队合作意识。

步骤 2：正式模拟

仲裁员：请申请人陈述请求事项及其事实与理由。

申请人：请求裁决被申请人以人民币 270 万元(以下所涉货币币种均为人民币)的价格受让申请人持有(某有限公司)18％的股权。裁决被申请人(某有限公司)向申请人补足分红款 124.2 万元。因被申请人迟延支付收购款及补足分红款给申请人造成的利息损失,以贷款基础利率,自 2022 年 8 月 16 日计算至实际支付之日。

事实与理由：2017 年 8 月 16 日申请人与被申请人签订《股权投资协议》,被申请人向申请人借款 270 万元,借款期限为 5 年,借款年利率为 20％。被申请人将目标公司 18％股权登记在申请人名下,作为债务履行的担保。目前借款期已过,但被申请人没有履行约定。

被申请人：被申请人不同意申请人的请求。被申请人与申请人签订过《股权投资协议》,并且附加对公司重大事项的决定权、监督权等。众所周知,股权投资具有风险性,无法保证固定收益,由于公司经营状况不佳,因此不需履行协议约定。

申请人：对公司重大事项的决定权、监督权只是出于确保回购条款的实现、保障投资安全的考虑。

仲裁员：归纳双方陈述,本案的争议焦点为"申请人给付被申请人 270 万元的行为是投资还是借贷?"下面进入指证、质证环节。(申请人已向仲裁庭提交《股权投资协议》、微信聊天记录截图、解除股权协议通知书,被申请人已向仲裁庭提交《股权投资协议》、公司重大事项决定参与人名单、公司财务报表)

仲裁员：对于申请人提交的证据,被申请人是否认可?

被申请人：认可。

仲裁员：对于被申请人提交的证据,申请人是否认可?

申请人：认可。

仲裁员：下面进入辩论环节。

申请人：被申请人以公司经营状况不佳为理由,拒绝履行协议约定是不合理的。申请人与被申请人虽然签订的合同名称为《股权投资协议》,但协议没有约定共同经营、共享收益、共担风险等事项,而是约定无论公司经营是否亏损,均需按照约定标准给付申请人固定的投资收益。

被申请人：对于该协议的约定，双方在签署时意思表示真实且产生合意，申请人明确知晓投资有风险；申请人多次参与过公司重大事项的决定，从事实可以判断申请人出资并订立合同的真实目的是行使经营管理权，因此申请人与公司共担风险并无不合理之处。

申请人：该协议约定的是取得固定收益的条款，而不是按照经营业绩或其他约定有调节分配收益。

被申请人：根据《中华人民共和国公司法（2018年修正）》第二百一十六条"（三）实际控制人，是指虽不是公司的股东，但通过投资关系、协议或者其他安排，能够实际支配公司行为的人"，本投资协议中，申请人通过投资关系，参与公司重大活动决策，对被申请人构成事实意义上的股权投资关系，应按照企业实现的利润享有红利。

申请人：该协议中的约定，一是投资方不承担股权风险，不按股份比例分红，只是取得固定的、保本保息的投资收益，收益是与目标公司经营状况无关；二是投资方在投资期限内只是名义股东，不作为股东行使权利，不参与企业日常经营与决议，即使参加也仅仅参与重大事务决策事项；三是投资方在协议约定的期间届满可退出目标公司，获得固定投资收益。

被申请人：股权投资协议中申请人不能单方收回投资款，并且应该承担企业的亏损。

仲裁员：申请人与被申请人签订的合作协议书约定，原告根据协议交付被申请人的270万元，从形式上虽表述为投资款，但约定享受固定回报率，而不承担企业经营盈亏风险，故该270万元名为合作投资款，实为借贷款。申请人要求被申请人返还借款本金的请求，应予支持。故此申请人主张的被申请人返还投资款人民币270万元并支付从2017年8月16日至2022年7月止的利息，同时仲裁费、律师费由被申请人承担。

本次开庭通过模拟真实的案件，对"张先生诉上海某有限公司股权投资协议争议"一案，围绕明股实债这一重点内容开展庭审。申请人和被申请人据理力争。模拟仲裁过程中分听取申请人陈述和被申请人答辩、质证、庭审调查、辩论、征询当事人最后意见并调解等阶段进行了仲裁，庭审辩论阶段各组同学运用法律知识，充实己方观点，驳斥对方观点，场面十分热烈，庭审达到高潮。最终双方达成调解意见。

（三）活动分析

1. 重构教材内容，展现教学智慧

高中思想政治选择性必修 2 第一单元《民事权利与义务》阐述人格权、物权、知识产权、合同债权等人身权利与财产权利，探究民事权利、民事义务与民事责任的关系。第四单元《社会争议解决》坚持法治教育与道德教育相结合，引导学生依法行使权利、履行义务，理性看待争议、解决纠纷，维护公平正义，严守道德底线，成为社会主义法治的忠实崇尚者、自觉遵守者、坚定捍卫者。重构上述两单元的教学内容进行模拟仲裁活动可以让教材知识"活起来"，让学生在实践体验中理解教材理论。

2. 选择合适的案例，激发学生的学习兴趣

在《中华人民共和国民法典》《中华人民共和国公司法》中，股权与债权属于不同概念，适用不同的法律规则，具有不同的法律地位。随着我国商事实践的不断发展，企业融资的经济现实中，股与债常被混合使用。在现实生活中，商事仲裁较为常见。本案主要的争议焦点在于申请人给付被申请人 270 万元的行为是投资还是借贷。学生对于把握股权投资与借贷关系的区别有浓厚的兴趣。

3. 引导学生的学习从浅度学习迈向深度学习

模拟仲裁的案例确定之后，教师以学生为学习中心，以个性化、泛在化、协作式、探究式为特征的新型教与学方式，探索培养学生的创造性思维能力，以及综合分析问题和解决问题的能力。通过模拟仲裁辩论环节的筹备到开展，引导学生的学习从浅度学习迈向深度学习，努力从"基于教科书水准"上升到"超越教科书水准"。

活动示例二："外卖骑手与某网络公司劳动争议"案

（一）活动构思

模拟仲裁是高中思想政治课紧密结合社会生活的实践活动。活动中，通过

案例分析、角色扮演、合作探究、现场模拟等形式来激发学生的参与兴趣和强化学生的行为指导,让学生在这一过程中感受法治的公平正义,加强学生对法治的信仰。比如,学生可以根据自己的兴趣和特长来选择合适的角色,这部分工作主要由各个小组的组长和自己的组员协调完成,通过角色的分配和承担。在活动过程中,教师应找准学生认知冲突,激发学生产生探究冲动,主动寻求解决方案,引导学生运用高阶思维深度学习,从而真正实现学科能力素养的全面提升。

针对高中思想政治选择性必修 2《法律与生活》中的第三单元《就业与创业》和第四单元《社会争议解决》进行活动设计。比如,教师引导学生关注社会热点,外卖骑手"困在系统里、绑在算法上、捆在抽成里、游离在社保外",正当权益容易遭到侵害。随后,指导学生搜集相关法律依据,采访、调查相关劳动者,在活动中充分发挥智慧,培养学生的创造性思维能力,以及综合分析问题和解决问题的能力。

(二) 活动目标

通过本次模拟仲裁活动,学生了解到真实的劳动仲裁的过程。通过角色扮演,将现实生活中的案例与课本上的知识联系到一起。通过模拟仲裁活动过程中的相互配合,学生能够明白在学习和生活中,团队合作的重要性。每个人都应该在团队中充分发挥自己的作用,各司其职、齐心协力、互相配合、形成互补。在活动演练中,综合锻炼、提升学生们的文书能力、检索能力、庭审辩论能力、案情分析能力和庭审流程熟悉度。通过法律在现实生活中的应用,学生能够进一步加深对法律知识的有关认知,提升对社会主义法律的认同感。在整个模拟过程中,学生能够真正感受到尊法、守法、用法的意义,以达成道德认知、道德情感和道德行为三者的有机统一。

(三) 活动过程

步骤一:选题阶段

智慧教学认为选择活动情境时要充分考虑时代性要求,即要关注时事政治和社会热点,将社会问题融入情境设置,做到理论与实践的融通。遴选的案例具有一定的社会关注度和时效性,具有一定的可争议性,所选择的案例对申请人、被申请人来说要具有可辨性。当前,随着平台经济的迅速发展,依托互联网平台就业的外卖配送员、网约车司机、互联网营销师等新就业形态劳动者数量大幅增加。本次活动,学生模拟外卖骑手送餐途中受伤与平台企业的争议一案,案例聚焦社会热点,对标教材中的"劳动合同""劳动者的权利""仲裁"等知识。

步骤二:准备阶段

学生根据自己特长和兴趣,自主选择自己愿意担当的角色,承担相关任务,组成模拟仲裁庭。之后,学生对案例进行学习、研究,应用相关的仲裁理论知识,完成模拟仲裁前的各种准备工作,如证据材料的调查、整理,答辩状、代理词等的写作,仲裁辩论训练等。在这个阶段,教师要注重遵循青少年身心发展规律和个体差异,针对高中学生思想活动和行为方式的多样性、可塑性,让学生自主选择角色和任务。同时,注重学生的参与度和互动性,在情境模拟中将真实法治案例引入教学,引导学生自主学习,培养学生学习法律的兴趣。

步骤三:活动培训

学生自主学习仲裁的相关理论知识,教师给予指导与培训。在教师的指导下,各小组进行模拟仲裁庭案例的信息搜集、上庭前的各项准备及有关人员的培训工作。模拟仲裁活动工作人员按法律的规定及格式制作相关仲裁文书,如申请书、答辩书、证据材料目录和说明、代理词、相关视频资料等,特定文书如申请书、答辩书等,应按照法定的程序送达给当事人及其代理人。

步骤四:预演和改进阶段

在做好充分准备的基础上,学生应按照仲裁庭仲裁案件的普通程序进行预演,并请专家诊断,提出改进意见。之后,学生需从法律和当事人的实际情况出发,进一步优化各个环节。通过这一过程,学生逐步熟悉案件,理解仲裁的程序步骤、认识仲裁的价值,从而顺利地参与整个仲裁过程。

步骤五:正式模拟

根据仲裁法对仲裁程序的有关规定,仲裁审理一般应经过以下阶段:开庭准备、开庭开始、庭审调查、庭审辩论、调解或裁决。

在庭审辩论阶段,仲裁员一针见血地指出本案的争议焦点:外卖员是否与网络公司存在劳动关系?

仲裁员:证据认定情况如下:1.《承揽合同》一份,用以证明某网络公司(甲方)与小孔(乙方)存在劳动关系;2. 银行交易明细一份,用以证明被申请人支付申请人工资至发生交通事故前；3. 交通事故鉴定书一份，用以证明申请人不承担事故责任。

仲裁庭调查结束，总结争议焦点：申请人（外卖员）是否与被申请人（网络公司）存在劳动关系？

现在进行仲裁庭辩论……

仲裁员退庭合议。

仲裁员：仲裁结果宣布如下：《中华人民共和国劳动合同法（2012 年修正）》第七条规定，用人单位自用工之日起即与劳动者建立劳动关系。《关于确立劳动关系有关事项的通知》第一条规定，用人单位招用劳动者未订立书面劳动合同，但同时具备下列情形的，劳动关系成立：（一）用人单位和劳动者符合法律、法规规定的主体资格；（二）用人单位依法制定的各项劳动规章制度适用于劳动者，劳动者受用人单位的劳动管理，从事用人单位安排的有报酬的劳动；（三）劳动者提供的劳动是用人单位业务的组成部分。本案中，某网络公司（甲方）和小孔（乙方）双方符合劳动关系主体资格，小孔从事的外卖配送工作是某网络公司的业务组成部分，某网络公司亦支付小孔的劳动报酬。某网络公司（甲方）与小孔（乙方）签订的《承揽合同》中，明确约定乙方工作任务或职责是配送餐品以及甲方安排的其他任务。乙方工作时间以实际排班为准，甲方根据业务情况可以调整乙方工作的时间。乙方应自觉遵守国家和省规定的有关工作纪律、法规和甲方依法制定的各项规章制度，严格遵守安全操作规程，服务管理，按时完成工作任务；甲方有权对乙方履行制度的情况进行检查、督促、考核和奖惩；乙方有义务为甲方保守商业秘密，故小孔与某网络公司之间存在劳动关系。

本案庭审辩论气氛热烈，处处闪烁着智慧的光芒。学生针对预设的案例，严格按照劳动仲裁审理流程，运用相关法律法规，牢牢把握了案件的争议焦点，辩论过程更是论证充分、严谨求真。在模拟仲裁活动中，教师充分发挥教学智慧，通过设定情境、提供支架、设置任务、适时展示、及时反思等形式，将"寓教于乐"转化为"寓教于学"。

步骤六：活动评价

评价方式：评价包括学生自评、组内互评、旁听的学生评价、指导教师评价，采用过程评价与结果性评价相结合，评价采用百分制。评价表格如下。

表1　模拟仲裁活动个人自评表

评价内容	分　值	评价内容	分　值
资料收集与整理		团队合作	
本次活动中,我的表现亮点: ＿＿			
本次活动中,我的表现不足之处: ＿＿			
评分说明:每项内容分值范围为0—10分,分值越高代表该方面能力越强。			

表2　模拟仲裁活动组内互评表

评价内容	分　值	评价内容	分　值
资料整理		团队合作	
角色表演		总分:	
评分说明:每项内容分值范围为0—10分,分值越高代表该方面能力越强。			

表3　模拟仲裁活动小组互评评价表

	组员1	组员2	组员3	组员4
分值				
签名				
评分说明:分值范围为0—5分,分值越高代表参与度越强越强。				

表4　模拟仲裁活动指导者评价表

评价内容	分　值	评价内容	分　值
资料收集与整理		团队合作	
准确表达观点		总分:	
角色扮演			
评分说明:每项内容分值范围为0—10分,分值越高代表该方面能力越强。			

分析评价阶段主体仍然是学生。学生分别发表对该案件在事实认定、证据材料、法律文书、适用法律及庭审表现等方面的意见。在学生点评的基础上,教师应对模拟过程和表现进行多个角度点评,如案件的事实是否调查清楚、证据是否确实充分、程序是否进行完整正确、法庭辩论是否有理有据、运用法律是否准确得当、今后应该注意哪些问题等,启示学生更深入地学习和研究,使学生的学习深度和广度达到一个新的层次。

(四) 活动分析

1. 提升了学生的法治意识

一是权利意识。权利是法的核心,没有对权利的要求,也无法产生对法的需求和对法的渴望;以权利制约权力是建设"法治国家"实现"治理现代化"的基本要求之一,没有对权利的主张就无法有效监督制约公权力,"人民当家作主"就无法落实。模拟仲裁活动有利于培养学生的权利意识,这既是培养现代人健全人格的基本要求,也是全面推进依法治国的基础性工作之一。

二是规则意识。法律是法律规范体系的总和,法治是人类(无论是国家机关、政党组织,还是社会组织和个人)对规范制度的服从。培养学生的规则意识,就是培养学生的规则先行的意识、评价社会问题合不合规则的基本标准意识、决定个体行为合不合规则的意识,就是要让学生意识到规则制定的程序、按规则办事的程序、依规则评价行为的程序都要符合公平公正的要求。

三是责任意识。不存在没有权利的义务,也不存在没有义务的权利,不正当地行使权利和不积极地履行义务都要依法承担相应责任。作为权利义务主体的高中生应该养成对自己言行负责的习惯。但在现实生活中,部分高中生受到各种不利影响,缺乏承担责任的意识和主动担责的勇气。

四是证据意识。法治以"事实为依据",以"证据为佐证",反对主观臆断可能掺杂的偏见、情感、冲动以及先入为主的观念造成的对事实的歪曲。高中生的心智没有完全成熟,冲动和逆反不时出现。培养学生的法治意识,必须培养学生的证据意识,并学会依据事实、客观证据而不是书本、臆想来主张权利、评价事物、选择行为。

2. 调动了学生的积极性和创造性

模拟仲裁庭案例一般都具备真实形象、生动有趣、特点鲜明等特征,可以最大限度地激发学生的学习兴趣,充分调动学生的学习积极性,同时弥补一般教科书叙述简单、推论抽象、内容枯燥的弱点,从而巩固所学知识。通过活动,教师引导学生的学习从浅度学习迈向深度学习。浅度学习重视学习内容的具体事实,并试图进行记忆,而深度学习则重视学习内容的核心观点和中心思想,并进行理解性记忆。模拟案例的拟真性,使其内容十分接近真实的情况,但又是有虚有实,"有时引而不发,有时若隐若现",可以引发学生的思考,拓展其思路。大胆思考、勇于创造的学习氛围,有利于培养学生的观察、记忆、想象能力,提高学生的自主性和创造性。

3. 培养了学生的综合能力

学生参与模拟仲裁庭对案例的剖析辩论等活动,能够让自己从单一的专业知识学习中解脱出来、从枯燥乏味的书本知识中解脱出来,这有助于达到"一课多能"的教育目标,即学生既能掌握书本知识,又能学到书本上学不到的社会知识,还能在思维、学习方法、表达技巧、分析和解决问题等方面得到综合训练。

4. 丰富了教师的法律知识和法律实务经验

教师在指导模拟仲裁的过程中,必须先系统地了解相关法律知识、法律实务的实践性、技巧性。在智慧教学理念的指导下,教师在活动的筹备开展中、在教学反思中唤醒自我成长的意识,在经验的积累和理性的反思中不断生成和提高教学艺术。同时,学生调查研究与个案的采集,丰富了教师的教学资源,拓宽了教师的教学视野,促进了教师教学能力的提高。

上海市徐汇中学 王小良

活动概述

维权类活动是指在道德与法治课中以维权为主题,通过对维权机构的走访调查、对典型维权事件的分析探讨,逐步发现问题、分析问题、解决问题。在冲突解决的过程中,促使学生的道德理解力和法治判断力逐步提升,进而树立成为社会主义法治的忠实崇尚者、自觉遵守者和坚定捍卫者的信念。维权类活动正是以学生的真实生活为基础,选取学生生活中可以见到的维权机构,或会遇到的侵权事件,增强活动内容的针对性和现实性,突出问题导向,进而培育学生的法治观念和责任意识。

(一) 主要特征

1. 活动设计的真实性

《义务教育道德与法治课程标准(2022 年版)》指出,本课程是以社会发展和学生生活为基础构建的综合性课程。智慧教学中的教师,选择活动情境时会立足学生生活,创设真实场景,依托社会生活中的真实领域场所,从学生生活中所发生的真实事件中选取活动素材,进而使学生在课堂讨论时沉浸其中。学生在真实的问题情境下,参与敢讲真话的课堂讨论,以期解决学生在维护权益过程中存在的"真"问题。学生从最初不清楚维权的机构和方式,到能够直观感受到维权机构的真实存在,通过走进真实的维权机构和法律援助中心等场所,在采访调查中逐步提升对社会生活的认识和理解,进而实现从无知到有知的第一次飞跃,助力学生智慧学习的发生。

2. 活动开展的参与性

学生的核心素养是在活动的参与过程中,面对既定或不确定情境,并在具体问题的解决过程中所体现和培养的。通过参与维权类活动,学生能够在一种真实而自然的氛围中潜移默化地习得内隐知识,这些知识在现实情境中得以运用。在维权类活动前期社会调查的活动设计中,学生可以通过网站查阅或实地采访的方式,认识生活中的各种法律服务平台和维权机构,了解其服务范围和工作职能;学生也可以利用这些专业的平台和机构,提出自己的困惑,或者针对自己及家人遇到的真实维权事件,来寻求有效的解答和帮助,从而将习得的维权方法转化为合法有序的维权行动。

(二) 组织原则

1. 内容性和价值性相统一

《义务教育道德与法治课程标准(2022 年版)》指出,道德与法治课程教学要做到价值性和知识性相统一,使学生在感悟生活中认识社会,学会做事、学会做人,把道德与法治教育的方向引领和学生发展有机统一起来。一方面,学生通过维权类活动的参与实践,充分理解每个公民都享有宪法和法律赋予的权利。学生通过小组合作式的参观与采访,了解不同类型的维权渠道、熟悉各自的职责范围,掌握必备的法律知识相关内容。另一方面,在实地调查之后的反思分享以及后续学习的课堂讨论环节中,学生还将针对"维权机构存在的重要意义""老百姓维权的现实困境"等问题展开价值探讨,在思维碰撞和价值选择的过程中实现社会责任和法治意识的提升。

2. 自主性和引导性相统一

《义务教育道德与法治课程标准(2022 年版)》明确提出,道德与法治课程教学遵循道德修养和法治素养的形成规律,坚持教师主导与学生主体相统一。教师进行维权类活动的设计,首先要充分发挥学生的自主性,如学生可以自行设计调查路线、调查问卷,整理调查资料,选择呈现分享方式,等等,学生在感悟生活中认识社会。其次,教师也要合理引导学生完成知行合一的学习与实践。在重要环节,如开展实地调查前,需要融入教师对学生的建议指导或解惑帮助,使学生的实践活动能够更好地聚焦调查目标,并以符合社会规范的方式展开实地调查。

3. 冲突性和开放性相统一

《义务教育道德与法治课程标准(2022年版)》提及"突出问题导向"和"强化冲突解决"教育的重要意义。在维权类活动的设计环节,要有开放性的学生小组构成,通过自选任务完成课前社会调查,还需要在课堂上针对热点维权事件展开矛盾分析和问题探讨。在课堂讨论环节,学生要在行为主体的行为表象背后,分析做出不同选择的原因、判断背后的价值选择。在这个思考和讨论的过程中,并没有设定规范的标准答案,教师也不会轻易评判不同学生回答的优劣,而是给予学生足够开放的思维空间。学生通过不断地辩论、评价、预测等,实现从浅知到深知的认知进阶,并在逐渐厘清矛盾冲突的过程中,实现品格的塑造和能力的提升。

活动示例一:"寻找身边合法的维权助手"教学设计

(一) 活动目标

学生以小组合作的形式展开社会调查,走进生活中真实存在的维权场所,通过近距离的观察和采访,能够更加清晰地了解各类维权场所的工作职权和办事流程,更加直观地把握这些部门能给百姓提供法律援助的具体方式,进而有效地提升学生的法治观念和责任意识。

(二) 活动过程

1. 活动任务单设计前的学情调查

维权一词,八年级的学生并不陌生。他们能脱口而出央视"3·15"晚会上被曝光的知名企业,也能随意讲出家中亲友网购后的维权操作。但是,当被问及"如果你自己的合法权益被侵害了,你知道该怎么办吗?"时,学生又会瞬间语塞。此外,针对是否维权的话题,学生更多的还是基于自身利益得失的考量。因此,基于上述学情调查,活动任务单的设计要让学生能够找到生活中真实存在的维权机构,以及消费者可以寻求法律援助的基本方式,让学生能够进一步了解公民维权的意义与价值。

2. 活动任务单设计时的考量分析

笔者设计了以"寻找身边合法的维权助手"为主题的调查活动单（详见表1），学生以小组为单位，从两个项目中任选其一完成对应任务：一是通过网站查阅的方式。登录上海市"12345"市民服务热线网站或上海"12348"法网，根据网站具体功能进行查阅；二是通过实地走访调查的方式，对身边的律师事务所、法律服务所、法律援助中心的工作人员进行采访，了解该机构的服务范围、工作内容等。

表1　"寻找身边合法的维权助手"活动任务单

活动名称	活　动　内　容	活　动　要　求
寻找身边合法的维权"助手"	自选任务一：网站查阅 1. 选择下列任意一个网站进行浏览，了解网站功能 2. 结合生活实际，寻找真实存在的问题，可尝试登录网站或拨打热线，寻求解答 网站一：上海市"12345"市民服务热线网站 网站二：上海"12348"法网	形式：小组合作（2人） 成果：共同制作PPT进行汇报 PPT内容： 1. 组员分工 2. 此网站的功能和用途 3. 针对"12345"市民服务热线网站：寻找生活中遇到的1—2个问题，简述问题背景，写出解决诉求和期待 4. 针对上海"12348"法网：写出2—3个法律方面的困惑和疑问，以及在该网站获得的解答
	自选任务二：采访调查 寻找身边的律师事务所、法律服务所、法律援助中心，对工作人员进行采访，了解该机构的服务范围、职员的工作内容等	形式：小组合作（4—6人） 成果：共同制作PPT进行汇报 PPT内容： 1. 组员分工 2. 采访提纲 3. 采访成果 4. 组员感受

3. 活动任务单设计后的指导跟进

教师既需要带领学生在阅读任务单的过程中明确活动目的，还要给予学生足够的相互讨论的空间，请学生针对活动展开过程中可能出现的问题提出可行的解决操作,教师予以相应的补充和提醒。

表 2 "寻找身边合法的维权助手"学生活动评价表

	活 动 前	活 动 中		活 动 后
活动一 (课前调查)	能与组员共同设定调查计划,并主动认领分工	能按时完成自己的任务	当小组遇到问题时,可提供方法;或当组员无法完成任务时,可提供帮助	能清晰、完整地表达自己的收获和反思
	自评： 他评：	自评： 他评：	自评： 他评：	自评： 他评：

注:"自评"和"他评"均以等第评价,A 代表很好、B 代表较好、C 代表需努力。

为了更好地完成本活动的调查任务,教师还需要在重要节点对各小组进行任务指导与跟进。比如,在展开正式的网络或实地调查前,使用维权平台或机构来进行相关咨询和问题解决时,给予学生更加充分的引导和帮助。

(三) 活动分析

本活动设计为学生提供可选择的任务和可发挥的空间。在活动任务单的设计中,教师给学生提供了可进一步探索的路径,即"结合生活实际,寻找真实存在的问题,可尝试登录网站或拨打热线,寻求解答"。

此次活动中,有一个小组选择对上海市"12345"市民服务热线网站进行查阅。他们发现该网站的功能十分强大,而且每天都有实时滚动增长的咨询量,也激发了他们想要反馈身边真实问题的想法。于是,他们进行了有关"噪声污染"的反馈。当自己的问题真的得到迅速回应和有效解决时,学生们兴奋欢呼,他们作为社会小主人翁的责任感与自豪感油然而生,更加深刻地感受到了法治的力量与责任的担当。学生对法治的信仰与崇尚,对社会责任的担当与行动,真正实现了内化与践行。教师智慧教学的活动创设,推动了学生转识成智的飞跃。

活动示例二："聚焦大学生诉迪士尼案"教学设计

（一）活动构思

初中道德与法治（五·四学制）八年级上册从"我与家庭和学校"的层面走出，进入社会生活领域的范畴。本课《善用法律》为第二单元《遵守社会规则》的最后一课。学生进入"维护自身合法权益的方式和途径"的主题学习。

学生智慧学习的认知过程要经历从"无知到有知"到"转识成智"的进阶。本课活动的设计与开展，即为学生认知学习的第二次飞跃奠定了基础。教师围绕"维权"的主题，引导学生在课堂上对大学生诉迪士尼案这一热点维权案件进行多维度的分析，在了解维权途径的基础上，进一步探究维权的意义和价值。

（二）活动目标

聚焦"大学生诉迪士尼案"，通过有梯度的问题设置，学生在课堂上对这一热点事件的维权方式、维权成本和意义价值进行深层次的分析和讨论。学生在解决真实问题的过程中，进行观点的碰撞、知识的运用和思维的激活，有助于他们在依法有序参与各项活动中，形成法治信仰和维护公平正义的信念，进而不断增强担当精神和参与能力。

（三）活动过程

1. 课堂活动情景化议题设置

道德与法治课转识成智的实现，需要实现三个机制：理性的直觉、辩证的综合、德性的自证。其中，为了突破最为关键的辩证的综合，就需要教师设计有深度的问题讨论环节，在辩解形成共识的过程中，提升学生的智慧能力。智慧教学要求教师选择活动情境时要设置典型冲突，引导价值辨析。在课堂的活动情境设置中纳入冲突，挖掘学生在体验过程中可能存在的辨析点并适时引导，使学生在自由、平等的活动氛围中充分发挥自身的主观能动性，进而在冲突中互动辨析，在辨析中推进思考，在思考中内化价值，在内化中建立认同。

在"我该如何维护自己的合法权益？"这一课堂主要议题之下，教师依据本课结构化的内容框架,将活动一(课前调查)和活动二(课堂教学)进行了有机融合,设计了"我被侵权了吗?""我可以怎样设计维权方案?""我到底为什么要维权?"三个子议题。

议题一:"我被侵权了吗?"

教师以图片形式呈现了生活中常见的侵权行为,请学生判断。其中,学生能准确辨识并说出某些事件的法律依据,但这依然会引发较大争议。比如,餐馆只提供收费的消毒餐具一例,就引发了学生强烈的认知冲突。为了解决类似常见的问题,在课前教师给学生布置了查阅法律服务网站的任务,将上海"12348"法网的咨询功能与学生产生的疑问困惑进行有效的联结。在锻炼学生媒介素养的同时,学生掌握了基本的法律咨询的渠道,知道了遇到问题要寻求法律途径。

议题二:"我可以怎样设计维权方案?"

教师引入"某英语辅导机构侵犯消费者合法权益"这一教学情境,该情境既是学生熟悉的领域,同时对事件背景和经过也较为了解。而此事件还有很大的使用价值——事件中的家长们针对英语辅导机构 13 250 元的侵权事件进行维权,采取的维权途径能为学生的维权方案提供补充和借鉴。同时,因为该教学情境事件还尚未解决,这又给学生留下了悬念和猜测的空间。

接下来,学生就需要以情境中主人公的视角设计一份维权方案。这一问题的解决,既需要学生结合已有的认知经验,同时又要调动他们社会实践调查的成果,在小组讨论、分享交流和方法借鉴的过程中,掌握有效维权的实践能力。此处,学生在课前充分利用了社会大课堂的资源,学生们走进身边的法律服务机构,进行采访调查;学生自行拨打了上海市"12345"市民服务热线电话,反映了生活中的真实问题并得到了有效解决。通过这些亲身实践,学生们真正"看到"并"相信"这些维权方法和途径,锻炼并提升了相应的学科思维。

议题三:"我到底为什么要维权?"

好的课堂提问,是能够不断刺激学生的思维兴奋点,不断解构和修复学生已有的认知观念,让他们更为有效地展开有深度的思考和学习。因此在本环节,教师设置了如下三个问题:

(1) 损失只有 46.3 元,你是否会维权?

(2) 小人物凭什么能撼动商界巨佬?

(3) 此维权案赢回的仅仅只是 46.3 元吗?

教师选择了华东政法大学的学生诉迪士尼案的事件。大学生携带食物到迪士尼游玩,被要求禁止携带食物入园,当事人认为此举侵犯了其合法权益,交涉未果后,将该公司诉至法院。在这一情境中,首先,通过利益损失的数额调整,对学生是否维权进行再次提问,让他们真实感受到很多老百姓会因为利益损失过小,而放弃维权的行动;紧接着,学生由感性判断进入理性辨析,探讨华东政法大学的学生告迪士尼案胜诉的原因,让他们看到本事件所呈现的公民责任的担当;通过追问,学生们会更加明确维权背后的意义远不止赢回利益损失,更重要的是对公共利益和社会公平正义的追求与维护。

2. 学生活动对当事人的深入采访

华东政法大学的学生诉迪士尼案引发了社会的广泛关注,而初中学生也表达了希望采访当事人的强烈意愿。经过各方联络与沟通后,事件当事人之一欣然接受了初中生的采访。采访提纲如下。

学长您好! 我们是来自上海市世外中学的学生,很高兴您能在百忙之中接受我们的采访。2019 年 9 月 7 日,上海迪士尼修改了严禁携带食物入园的规定,这一消息,让所有的游客为之振奋,这不仅仅是因为大家下次去迪士尼游玩时可以携带一些方便的食物,更让我们钦佩的是你们善用法律维护自身权益的勇气和智慧! 因此,我们想就以下问题,与你们进行交流与沟通。

1. 通过网络上的采访文章我们了解到,在今年初你们去迪士尼游玩,因携带饼干等零食被查,且被强制要求将其扔掉、吃掉或花钱寄存。你们当时对这样的规定极其不满,于是与工作人员沟通理论,甚至还拨打 110 叫来了警察……你们能简要回顾一下当时的情景吗?

2. 后来,由于事情并没有得到解决,于是,你们又拨打了上海市"12345"市民服务热线电话和上海市"12315"消费者投诉举报专线电话,但依旧没有得到想要的说法。于是,你们用一纸诉状将上海迪士尼乐园告上了法庭。这前前后后一连串的维权经历中,有没有哪个环节是遇到较大困难的? 当时你们觉得胜算有多大? 中途有没有想过要放弃? 以个人渺小的力量,状告这么大的公司,不怕被说成是"以卵击石"吗?

3. 其实,上海迪士尼从 2016 年 6 月 16 日开业至今,游客人数早已突破了上千万,那么多的游客都是"很听话"地服从了他们的查包规定,要么狠心扔掉食物,要么在门口狼狈地吃掉,又或者花高价去存包。为什么你们不愿意接受这样的做法,而是要据理力争,要说法、要赔偿呢? 这是你们作为法学专业学生的一种使命感,还是有什么其他的力量影响着?

4. 当你们维权成功,看到上海迪士尼终于低下了"高昂的头颅",发布关于旅客携带食物入园的调整公告时,你们是怎样的一种心情? 当时有没有什么小小的庆祝活动?

5. 回顾自己维权的整个经历,你们觉得自己最大的收获是什么? 肯定不是赔偿的 46.3 元吧?

6. 除了这次与上海迪士尼的"对抗"之外,你们之前是否也有过一些难忘的维权经历呢? 能否选择 1—2 件跟我们分享一下?

学生结束访谈后,教师又对学生的一手访谈资料进行了详细分析,并进一步进行了课堂教学设计的调整,使学生真正置身于思维的矛盾冲突中,去进行价值判断,进而提升法治观念和责任意识。

3. 活动评价

分别从活动前、活动中和活动后三个阶段,关注学生在小组合作、表达交流、学科能力等评价维度,采取自我评价和小组组员相互评价的方式,促进学生化理论为方法,化理论为德性的实现。

表 3 "聚焦大学生诉迪士尼案"学生活动评价表

	活 动 前		活 动 中				活 动 后	
活动一 (课前调查)	能与组员共同设定调查计划,并主动认领分工		能按时完成自己的任务		当小组遇到问题时,可提供方法;或当组员无法完成任务时,可提供帮助		能清晰、完整地表达自己的收获和反思	
	自评:	他评:	自评:	他评:	自评:	他评:	自评:	他评:
活动二 (课堂学习)	按时完成课前学情调查问卷		课堂主动举手超过两次		小组讨论时,自己有积极主动地发表观点		愿意把自己的课堂所获,与家人朋友分享	
	自评:	他评:	自评:	他评:	自评:	他评:	自评:	他评:

注:"自评"和"他评"均以等第评价,A 代表很好、B 代表较好、C 代表需努力。

（四）活动分析

1. 活动创设的智慧，给学生转识成智的契机

当选定"大学生告迪士尼案"这一热点事件后，教师针对"维权"主题展开了课前调查，发现班级中有小部分同学曾在网络平台上关注过此事件，甚至还有学生在问卷的最后一题"你会如何评价这几位把迪士尼告上法庭的大学生呢？"给出了如下的回答："我想问问她们，到底是什么给了她们如此大的勇气？"学生的这个回答瞬间也激发了教师的灵感：何不带领学生对这几位大学生进行一个面对面的采访交流呢？

教师向学生播放相关采访视频。学生们真正看到、听到普通大学生维权的心路历程。如学生所料，这一路的维权确实太耗时、耗力。6 个月的时长，历经波折，与大学生自己的诸多学习和生活的重要时间节点产生冲突，甚至还有来自他人和舆论媒体的压力，等等。这些因素确实曾经动摇过她们内心的维权斗志，但这几位大学生不但勇敢地坚持下来，而且还最终获得了胜利。于是教师借此契机进行追问，学生在对他人行为进行评价的过程中，真正培养了自身作为社会公民的责任意识和法治观念。

2. 冲突设置的智慧，给学生知行合一的指引

在本活动的设计中，教师进行了三组冲突问题的设置：冲突一，"13 250 元"vs"46.3 元"。前一维权事件中，当事人的利益损失达上万元，大家都强烈支持他采取维权。然而，去迪士尼游玩的大学生利益受损只有不到 50 元，很多学生都会觉得再进行维权则是小题大做；冲突二，"时间精力"vs"利益成本"。通过对当事人的采访发现，学大学生整个维权诉讼历时半年之久，其间既会占用大量的学习时间，又遭受着来自各方的压力与质疑，这场维权之战显得代价太大；冲突三，"大学生"vs"上海迪士尼"。教师通过"小人物凭什么能撼动商界巨佬？"这一追问，使学生进一步聚焦维权事件背后所展现的公平正义的法治精神。

教师充分发挥课程活动创设的智慧，学生能够在具有争议的复杂情境中，提出疑问、引发辩论，在辨析中推进思考，在思考中内化价值，在内化中建立认同，进而真切地感受法治的力量和社会责任的承担，最终实现知行合一的学习进阶。

3. 评价多维的智慧，给学生全面发展的可能

教师关注评价内容的多维度，不仅涉及知识的掌握，更重要的是关注学生在小组调查中的合作表现、在课堂学习中的交流与表达等方面。教师关注评价环节的多维度，不仅仅单纯聚焦活动调查环节、课堂教学环节，还在活动（课堂）前、中、后都设置了评价观测指标。教师关注评价主体的多维度，不仅有学生的自我评价，还加入了小组成员对学生的评价环节，将必备品格的养成、关键能力的展现、学科思维的表达以更加客观的方式呈现在学生面前。在整个维权类活动的设计中，学生通过走访调查、完成情境任务等，逐渐在学习过程中做到独立思考、主动探究、自觉创造，进而在追求真、善、美的进程中不断做到化理论为方法、化理论为德性。

上海市世外中学　　刘凯旋

小课题研究

一、活动概述

小课题研究是中学思想政治课常见的重要学科活动。中学思想政治课的小课题研究具有自身的特点：它不同于以实验操作为主的理化生、劳技、心理等学科，它是以引导学生了解社会、培育责任意识和公共参与素养为主要目标，以访谈、考察等方法进行社会调查，以思政学科知识运用和社会科学研究方法实操为主要内容，以中学思想政治课打通课堂教学和课外社会实践活动，从而实现学生的学以致用、知行统一。开展以访谈、考察方式为主的小课题研究是中学思想政治课课程改革、课程建设的内在需要。

《义务教育道德与法治课程标准(2022 年版)》在阐述课程理念时，提出要"建立校内与校外相结合的育人机制"，"引导学生走出课堂、走出校园，积极参与社会实践活动，把知识运用于社会，服务于人民，强化学生的社会责任感，提高他们的实践创新能力"。《普通高中思想政治课程标准(2017 年版 2020 年修订)》描述课程理念时指出，"本课程力求构建学科逻辑与实践逻辑、理论知识与生活关切相结合的活动型学科课程。学科内容采取思维活动和社会实践活动等方式呈现，即通过一系列活动及其结构化设计，实现'课程内容活动化''活动内容课程化'"。以上内容说明，道德与法治、思想政治课的课程标准为我们开展小课题研究这一活动方式的实践探索提供了直接依据。

（一）主要特征

1. 活动开展方式的实践性

实践性是中学思想政治课的重要特征之一。以访谈、考察方式为主的小课题研究是"做中学""知行合一"的过程，是以提出问题解决方案、解决措施为最终目标的实践过程。在这一过程中，学生获得的是书本之外的实践经验。可以说，实践性是以访谈、考察方式为主完成的小课题研究最本质的特征。

2. 活动开展场域的社会性

中学思想政治课强调要帮助学生"增强社会理解和参与能力"，强调要能将承担责任的认知、态度和情感"转化为实际行动"。但是，课堂教学受时空限制，成为与社会生活泾渭分明的"象牙塔"。唯有适当打破这种场域限制，搭建联结课堂与社会的通道，才能避免课堂教学空间的狭隘，让学生得以将书本上的所学与社会的真实情境与问题相结合，引发学生对真实社会问题的理性观察与思考。与大多数在课堂上开展的学科活动不同，以访谈、考察方式为主的小课题研究为学生提供了更为宽广的活动空间，让学生得以在社会大环境下运用、反思、验证课堂所学。

3. 活动实施过程的综合性

小课题研究属于项目式学习，相较于其他学科活动，以访谈、考察方式为主完成的小课题研究是一个多种知识、能力综合运用的过程，也是多种学科素养综合培育的过程。小课题研究坚持问题导向，而要解决真实的社会问题，往往需要综合运用中学思想政治课各个模块的知识，同时也要综合运用其他学科知识及生活经验。另外，在小课题研究过程中，涉及文献检索与阅读、人际交往、计划方案的制订与实施、数据采集与分析、观察与记录、报告撰写与汇报等多种能力的运用和培养，而且小课题研究与政治认同、科学精神、法治意识、公共参与学科素养高度相关。因此，小课题研究的实施过程具有鲜明的综合性。

（二）组织原则

1. 小课题研究既要"有意义"也要"有趣味"

小课题研究应该与中学思想政治课的教育教学目标有着直接的关联。教师应该具有大概念、大观念的课程理念，引导学生围绕本学科的学科素养、核心观点选题。选题要有青少年、中学生视角，即从学生熟悉的、感兴趣的领域选择课题，选题不仅做到"有意义"，也能做到"有趣味"。比如，围绕"如何发展中国特色社会主义文化"这一主题，教师可以引导学生从中国电影、动漫、流行音乐等任意一方面的发展中寻找研究课题——十年来中国电影票房年冠军电影的特点分析，某部热播国产动漫作品特点分析等。

2. 以周密安排与细致指导保证学生亲力亲为

由于小课题研究主要利用课外时间完成，并不像课堂教学那样教师全程在场，于是学生就可能出现浑水摸鱼、滥竽充数、请人代劳的情况。因此，需要教师周密安排每一个环节，通过方案计划的制订、时间节点的把控、过程质量的监控等方式保证学生扎扎实实地开展小课题研究。同时，教师也需要在每个环节给予学生及时有效的方法指导，为学生推进小课题研究搭建必要的"脚手架"，从而避免因为超出学生能力范围而使其不得不请家长等人代劳的情况出现。

3. 要创造更多机会让学生有成就感、获得感

恰当的激励方式可以保持学生持续的动机。教师在小课题研究过程中，要为学生提供更多展示、交流和评价的机会，让学生获得更多正向反馈，在小课题研究的各个环节中都有所收获、得到成长。教师既可以要求学生提交完整的提案、建议、小论文、研究报告等课题最终成果，也可以只是要求学生提交涉及局部的阶段性成果，如调查方案、问卷、访谈提纲等。除了这些书面的成果呈现方式以外，教师还可以在选题、研究过程、研究报告撰写等方面指导学生，并通过微视频、PPT等方式相互交流，用口头交流汇报、答辩、点评等方式相互学习。

二、活动示例一：职业（行业）考察活动设计

（一）活动目标

1. 通过近距离的职业（行业）体验，学生实现从对某一职业（行业）的"远观"到"走近"，为今后的"走进"奠定基础，对自身生涯规划、职业规划提供一定帮助。

2. 通过观察社会、搜集证据，学生在有计划、有目的的访谈、参观过程中，学

会搜集信息、提炼证据,进而有证据、有逻辑地论证观点,得出结论。

3. 通过职业(行业)考察活动,学生对本学科所学内容进行综合运用,学以致用、知行合一,进而发现问题、进行反思,产生进一步探究的欲望。

(二) 活动过程

1. 制订方案,发放通知

每年六月初,需要将制订好的活动方案以通知的方式告知学生。通知涵盖了活动方案的大多数内容,通常以纸质形式张贴于教室,或将电子版发放至学生的邮箱。同时,教师需要利用课堂教学的时间对通知内容进行解释和强调。

2. 分组、选题

志同道合的学生 2—5 人自由组合成一个小组,利用家长或亲戚朋友可以提供的资源,选定考察单位,确定考察主题。在此基础上,由课代表将选题、考察单位、组长、组员等基础信息进行汇总、备案。在此过程中,教师需要对学生进行指导、提出建议,帮助学生确定一个恰当的考察主题。

3. 学习职业(行业)考察报告撰写要求

教师帮助学生设计好《职业(行业)考察报告》模板,并提供往年的优秀报告作为范例参考。一方面,教师要把这些资料及时发放给学生;另一方面,要利用课堂教学时间对《职业(行业)考察报告》的撰写方法和要求进行指导。

4. 职业(行业)考察的实施

职业(行业)考察由学生分组在暑假期间进行。在此过程中,学生既要对相关工作人员进行访谈,又要通过参观了解工作环境,也可以进行一段时间的岗位体验。在此过程中,要注意资料的搜集。

5. 填写"职业(行业)考察记录表",撰写《职业(行业)考察报告》

"职业(行业)考察记录表"是考察基本信息的记录与汇总,《职业(行业)考察报告》是考察情况的详细阐述,包括考察缘起、过程、内容、感想、附件等多个板块。两者都由小组成员合作完成。

6. 评比、展示交流

暑假后,对学生上交的考察报告进行评比,将优秀的考察报告结集成册,供学生相互学习。

表 1 《职业(行业)考察报告》模板

关于××××××××××的职业(行业)考察报告

考察单位：_____

受访人姓名：_____

受访人职务：_____

考察日期：_____年___月___日

班级_____

组长姓名：_____

组员姓名：_____

(封面)

本页放置考察照片(2—4 张)

(第 1 页)

一、考察缘起

(本部分的内容包括：选择本考察职业(行业)、主题的原因、意义、价值等)

二、考察过程

(本部分按照时间顺序,从预约到实地考察、体验、访谈,写出实际的流程、过程)

三、考察内容

(本部分是报告的主体,可以围绕考察主题分为几个方面来写,要求条理清楚、内容丰富、既有观点又有数据、有自己的独特视角)

四、考察感想

(本部分要求写出考察的收获、感受,不要和第三部分"考察内容"重复)

五、附件

(本部分并非必须填写内容,如有采访实录、重要单位文件等一手材料,可以作为附件放在考察报告最后)

(三) 活动分析

1. 活动设计意图

"在社会实践中涵养学生德性品格"是中学思想政治课智慧教学的基本原则。中学思想政治课的智慧教学需要学生通过社会实践完成转识成智。学生对职业(行业)的认识,一方面来自生活经验,包括家长的职业(行业)经历、日常生活中接触的各类从业人员;另一方面来自学校教育,包括课堂教学中获得的对各行各业的间接认识。但是,这些认识都不如学生深入某一用人单位内部,有目的、有计划地开展职业(行业)考察活动所获得的直接体验深刻。当然,更加深刻的职业体验肯定是实习或者是将来走向社会后所从事的工作。但是,对于中学生来说,职业(行业)考察活动已经是与现实距离最接近的学习方式。通过这样的方式,学生可以获得其他渠道无法获得的直接体验,同时也可以对原有认知进行验证,促进原有认知的深化,从而实现转识成智。

2. 多措并举保证活动的真实实施

对于一个安排在假期中的活动,如何让学生不应付、不弄虚作假,而是踏踏实实、保质保量地参与活动、完成任务,是活动安排组织时需要重点考虑的。为了保证职业(行业)考察活动真实实施,可采取多项措施,具体包括:首先,早做准备,要求学生在暑假前一个月就联系好考察单位、确定好考察主题。其次,要求学生提供必要的佐证材料,比如《职业(行业)考察记录表》上要有受访人员签字、考察单位盖公章,《职业(行业)考察报告》中要放置考察时现场拍的照片、合影等;同时还可以将采访实录等材料作为附件附在考察报告后面。最后,为了避免学生在撰写《职业(行业)考察报告》时无从下手,教师可给学生既提供模板,或者往年的优秀考察报告作为参考;同时,在考察报告板块的设置上,明确要求学生汇总、分析考察时获取的第一手材料,以保证上述活动内容的真实性。

3. 感性与理性相结合的活动成果

作为职业(行业)考察活动,其成果首先应该是基于理性思考的。教师要求学生撰写的《职业(行业)考察报告》要用证据说话,要在证据分析的分析上得出结论。无论是职业(行业)现状与特点的描述,还是背后原因的分析,抑或是发展趋势的预测,都要求学生将结论建立在证据和逻辑的基础之上。可以说,职业(行业)考察活动首先需要的就是学生的科学精神。不过,职业(行业)考察的独特价值不限于此,它客观上为学生提供了近距离"接触""体验"的机会,而高投入的考察活动一定伴随着学生的情感体验。

在一定程度上可以说,情感体验是衡量学生职业(行业)考察活动投入度和收获大小的重要指标。所以,教师在进行《职业(行业)考察报告》的撰写时,明确要求学生写出个性化、感性化的"考察感想"。这一要求可以引导学生设身处地地去思考:我是不是想从事这一职业(行业)?如果我是这一职业(行业)的从业者会怎么样?这样,有助于为学生的理性思考提供更加真实、坚实的感性基础。

活动示例二："家庭生活　法律守护"综合探究活动设计

（一）活动构思

本活动是高中思想政治选择性必修 2《法律与生活》第二单元《家庭与婚姻》的综合探究活动。这一单元的综合探究活动将采用小课题研究的方式进行，将其贯穿这一单元教学的始终，并通过课堂教学和课下实践活动相结合的做法予以实施。

婚姻家庭问题是与学生生活最为密切的社会问题之一，学生有一定的生活经验和感受，这使以小课题研究的方式进行探究学习有了可能性。同时，对于即将成年的学生来说，其对于婚姻家庭关系也有从感性经验上升到理性认识的必要。整个活动构思如下：

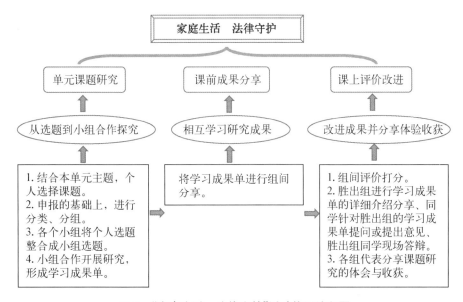

图 1　"家庭生活　法律守护"活动构思流程图

（二）活动目标

通过开展小组合作研究，以"家庭生活 法律守护"为主题，按照社会科学研究的基本原则、方法和流程，自选题目，形成小课题研究的学习成果单。在小组合作研究的过程中，运用科学的方法分析婚姻家庭现象，梳理社会发展脉络，初步了解社会科学课题研究的过程和方法。

通过分享小课题研究的学习成果单，使用评价表对学习成果单进行互评，并通过讨论进一步完善小课题研究的学习成果单，在评价和讨论中掌握小课题研究的方法和规范。

通过分享小课题研究和汇报讨论过程的收获，加深对婚姻家庭关系的认识，增强家庭责任意识和法治意识，树立正确的婚姻、家庭观念，具有一定的公共参与意识。

（三）活动过程

第一阶段：分组与选题（1 课时）

1. 向学生介绍小课题研究流程安排

教师通过提前告知学生综合探究活动的总体设想和流程，让学生做好统筹安排。主要是要让学生明确时间节点、注意事项，能够按照计划落实，保证综合探究活动的质量和效果。

2. 结合本单元主题，个人选择小课题

（1）每位学生结合高中思想政治选择性必修 2《法律与生活》第二单元《家庭与婚姻》第五课和第六课的学习内容，根据自己的兴趣，选择一个愿意深入探究的小课题，拟好关键词，并拟出题目。

（2）汇总、公布学生的选题清单。学生围绕"家庭生活 法律守护"这一主题，结合社会现实、自身兴趣，拓展思路，列出小课题标题。本环节为后续的小组合作探究奠定基础。只有每个学生都积极参与、自主选题，有足够丰富的选题方向，才可能进行分类、分组，进而对小课题进行比较，选出更有价值的小课题开展小组合作探究。

3. 对学生个人选题归类、分组

组织学生通过讨论，从夫妻关系、亲子关系、养老、结婚、离婚、继承等几个方面将个人选题进行归类，在归类基础上，同一类型中的每 3—5 名学生自由结合成小组,合作开展研究,并推选出组长。

4. 各小组将个人选题整合成小组选题

在分组的基础上,每小组进行内部讨论,选定小组共同的小课题。

第二阶段:小组合作开展研究,形成"小课题研究学习成果单"和《小课题研究报告》(课余时间进行)

学生利用课余时间开展课题研究,两到四周内完成研究,"小课题研究学习成果单"和《小课题研究报告》。具体要求和注意事项如下:

第一,实行组长负责制。组长负责分工,协调好进度,引导本组成员按期完成小课题研究。

第二,按要求填写"小课题研究学习成果单"(见表2),要求不超过2 000字。其中,研究方法包括文献法、问卷法、访谈法等。论据既可以是摘录于文献中的法律条文、判例、数据及其他事实材料,也可以是通过问卷调查、访谈等方式获得的材料。模板见附件1。

表2　小课题研究学习成果单

选　题	
小组成员	
研究方法	
文献综述	
主要结论和论据	
参考文献	
附　件	包括课题研究报告、问卷、访谈提纲等

第三，提倡撰写《小课题研究报告》。研究报告是学习成果单的详尽版,学习成果单是研究报告的缩写版。

第三阶段：研究成果分享(课余时间进行)

了解是评价的基础。每一份课题研究的成果字数都不少,都需要较长的阅读时间,课堂时间无法容纳。所以,需要在综合探究课之前进行研究成果分享,让学生可以利用一些课余时间进行阅读学习,从而为综合探究课上的评价、建议和改进奠定基础。

在综合探究课之前,要把各组的课题研究成果进行分享,相互学习。具体要求如下：

第一,分享的基本内容是"学习成果单",如果小组形成了课题报告,也可以一并分享。

第二,分享的方式有很多种,既可以打印好,分发给每个组,每组一份,也可以发到全班每位同学的校园邮箱,或者用平板推送给每位同学。

第四阶段：课题评价和答辩(1 课时)

1. 组间评价

组间评价的要求是：各组按照"小课题评价表"(见表3)的指标,打出各项小分以及总分,同时,可以给出有针对性的评价或者改进建议。每组都需要对其他组的课题进行打分评价。在打分的基础上,推选出 1—2 个得分最高的研究成果进入课题答辩环节。

表 3　小课题评价表

课题标题			
指标及满分	评 价 要 素	得 分	具 体 建 议
选题 (20 分)	来源于婚姻家庭现象的实际,选题具体不宽泛		
研究方法 (20 分)	研究过程设计合理,方法规范;资料与数据分析科学、准确		
文献综述 (10 分)	文献资料典型、新近、全面、确切;对文献的综述条理清楚、客观准确		
结论和论据 (40 分)	结论表述清晰、条理清楚;能综合运用数据等各种资料论证观点,论证逻辑性强		

课题标题			
指标及满分	评 价 要 素	得分	具 体 建 议
表述规范性 （10分）	写作规范，结构严谨，语言流畅		
总　分			

2. 课题答辩会

由得分最高的小组四位学生介绍他们的小课题报告《要不要生老二，老大怎么看？——关于生育二孩决策影响因素的调查研究》。

这一环节是本节课的重点。安排推选出的小组介绍课题，是为了让学生更加直观、详细地了解高质量的小课题报告，向优秀的学生学习。安排答辩，是为了创设一个相互交流的情境，一方面，让提问者有机会将自己的所思所想进行表达，另一方面也可以对课题答辩的小组有一定的帮助和提升。

所有小组都需要做好答辩准备。虽然受制于课堂时间，只能安排一个小组进行课题答辩，但是课题答辩的前提是有所准备。教师应该要求所有的小组都做好答辩准备，一旦被推选出来，就马上上台进行课题答辩。准备的资料可以是Word文档，也可以是PPT。即便大多数小课题没有获得公开答辩的机会，准备的过程也是有价值的。

课题答辩中的提问、回答是必要环节。教师要留出足够时间，鼓励学生提问。无论是疑问、建议，都能显示学生智慧，也能够对答辩的小组有所帮助。

3. 分享体会与收获

这一环节是希望创设一个共情的情境，让学生相互分享、相互感染，从具体的课题研究提升到对于婚姻家庭关系等社会问题的关注，进而增强家庭责任意识和法治意识，形成公共参与的自觉意识。

鼓励学生从不同角度分享。既可以分享小课题研究过程和方法方面的体验和收获，比如在研究能力上的提升，更要分享小课题研究主题内容方面的认识、体悟。

（四）活动分析

1. 在综合探究中走向知行合一

智慧教学要求要"在回答时代问题中厚植家国情怀"。以小课题研究的方式落实中学思想政治课每单元的"综合探究"，对于学科素养培育至关重要。如前所述，小课题研究的过程是一个理论联系实际的过程，也是一个综合运用多种知识、能力解决问题的过程。在这一过程中，学科内容需要直面社会现实问题，课堂所学对社会现实是否具有足够的解释力，是否能在反思后实现认同，都变得无法回避。所以，扎实的小课题研究可以促使学生进行自我的观念碰撞融合，最终实现知行合一。

2. 统筹规划综合探究活动和课堂教学

综合探究活动往往需要提前规划、留足时间才能保证较为复杂的小课题研究顺利开展。本单元教学的总课时有限，学生从分组、选题到最终形成课题研究成果需要投入较多的时间精力，不但单用课堂时间无法完成，即便是利用课余时间，也至少需要两到四周。重要的时间节点包括：第一，综合探究活动的第一课时就要将综合探究活动的整体安排告知学生，并指导学生完成分组、选题；第二，选题后，要在开展本单元基础内容教学的同时，组织学生利用课余时间分组进行课题研究，形成小课题研究学习成果单和小课题研究报告，并利用课余时间分享课题成果，这一过程大概需要两到四周；第三，在所有小组都完成课题成果，并进行一段时间分享后，安排一课时进行课题评价与答辩。

3. 采取有效措施激发学生个人选题

个人选题是一个发散思维和聚合思维综合运用的过程，可以采用的方法有：第一，让学生紧紧围绕本单元的学习内容，在阅读教科书文本的基础上，进行选题；第二，如果学生思路无法打开，教师可以给学生提供一些范例，激发学生兴趣，让学生参考和模仿进行选题。

4. 分组要有利于学生分工合作

分组需要考虑的因素有：第一，选题方向相近的学生分在一组；第二，每组3—5人，人数不宜太多或太少，太多会有学生滥竽充数，太少又不利于课题有效推进；第三，每组要推选出组长，采用组长负责制；第四，自由结合分组，同学关系融洽有利于合作。

5. 指导小组选题，保证选题适切性

合适的选题往往是与学生经验相连接、符合学生认知和能力、投入较少的时间和精力即可完成、适合团队分工合作的课题。学生选题容易出现的问题是选题过大、过泛，教师需要引导学生将选出的探究方向进行分解。一般经过一到两次分解，就可以实现从面到线、从线到点的细化，最终将选题聚焦到一个"点"上。选题数量要考虑到教师的精力。中学思想政治课教师往往任教班级较多，如果每个班级都有十来个选题，那么教师可能同时要面对几十个课题，是很难保证指导质量的。所以，教师也可以建议若干个小组分头研究同样的课题，如果这样操作，既可以同时指导若干个小组，也可以进行小组间对比。

6. 教师要加强课题研究过程的专业指导

如何进行规范的课题研究，高中生普遍缺少这方面的经验，所以，教师需要提供专业指导，这对教师提出了较高的要求。高中生的小课题研究与专业人士的研究并不一样。高中生的研究对于创新性要求不高，主要的要求是体验课题研究的规范和过程。所以，教师在对学生进行指导时，务必控制难度，在专业性和可行性之间保持平衡。在有限的时间里，重点指导学生完成研究的关键部分。当然，诚信是课题研究的底线。教师一定要向学生强调证据的真实性、各种引文都要标明出处，切不可造假和剽窃。

7. 适时安排课题分享

每个小组完成小课题研究的时间会有不同，可以让较早完成课题研究的小组早点进行分享，这样，学生可以将十来篇课题报告分在不同的时间段分散阅读学习，减少压力。当然，也不宜过早，过早可能会对尚未完成研究的学生带来一定影响，比如先形成的研究成果有可能会成为后来者学习、借鉴、模仿的对象，从而导致后来者研究的调整，影响公平评价。

华东师范大学第二附属中学　苏百泉

第四章

活动教学主要方法

第一节　对话教学

活动概述

教学中的对话是指师生之间、生生之间基于相互尊重、信任和平等立场,通过倾听、交流进行的双向沟通合作的方式,一同发现问题、分析问题、解决问题,进而达成与文本意义交融的一种理解方式。教学中的对话形式是多种多样的,主要有师生对话、生生对话、自我对话以及师生与教学文本的对话等。师生作为对话的主体,共同进入课堂教学,在民主、平等、和谐、自由的氛围中,教师用心教、学生用心学,进而实现启智润心、沟通心灵、转识成智的目标。

(一) 主要特征

1. 对话教学是民主的、平等的教学

对话教学是教师和学生相互作用的过程,他们之间是平等的、民主的对话关系。师生在交流对话中相互作用、相互依赖,彼此是一种合作伙伴关系,在这种关系中,每个人表达权利都是应该得到尊重的,彼此之间人格和地位是均等的,各主体的人格、思维是独立的。因此,在民主的、平等的对话关系中,学生不是学科知识的被动接受者,教师也不再以"权威者"自居,教师在教学过程中应该使用鼓励、欣赏、建议的语言,只有这样学生才有话愿说、有话能说、有话必说,进而在民主平等的对话关系中实现教学相长。教师要与学生建立民主平等的对话关系,在教学过程中教师和学生都以探究者和学习者的身份共同参与其中,在师生交互引发中激活师生双方的主体自觉,教师的智慧启发、引导学生主动学习、积

极思考,实现知信行的统一。

2. 对话教学是沟通的、理解的教学

对话教学是师生言语、情感与思想的自由表达与精神相遇的过程,是沟通的、理解的教学。师生在彼此接受与悦纳对方的对话过程中,相互理解、相互认同,从而迈向彼此的精神世界,体验精神对话的愉悦感、幸福感与自由表达的获得感、满足感。中学思想政治课作为落实立德树人根本任务的关键课程之一,蕴含着丰富的育人价值,教师与学生既独立思考又在沟通、理解中相互启发,教师通过创设贴近情感和认知的教学活动与学生的真实生活建立起联系,用富有时代气息的鲜活内容,以学生喜闻乐见的沟通理解方式,使学生受到熏陶,养成独立思考、尊重他人、勇担责任、积极参与公共生活等品性习惯。

3. 对话教学是开放的、互动的教学

师生之间的对话不是虚假的、预设的、标准化的,而是开放的、互动的、充满生机与活力的教学,师生的经验和思想在碰撞交流中产生火花,体现教化育人的意义。《普通高中思想政治课程标准(2017 年版 2020 年修订)》指出:"要着眼于学生思想活动的独立性、选择性、多变性、差异性和高中阶段成长的新特点,引导他们步入开放的、辨析式的学习路径,理性面对不同观点。"思想政治课堂中会出现不同的看法和观点,学生会对有关问题提出疑问和批判。教师对学生的个性化见解不应立即制止,而是发挥对话这种实践性、批判性较强的教学范式作用,引导学生在开放、互动的氛围中解读信息、研判问题、相互论辩、表达见解,从而帮助学生厘清问题的来龙去脉,用理性、客观、公正的观点看待问题,激发学生自主学习、自我教育、自觉践行。

4. 对话教学是创造的、生成的教学

钟启泉先生认为,"对话性沟通超出了单纯意义的传递,具有重新建构意义、生成意义的功能。来自他人的信息为自己所吸收,自己的既有知识被他人的观点唤起来了,这样就可能产生新思想。在同他人的对话中,正是出现了同自己完全不同的见解,才会促成新的意义的创造"[①]。可见,学习的过程不仅仅是被动接受信息,更是阅读、提取、整合、加工文字信息,主动建构知识和能力的过程,这

---

① 钟启泉:《社会建构主义:在对话与合作中学习》,《上海教育》2001 年第 7 期,第 45—48 页。

种建构需要通过新知和旧知的相互作用来实现,是对话教学的生成性、创造性和建设性的体现,师生之间只有在这样持续的合作性对话中才能探究教学意义。在思想政治课的对话教学中,师生之间、生生之间亲历辨识、分析、价值判断,学生逐步学会运用学科基本观点分析真实的社会现象,学生还在面对复杂问题情境时,从多角度进行分析、比较、归纳,从而获得新的认知和发展学生的高阶思维能力,提升科学精神素养,生成教育意义。值得关注的是,为使提出的问题和教学过程更具创造性和生成性,教师要树立正确的学生观,学生是学习的主动建构者,激活学生的主体自觉性,让学生成为对话教学活动的主人。

(二) 组织原则

1. 创设真实且富有冲突性的对话情境

对话情境是教学对话产生的基本依托。对话不是闲聊,有着清晰的目标任务,还有着"情境的限定"。[①] 思想政治课开展对话教学的情境材料,是教师基于时代发展脉络的重大时政热点整合加工的情境内容,既遵循学科本身的本质特点,又能够回应时代关切的时政热点话题或者贴近学生社会生活的话题,其中蕴含着教师教学方法科学化的智慧。《义务教育道德与法治课程标准(2022 年版)》的课程理念部分,强调了要"突出问题导向","强化冲突解决"。创设真实而富有冲突性的对话情境内容,还需对其进行有针对性的建构,保留关键性的事实和特征,剔除无关紧要的细枝末节,情境内容要内隐教学内容,进而帮助学生深刻理解学科知识和学科思维方法。

2. 设计连续而具有整体性的"问题链"

《义务教育道德与法治课程标准(2022 年版)》指出:"以学生的真实生活为基础,增强内容针对性和现实性,突出问题导向,正视关注度高、涉及面广的问题,引导学生发现问题、分析问题、解决问题,提升道德理解力和判断力。"从真实而富有冲突性的情境出发,设计好的问题,能够让师生、生生之间的对话更具操作性、目标性。需要关注的是,问题设计还要考虑高阶思维能力的培养,要设计连续而具有整体性的"问题链"来促进对话教学的开展,问题链要具有内在逻

---

① 柳夕浪:《对话:一种重要的教育研究方式》,《当代教育科学》2006 年第 12 期,第 10—13 页。

辑脉络,也就是从分析材料、获取信息到整合加工信息,再到综合运用所学内容分析解决问题。创生观点的思维过程,体现理论的逻辑和材料的逻辑统一,让学生在清晰的逻辑演进中提升认知、习得方法、优化思维,激发学生学习主体的自觉性、独立性、主动性、创造性的智慧。

3. 开展平等而隐含导引性的言语交流

对话教学要求对话主体的平等性。具体而言,师生在交流对话中相互吸引、相互依赖,彼此是一种合作伙伴关系,在这种关系中每个人都有自由平等表达观点的权利,彼此之间人格和地位是平等的,有独立的主体、独立的人格、独立的思维。在顺势追问中教师通过导引性策略,可以让对话中遗憾的回答变得精彩,引导学生发现思维的盲点,并修正完善。顺势追问也构成了一个"问题链",导引性的追问回应前期预设的目标,即准备通过对话和追问要把学生带往何处,这体现了教师在对话教学过程中用教师教的智慧,启发引导学生学的需求和智慧,最终实现转识成智、化智成德。

活动示例一：交谈式对话教学设计

（一）活动构思

本课的情境资源取自虹桥街道基层立法联系点为代表的政治生活和社会生活中的典型事例,基于基层立法联系点的设立背景创设任务,让学生分析基层立法联系点的主体有哪些,顺势追问,为什么是这些主体。从而引导学生理解党的领导、政治制度对实现人民当家作主的意义,即方向对了,所有的努力才有意义。通过合作探究,引导学生理解我国对"人民当家作主"的推动与实现,即制度稳则国家稳,制度强则国家强。基于华东理工大学教师安大地参与社区治理的案例,创设任务：安大地对立法联系点的态度变化是怎样的？为什么安大地会发生这样的转变？教师引导学生从居民安大地的事迹中分析公民在"人民当家作主"中发挥的作用,以培养责任意识和公共参与素养。在整个教学活动开展过程中,师生针对问题展开交谈式对话,通过倾听、引导、追问、辩难、评价五要素,引导学生在真实的社会生活情境中分析问题、解决问题。

（二）活动目标

通过对以虹桥街道基层立法联系点为代表的国家政治生活和社会生活中典型事例的分析，师生之间、生生之间相互倾听和言说，进一步理解我国的政治制度，坚定对我国政治制度的认同。通过对安大地为代表的居民参与民主生活的案例讨论，师生之间、生生之间，在倾听、引导与追问、辩难、评价等学习活动中，彼此认同和接纳，提高学生参与公共事务和民主实践的意识和责任。

（三）活动过程

课题：解码一条网红街的背后——在党的领导下实现人民当家作主
环节一：课堂导入，引发思考

本环节旨在通过播放视频《一条网红街的背后——上海虹桥街道基层立法联系点》，让学生在观看视频的过程中激发兴趣，引发深思，提高获取和解读信息的能力。

环节二：顶层设计，方向引领

本环节情境为虹桥基层立法联系点的设立背景：2012 年，党的十八大提出全面推进依法治国；2014 年，党的十八届四中全会决定提出建立基层立法联系点制度；2015 年，全国人大常委会法工委将上海市虹桥街道办事处设立为全国首批基层立法联系点之一；2019 年，习近平总书记在这里考察时，首次提出"人民民主是一种全过程的民主"的重要论述。

教师基于情境创设任务：结合材料及视频，分析推动基层立法联系点的主体有哪些？

学生通过解读获取文字信息，明确主体有党和全国人大常委会法工委。

教师基于学生的作答，引导与顺势追问：为什么是这些主体？激发学生思考党作为最高政治领导力量，设立基层立法联系点，使得人民的心声得到充分反映，确保人民是国家的主人这一权利得到保障。作为最高国家权力机关的全国人民代表大会，由人民选举产生人大代表，人大代表代表人民行使管理国家和社会事务的权力。

环节三：民有所呼，"点"有所应

本环节情境为虹桥基层立法联系点的数据成就：虹桥基层立法联系点自

2015年7月成立以来征集居民意见20 566人次、上报建议2 252条、采纳的意见163条、听取78部法律草案意见,以及为广泛征询居民意见作出努力。

教师基于情境创设任务:结合数据成就,思考这些数据让你感受到了什么。这个任务和下一个问题建立联系,需教师引导学生积极思考,推动对话向深处发展。

学生阅读体会数据背后的意义,得出"小小联系点"作出了大大的贡献。

教师以学生作答为基础,适时提出新问题、新角度,顺势追问引出又一值得探究价值的话题:为什么"小小联系点"能作出如此大的贡献?此问题缺乏相应的情境材料开展探究活动,任凭现有的知识认知,学生无法做出合理的推测。教师针对学生的反应搭建思维的"脚手架",提供学习任务单引导学生展开合作探究,学生解读任务单中基层立法联系点组建信息员队伍、参加立法意见征询座谈会等材料信息,得出立法过程中集中民智、科学立法、民主立法的结论。

教学对话中对问题的探究是以促进学生学习的主动性和创造性为目的的,教学中需要学生体验对疑难问题的探究学习过程。

环节四:民主参与,当家作主

本环节情境为虹桥基层立法联系点的人物案例。教师播放华东理工大学教师安大地参与社区治理的案例视频。

学生观看视频后,教师顺势追问:安大地对这个立法联系点的态度变化是怎样的?

学生结合任务单得出安大地从旁观者到参与者,再到推动者,最后到受益者的转变过程。

教师基于学生完成任务开展活动中表现出的思维水平,顺势追问:为什么安大地会发生这样的转变?此问题的作答需要学生解构重构视频及材料中的关键信息,是一种"高端"的追问。学生对问题进行深入思考后阐发观点,安大地作为一名热心公众,当他在立法联系点所提意见被充分尊重并实现时,积极参与的热情提高了,民主意识增强了,同时他带动更多人参与其中,民主参与的能力不断增强,感悟到社会主义民主的广泛性、真实性、管用性。

(四)活动分析

1. 倾听是交谈式对话顺利开展的前提条件

倾听是师生对话顺利开展的前提条件,也是保障有效对话的必备因素。从某种程度上看,"听"比"问"更加必要,听的背后蕴含着问的目的和内容,问是为了更好地听。在顶层设计方向引领这个环节,学生针对逐层推进的问题积极思考,分析基层立法联系点设立的背景,知道党的领导、人民代表大会制度对实现"人民当家作主"的意义,教师在这个环节没有打断学生"不对自己路子"的作答,而是注重倾听,倾听学生完整的表达,鼓励学生自由表达,从学生"不对自己路子"的回答中发现所蕴含的重要教学契机,针对学生的回答给予适时的肯定评价,让学生知道自己的回答"好在哪里"。教师注重倾听学生完整自由的表达,了解学生的所思、所想、所困,从中寻找教学的切入点,培养学生创新思维和批判性思维,激发学生的主动性、自觉性和创造性。

2. 引导与追问是培养学生高阶思维能力的关键步骤

师生之间开展交谈式对话的关键环节是引导与追问,它是学生思维品质跃升的充分条件,也是教师彰显智慧教学理念的必备环节。蕴含建构意义的对话离不开教师有目的、有组织、有计划的引导。教师通过顺势而为的引导与追问,将自身的观点、思想与情感融入课堂教学。例如,教师从"推动基层立法联系点的主体有哪些"顺势追问"为什么是这些主体",从"数据背后思考'小小联系点'作出了大大的贡献"顺势追问"为什么'小小联系点'作出了大大贡献",从"分析安大地对立法联系点的态度变化是怎样的"顺势追问"为什么安大地会发生这样的转变"。面对学生不完整、不清晰的表达,教师不是简单地以"不是""不对"回应学生,而是以学生的作答实际为教育契机,顺势追问新问题、提出新的思考角度或者反例,引导学生重新解读获取信息,帮助学生搭建高阶思维的"脚手架",激发学生对问题的再思考、再创造。

3. 辩难是拓展学生思维深度和广度的重要因素

辩难是师生之间深化言语交流的重要环节,能够助力学生思维的深度和广度突破新高度,是一种有高度和厚度的追问。高中思想政治课标在教学实施建议中,强调辨析式的学习路径,引导学生亲历自主辨析,才能真正实现有效的价值引领。辩难,此问题的作答需要学生解构重构视频及材料中的关键信息,助力学生思维品质的跃升,是一种有高度的追问,激发学生深刻分析思考问题,引导学生进一步阐发观点,并感受人民的利益得到切实的保障,需要人民越来越多地参与民主管理。当学生对问题提出疑问、批判,或偏激的观点时,教师可以创设新情境从对立面提出反问式问题,借助观点碰撞激发学生质疑性思考,鼓励学生进一步阐发观点的意愿，激发学生的求知欲和好奇心，培养学生的学科思维能力。

4. 评价是交谈式对话顺利开展的必备环节

评价是教师针对学生提出的观点或言论作出的及时评判，及时有效的评判是交谈式对话的必备环节。比如，针对学生对"为什么安大地会发生这样的转变"的回答，教师肯定了学生的发言："从安大地身上我们看到了作为一名社区居民，他在民主参与过程中，化党性为德性、化私心为公心、化小我为大我的民主参与智慧。"教师不宜简单地用"好""棒"等进行评价，而是要告诉学生"好在哪里"，这有利于激发学生持续学习的动力和兴趣。对于学生表达的错误或不当观点，教师以适当的方式提示他们完善观点、纠正错误。因此，有效的评判蕴含着对学生的肯定和欣赏，让学生享有受尊重权利，从而有获得感、满足感、幸福感。

活动示例二：讨论式对话教学设计

（一）活动目标

教师引导学生通过围绕"程序公正和结果公正哪一个更重要"这一主题进行讨论，深化对学科基本观点的认知理解，通过民主、平等、合作的对话氛围，营造学生有话想说、有话能说、有话必说的场域，进而培养学生发现问题、分析问题、解决问题的能力。同时教师引导学生面对矛盾冲突能够运用事实论据、理论论据有逻辑地阐释与论证自己观点，综合运用学科知识和学科思维表达并论证观点的过程中培育法治意识和科学精神。

（二）活动过程

讨论式对话的效力与学生的学习能力水平紧密相关，更和教师有效组织能力相关。为保证讨论沿着预设的轨迹运行，这需要教师进行组织管理，具体分为三个步骤。

步骤一：确定讨论主题，聚焦讨论焦点

教师精心选择一些有难度和教育价值的话题，并提供涉及党和国家重大时政热点的情境材料,帮助学生形成正确的观点和发言的思路。正确选择讨论主题、聚焦讨论焦点,使得学科基本观点的阐述能够回应时代关切的社会热点话题或者贴近学生真实社会生活的主题,从而激发学生学习志趣和探究愿望。

步骤二:调节讨论进程,记录核心观点

教师要明确讨论问题和要求,全程参与并对学生的发言给予实时评价,纠正学生偏颇的观点,启发学生独立思考、表达观点,深入问题的实质并就矛盾点进行讨论,用实事求是的态度分析解决问题。讨论可先以小组讨论的形式形成观点,之后在班级展示分享交流观点。教师要及时记录好学生的关键论点和论据,以及有逻辑的论证过程,便于及时总结评价。

步骤三:梳理讨论共识,留下思考空间

教师要及时梳理学生讨论过程中达成共识的逻辑思维过程及论点、论据,提出下一步思考和探究的空间。对于矛盾分歧点,教师要用自己扎实的学科本体性知识,及时给出客观、公正、理性的观点,用更加深刻的认识引导学生分析看待问题,也可留给学生课后继续思考的空间。教师在教学高中思想政治必修3《政治与法治》中《公正司法》一课时,为了培养学生树立法治思维、法治意识,学会运用法治观点分析问题、解决问题,加强学科基础知识的学习,提升学科思维能力,培育法治意识和科学精神,课中设计了一个讨论环节。

课题:为什么公正司法是维护社会公平正义的最后一道防线

讨论环节:观点交锋——认识公正司法

讨论主题:程序公正和结果公正哪一个更重要?

教师提供刑案庭审格局前后变化示意图:四方格局改变成了三角形,被告人的位置由原来坐在审判台对面,到坐在辩护人旁边。提问学生"这种尝试,彰显了什么司法理念",并把学生分为程序公正组和结果公正组,展开观点交锋。

学生程序组:传递着一种平等的法治思想。除了这种位置变化之外,在其他地方,比如说犯罪嫌疑人在出庭受审的时候,穿自己的便装,参与刑案庭审。这些都传递出了对人格权的尊重和保护。

程序组学生分享一个案例,在某刑事审理案件中,首先要进行回避程序,法官询问公诉人、被告人是否需要法官本人回避,双方都表示不需要回避,于是法官依据法律判处被告人有期徒刑三年,但在审判结果出来后,被告人上诉了,上诉结果是重审。不是因为判重了重审,而是因为法官和被告人是亲属关系,程序没有依照回避制度,程序不公正,就算结果是公正的,判决结果也没法被认可。

学生结果组:我们所说的结果公正并不是一次、两次的结果公证,这里适用法律准则,既包括量刑的准确,也包括程序上是否合乎这个法律准则。

学生程序组:很感谢这位同学,印证了我们程序公正的观点。这位同学说符合法律准则,就是一定要符合程序的规范和公正,符合回避才能有一个公正的结果,所以印证的是我们的观点。(课堂突发生成的观点交锋与分歧是课前未曾预设的,教师针对学生的质疑与分歧,不要回避,要借此顺势追问,激发深度思考,从而培养学生的辩证思维。)

教师:程序公正组提到了要严格依据诉讼法,同时违反制度安排也是违法的。结果公正重不重要呢?(教师及时肯定程序组的论点和论据,再次抛出值得进一步深度探究的有价值的话题,让生成性资源发挥新的教学作用。)

学生结果组:普通老百姓打官司要的是结果,如果你的结果达不到目的,行为就没有意义,老师给的学案,著名的聂树斌案就可以支撑我们的观点。

教师播放视频回顾聂树斌案,总结支持聂树斌无罪的理由是没有完整的证据链。

教师:最高人民法院这个判决书中61次提到证据,14次提到不合理或者不合常理,对我们有什么启示?(深度探究话题需要创新情境材料,如果不做准备直接进入下一步探究,容易流于空谈,教师给予肯定的评判后,顺势换一种表达方式再次引出讨论话题)

学生程序组:打官司最重要就是证据,否则有理说不清。

学生结果组:只有证据清楚,法官才能作出合理的判决。

学生程序组:如果证据是不符合程序,最终的裁审结果是没有办法适用的,叫作非法证据排除。

教师:刚才双方讨论过程中,到底是程序公正重要还是结果公正重要?你还坚持自己的观点吗?

学生:通过两组讨论,我认为程序公正和结果公正都很重要,因为通过程序公正的落实,可以最大化地实现结果公正,最大限度地保护公民合法权益,审判结果更能够得到认可和尊重。

教师:程序公正和结果公正都很重要,推进司法公正需坚持以事实为依据、以法律为准绳,做到事实认定客观真相,办案结果公正、办案程序公正。

(三) 活动分析

1. 确定主题是讨论开展的前提

高中生在原有认知的基础上,具备了相对于初中生而言较强的学力,能发现问题、思考问题、表达观点,甚至可以提出有逻辑的论据来论证观点方法的可行性,这就具备了开展讨论、辨析的学力基础。教师确立讨论主题要基于学生的认知水平来预设讨论话题的难易程度。讨论主题要贴近学生最近发展区,有适度的挑战性,能够挖掘学生潜能、激发学生探究愿望。例如,"程序公正和结果公正哪一个更重要"就是有一定思维含量和探究价值的讨论主题。所确定的讨论主题要明确清晰,主题表述聚焦而不分散,既没有理解的歧义,也没有作答的失控。比如,"你怎么看待程序公正和结果公正"就不如"程序公正和结果公正哪一个更重要"主题的指向更加明确。

2. 矛盾冲突是讨论实施的关键

讨论式对话往往会面对两个矛盾对立的观点,这种观点能够激发学生探究志趣,促进学生思维品质的培育。学生以合作探究的方式展开讨论,倾听、悦纳对方的思维方法和价值观,同时以适切方式回应对方。面对矛盾冲突,学生持有何种见解并不是最重要的,讨论的结果不是追求对与错,而是看学生面对矛盾冲突时,能否清晰和有逻辑地表达自己的观点和见解,用充分的事实论据、理论论据来论证自己的观点。

3. 总结评价是讨论设计的跃升

学生的发言结束后,教师重点从分析问题的视角做了总结评价,对一个问题的完整分析,既需要围绕论点提供充分的论据材料,又需要运用辩证思维,从多个不同的观察问题的角度来分析。例如,在上文中的课堂上,如果不加思考的话,绝大多数学生会认为结果公正更重要,如果结果达不到目的,行为就没有意义了。但是,程序不公正,就算结果是公正的,判决结果也没法被认可。教师及时总结梳理双方意见,使学生达成共识:程序公正和结果公正都很重要,推进司法公正需坚持以事实为依据、以法律为准绳,做到事实认定客观真相,办案结果公正、办案程序公正。

上海市徐汇区教育学院 王瑞梅

辩论式教学

活动概述

在教学中运用辩论赛活动是一种体现交流互动、自主开放,同时又是建构合作精神的辩论式教学。教师在学生辩论中借助真实情境进行生生互动、师生互动,在思维碰撞中引导学生进行真实的情感体验,旨在提高学生学习兴趣、合作精神、积极表达和辩证思考等能力,进而提升发现问题、分析问题和解决问题的能力。

(一) 主要特征

1. 辩论式教学思维量大

辩论式教学以反向思维和发散性思维为特征,学生们作为辩友各抒己见,在民主氛围中激发学习动力,提高收集、分析和利用信息的能力,借助对话平台在唇枪舌剑中不断生成智慧,在思维交流和碰撞中提升思维品质。

2. 辩论式教学协作性强

辩论式教学需要团队相互配合协作,在相互借鉴和取长补短中各自生成和构建认识体系,论证论点,以此发挥"学习团队"的作用。学生在充分交流和互助互学中碰撞思维火花,寻找解决问题的策略,感受科学精神、增强合作精神和责任意识。

(二) 组织原则

1. 辩论式教学要求探索性、合作性和实践性相统一

学生根据辩题,结合生活实践进行思考,需要通过资料查找、自主探索来达

到对辩题的理论论证和事实论证全方位的高度把握,从而增加辩论的说服力。每位辩手承担的任务各有偏重,但辩手之间需要相互支持论点和论据,所以无论是赛前的资料检索还是赛中的辩论,都是合作学习的体现,要引导学生学会合作,形成合力。教师要鼓励学生通过实践获得直接经验,让学生在生活中演绎,在演绎中归纳,真正体验、感悟和创造。

2. 辩论式教学要求引导性、生活性和过程性相结合

辩论看似学生活动,但教师也有其重要的作用,承担着学法指导、思维启迪、组织管理等多项职能,同时要教会学生自主学习,提升学习能力。教师是参与者、合作者,但更是引导者,不能替代学生完成辩论,要引导学生学会辩证看待问题。教师要依据学生实际水平、内在需要、个性化需要,引导学生联系与自身相关的生活和思想,帮助学生正确地认识、分析和解决问题。教师需注重学生的发展性评价和个性化评价,在辩论过程中看到学生的闪光点,鼓励和支持学生,让每位学生都能有机会展现才华、表达自我,增加自信。

活动示例一:"如何让新能源车更好地走进千家万户"辩论展示

(一) 活动目标

教师以《习近平新时代中国特色社会主义思想学生读本(高中)》第五讲《新发展理念推动经济高质量发展》第一节"坚持新发展理念"为例,进行课堂辩论的实战分析。教师针对"创新发展、协调发展、绿色发展、开放发展、共享发展"新发展理念中的"绿色发展"和"创新发展"设计了一个课堂微型辩论环节,围绕"新能源车前途辉煌还是堪忧"展开思辨,让学生思考:"新能源车是不是未来的发展方向""面对'双碳'目标,新能源车该何去何从"等问题。

学生结合真实社会情景,综合运用相关学科知识辩证看待新能源车以及如何让新能源车更好地走进千家万户,体会"绿色发展"能解决人与自然和谐共生的问题、"创新发展"能解决发展动力问题,探寻新能源车未来发展的方向。

（二）活动过程

围绕活动目标,在课堂上进行辩论活动,正方观点是"新能源车前途辉煌",反方观点是"新能源车前途堪忧"。以下为双方辩论过程,也是思维碰撞的过程,更是智慧的现场生成。

1. 双方辩论

● 正方辩手

尊敬的主席,各位同学、对方辩友大家好。我方的观点是:新能源车前途辉煌,坚持新能源车走进千家万户有利于"双碳"目标的实现,有利于人与自然的和谐共生。

实现碳达峰和碳中和是一场广泛而深刻的经济社会系统性变革,在科技快速发展的今天,世界新能源车市场规模不断扩大,人们对于新能源车的需求和要求也越来越高。目前,我国的新能源车无论在技术还是产业规模上,在全球均有一席之地。根据毕马威报告(图1),近年来,中国新能源汽车出口量激增,从2017年到2022年,中国新能源汽车的出口量由17万辆增加到112万辆。毕马威报告同时显示,2020年以前,中国新能源汽车对欧洲出口仅约为1万辆,2022年中国对欧洲出口量已超50万辆。

图1　2017—2022年中国新能源汽车出口情况

*数据来源:毕马威中国

● 反方辩手

我方的观点是：新能源车前途堪忧。正方辩友尽管给出了出口增长的数据，但也应该看到随着中国新能源车企出海欧洲步步深入，2023年欧盟终于还是挥起了"贸易大棒"。2023年9月13日，欧盟委员会主席冯德莱恩宣布对中国新能源汽车发起反补贴调查。相较于美国27.5%的高额关税，欧盟对进口汽车征收的关税仅为10%。而在电动汽车补贴上，欧盟也将"一视同仁"贯彻到底，不仅对欧盟本土汽车提供补贴，进口汽车也能享受同样的待遇。受惠于此，近年来，中国电动汽车企业加速进入欧洲市场，但如今看来，贸易保护之下，这种开放、宽松的贸易环境正在消退。所以新能源车能走多远未必乐观。

● 正方辩手

欧盟启动反补贴调查并不会影响中国电动汽车的崛起，其主要目的是为了延缓中国车企杀进欧洲，给本土企业留出追赶上来的时间。但追赶并非易事，中国新能源汽车行业正处于发展加速期，并且在技术和价格上都保有一定的领先优势。另外，我们倡导国内国际双循环市场，一边积极开拓国内市场，一边大力挺进国际市场，相信前途肯定一片光明。

● 反方辩手

生产新能源车理念非常好，但是目前充电存在问题，较多小区充电桩的问题尚未完全解决，而且充电相对较慢，一般需要数小时，不太方便。再加上汽车电池的蓄电量有限，续航里程较短，未能满足百姓实际需求。

● 正方辩手

很多城市逐渐推出集中充电场所，而且社区充电桩也正在普及中，未来充电不成问题。至于续航里程和质量问题，政府对新能源汽车推广补贴方案及产品技术要求有新的标准：对续驶里程（调高至250千米）、能量密度比（调高至125千瓦时每千克）等最低补贴要求作了提升，这样就倒逼企业研发更为符合消费者需求的产品。另外，目前市场上也推出了很多油电混合车，可以进行互补。

● 反方辩手

针对对方辩友提到的充电问题，我们发现2020年规划建设公共充电桩数量约50万个，尽管如此但是与同期新能源汽车发展的规模仍然不匹配。充电设施的布局也不够合理，公共充电桩的使用率尚不到15%。一方面，运营企业盈利困难;另一方面,消费者又感觉充电价格偏高,可持续的商业发展模式还没有形成。不仅如此,油电混合车其实并非真正意义上的新能源车,这会让原来传统燃油的消耗依旧持续增长,没有真正达到减排目的。

● 正方辩手

油电混合动力车是现阶段的一种过渡产物。新能源车是近些年的新事物,它需要经历从不完善到完善的过程,更何况新能源车的出现有利于我们走可持续发展道路,实现绿色发展,实现节约资源和保护环境的空间格局和生产方式,从大方向上看它一定是未来开发的方向。

● 反方辩手

我方承认对方辩友所讲的,但归根结底,新能源车还是要靠"电"才能行驶,新能源汽车的电来自传统火、水力发电厂的电,同时来自新能源(太阳能、地热能、海洋能、生物质能、核聚变能和风能)所产生的电和加注氢气燃料电池所发的电。从发电情况看,2023 年上半年,全国规模以上工业发电同比增长 3.8%;其中,火电、风电发电分别增长 7.5%、16.0%。而用于新能源车的电能目前大量还是火力发电,所以真正起到环保的功效很小,另外电池本身也是污染物。

● 正方辩手

随着科学技术的发展,会尽可能加大太阳能、风能等新能源在车子上的利用率。氢动力汽车因其具有无污染、零排放、储量丰富等优势,是未来新能源车发展的方向。我方认为,如果新能源车达到一定的保有量,就能变成无数个能随时保存多余电量的电量储存池,在电价低谷时充电,在用电高峰向充电站输出,进而保证电网效率和稳定。这套体系可构成新能源的微循环系统,所以我方认为新能源车一定前景辉煌。

2. 教师点评

经历了双方的立论陈词,自由辩论和总结陈词环节,学生的表现非常不错,场上的攻辩和场下的掌声都体现出大家思维碰撞后产生共鸣的愉悦和畅快之情,针对学生们课堂辩论的真实表现,教师点评如下。

首先,学会审题,专项研究。我们辩论的核心词汇是"新能源"。辩论前,同学们先要搞清楚新能源有哪些。新能源一般是指在新技术基础上加以开发利用的可再生能源,包括大家熟知的太阳能、风能、地热能、洋流能、潮汐能,以及海洋表面与深层之间的热循环等。明确概念,是辩论的第一步骤,为后续的辩论奠定基础。

其次,结合实际,反思问题。我们的中心议题是面对"新能源车前途辉煌还是堪忧"。就性质而言,新能源车为什么不能完全替代传统能源车?因为目前新能源车大都用电,会产生一定的污染,所以还得探究新能源车用电的来源和转化的科技问题。就对外销售而言,我们还需要面对类似欧盟对中国新能源汽车发起的反补贴调查。结合种种现象表明,新能源车还有一个蜕变的过程,一个创新研发的过程和思考如何突破重重困难进一步打开市场的过程。

再次,核心话题,重点辩论。正方和反方的核心辩论点是新能源车的现状问题,逻辑终点其实最终还是指向了满足人民群众更美好的生活需要。尽管目前尚存问题,但传统能源车毕竟对生态环保不太友好,所以新能源车肯定还是未来的发展方向。反方辩友思考的路径就是通过摆出现状问题来促进反思,正方也给出了绿色发展的理念——"创新发展",研究如何更好推进新能源的发电来促进可持续发展的解决方法,双方在辩论中把问题层层拨开推进思考,把问题越辩越明。如果同学们能再针对每种可再生能源提出自己设想,就更能体现大家的创新意识和智慧之脑。

(三) 活动分析

课堂辩论本身就是个思维碰撞的过程,需要因地制宜选择合适辩题,放开格局,跳出框架。面对新能源车未来是"辉煌"还是"堪忧",如何让新能源车更好地走进千家万户,双方各自有充分的理由,但还需要上升到我国坚持节约资源和保护环境的基本国策。希望就本议题的探讨能上升到用创新发展推动可持续发展,共同保护人类美好家园的高度。最好还要用大国担当的角度来看中国的责任和态度,我们针对欧盟启动反补贴调查也要有相应的对策。我们如果能把对新能源车的辩证思考方法延伸到对其他问题的探讨,从感性具体上升到理性抽象,再由理性抽象上升到理性具体,那么我们的辩论活动也就达到了活动的最大意义和价值,也就能培养真正有智慧的学生。

活动示例二："如何让新能源车更好地走进千家万户"辩论式教学设计

（一）活动构思

习近平新时代中国特色社会主义思想的主要内容共有八讲，前四讲明确了"指导思想""目标任务""领导力量"和"根本立场"，本单元为第五讲内容"总体布局：统筹推进'五位一体'"，具体涉及经济建设、政治建设、文化建设、社会建设和生态文明建设，在整本书中起到承接理论和实践的纽带作用。通过本单元学习，明晰"新时代中国特色社会主义道路"该如何统筹推进"五位一体"，认识到这是发展理念和发展方式的深刻转变，明白其理论思想内部具有严密而又开放的内在逻辑。

学生智慧学习的过程是一个由浅入深、由现象到本质的过程。"坚持新发展理念"这一章节中的"创新发展、协调发展、绿色发展、开放发展、共享发展"五大发展理念，用不同的课堂活动来完成。全体学生先在教师指导下进行自主调查：你是否愿意购买并使用（中国制造）新能源车；观看一段视频材料，听一听来自国外对中国新能源车高度评价的声音；再看一个关于新能源车的国内数据，预测新能源汽车未来的增长趋势及理由。基于这些初步信息，教师带领学生进入"绿色发展"理念和"创新发展"理念环节的教学。借用"新能源车未来是'辉煌'还是'堪忧'"这个话题，开展微型辩论，从而上升到思考"如何让新能源车更好地走进千家万户"，进而真正认识新发展理念的内涵和意义。

（二）活动目标

通过搜集、访谈、调研等活动，了解新能源车使用现状；通过新能源车典型事例和数据分析，明晰新的历史条件下产生的新问题，即我国经济社会发展和环境保护之间的矛盾，引出新发展理念；通过课堂辩论，着重理解绿色发展和创新发展的基本内涵和意义；在探讨和思辨中体会并阐述新发展理念内涵以及"以人民为中心"的思想。通过学习本节课知识，学生认同必须牢固树立新发展理念，了解经济的高质量发展需要正确理念的指导，能进行相应的公共参与并提供自己意见和建议。

(三) 活动过程

要注重课前的动员与准备。教师必须在平等、友好、民主的氛围下进行课前动员与准备，不要让辩论赛变成少数人的游戏。

步骤一：辩题的选择

辩题的选择至关重要。一是辩题具有时代性，二是选择学生感兴趣的辩题，三是辩题具有思辨性。教师以《习近平新时代中国特色社会主义思想学生读本（高中）》第五讲《以新发展理念推动经济高质量发展》第一节"坚持新发展理念"为例进行课例研究，并与学生商议进行"自主探究"，议题确定为"如何让新能源车更好地走进千家万户"。

步骤二：辩论队的选拔

教师要善于从全班学生中选择一批思维能力强、演讲口才好、反应能力快的学生担任辩手，以增强辩论的对抗性与精彩度。目前我们在课堂中一般采用"四对四"的北京辩论赛模式。教师可采取自愿报名与推荐选拔相结合的方式，选择八个学生担任正反方辩论赛的一辩、二辩、三辩与四辩。除了辩手之外，还可要求选拔一名主持人、一名点评嘉宾、两名评委、一名计时员全程参与辩论赛的活动中。

步骤三：辩论培训

教师分别给予正反双方辩友相应的指导，两个小组分别查找资料和进行相应调研。教师指导的目的是让学生在辩论的过程中知晓新能源车的前世今生，思考未来开拓的方向；明确新事物的发展前途是光明的，道路是曲折的，我们要作好改进和蜕变的思想准备：我们的发展质量和效益还能更好，创新潜能还能再挖掘，生态环境保护任重道远，因此坚持"绿色发展"和"创新发展"，推动可持续发展，才是新能源车未来的发展之路。

步骤四：课堂实战

正式辩论比赛时间大概需要 30 分钟，包括立论陈词、攻辩阶段、自由辩论阶段和总结陈词阶段等四个比赛环节。课堂辩论是课堂环节中的一个部分，所以可以根据课堂需要进行按比例压缩。必要时也可以向场下学生进行自由提问。

正式辩论后,点评嘉宾就比赛情况进行点评,评委代表宣布最佳辩手及获胜的队伍,最后教师进行总结。开展过程中,辩手也会有跑题或者卡壳的时候,教师可以适时参与点拨和引导,甚至可以邀请台下学生一起参与,场上场下连成一体,共同辩论思考。学生只有在辩的过程中才能真正了解创新所带来的意义,如果解决了电池问题、新能源技术转化问题,也就真正打开了新能源车的发展大门。

步骤五:师生点评

根据实战情况,对辩论赛过程中双方学生的发言内容进行全面的剖析。教师应更关注辩论的思维逻辑性,以及辩论内容背后的理论支撑。在辩论赛中,学生的思维碰撞、观点交锋,会出现很多思维亮点,加深了学生对基本原理的掌握与运用,教师要一一点出并及时给予鼓励,让学生体会到学习的快乐与成功的喜悦。而对于在临时应变中出现的偏离主题的发言要及时引导。比如,学生一开始根据"欧盟反补贴调查"认为,新能源车对外销售不利,从而一定会"堪忧",教师要引导学生认识和理解国内国际双循环的理念,全方位、多角度地帮助学生探求科学的解决方法,提供全面的思考方式。

步骤六:课后表彰

教师可以将学生的独立思考能力、批判性思维、创造力、责任感、政治认同等不同的培养维度细化为活动中学生在话语、动作、角色方面的一些具体表现,使对学生的定量评价更具有可操作性。教师把辩论赛引入课堂教学,通过活动的创设,改善课堂教学模式,营造师生对话、生生对话的机会,激活学生思维,积极营造竞争和合作氛围,激发学生内在学习动机,在互动辨析中推进思考,从而在思考中内化价值,在内化中建立认同。

(四) 活动分析

1. 辩题选择要注重科学性和情境性

课堂辩论需要有科学辩题的确立,需要合理的思辨空间。教师在一定的议题框架内,要结合社会时政去确立辩题,要有具体任务情境,这样才能让学生引起思辨的兴趣和热情,有的放矢进行情境代入。学生带着任务去查找资料,共同探究策略,然后进行表达。当学生面对生活世界的各种现实问题进行可思考、可表达的探究,学生的学科核心素养培养才有了课堂教学中可操作性的提高。学生根据教师的要求,积极参与到相关辩题的准备中,将学生的社会生活融合在学科内容教学中,使"学科内容生活化",满足学生的求知欲,体现学科的实用性,从而在思想政治课上实现学科内容与学生活动的有机融合。

2. 辩论赛的规则要兼顾原则性和灵活性

教师对辩论赛进行了微缩版改造,保留了正方和反方辩论的流程,让学生感受到流程的完整性,但压缩了每个环节的时间,成为一个浓缩版辩论赛,用"短、平、快"的方式让学生参与辩论,给予展示。辩论赛受到了全班学生的普遍关注。辩论式活动的课堂教学更新了教学理念、优化了教学行为,更容易及时生成教学智慧;辩论活动激发了学生学习内驱力,在任务驱动下引发学生对社会现象和社会事物之本质的联系与思考,调动其对社会问题辩证而有深度的思考,从而更好地培养新时代所需要的具有辩证思维的合格公民。

3. 辩论的过程要注重准确性和逻辑性

教师指导学生进行辩论要注重准确性和逻辑性,这是构建有力论点和有效反驳的基石。准确的陈述和信息能够确保辩论双方和听众是基于真实的数据和事实进行讨论。逻辑性强的辩论能够使论点更加清晰、有条理,通过逻辑推理构建出针对对方论点的有力反驳,从而增加己方观点的说服力。只有做到这两点,才能使辩论更加公平公正,增加辩论的质量和效果。希望通过课堂辩论,学生在思辨中不断提高对党和国家政策的政治认同,在开放性辩题的探讨中学会思考和感悟,从而提升学科核心素养。

上海市第五十四中学　陈莺

活动概述

所谓"两难"问题一般是指具有两种不相容解决方案的问题。面对"两难"处置,问题解决主体遇到的最大的"难"点就在于解决方案的不相容,一旦选择了其中一个解决方案就意味着必须放弃另一种解决方案,使人处于进退两难的境地。"两难"处置的答案并没有唯一的标准,只有相对最优的选择。

(一) 主要特征

1. 价值冲突性

"两难"处置活动的设计需要含有两种不相容的价值冲突,进而让学生在左右为难中通过小组合作、文献搜索、案例模拟等活动方式,完成思考、辨析、判断和选择。活动情境的选择、学习任务的设计、活动环节的设置要以主流价值观为取向,从学生的学情和身心发展规律出发,根据不同年龄阶段学生的道德认知水平和价值判断能力进行创设,以便学生可以从实际生活出发,对"两难"处置的内容进行具体的分析。

2. 情境真实复杂性

"两难"处置情境素材的选取一般来自对现实社会生活中的"两难"问题的利用,还应当注意几点:一是要立足生活,即使是截取于影视作品也要进行课堂教学的切片化、结构化处理,避免讨论事件本身,失去了对于"两难"处置的价值思考;二是既要能够引起冲突,又要科学可信、符合逻辑,学生无论选择两种相对立的答案中的哪一个,都能有其合理性;三是既要有开放讨论的空间,不干扰学生的选择,又要坚持在学生观点陈述或辩论的过程中进行正面思想导向和价值引领。

3. 问题开放性

"两难"处置活动所呈现的情境具有复杂性、价值冲突性、选择两难性等特点,所以在活动的参与过程中,学生所需要解决的一系列学习任务中问题的设计应该是具有开放性的,一般没有统一的标准答案,应该允许学生自由地进行表达,允许学生有不一样的看法和观点,教师对于学生参与活动、观点陈述和论证的过程进行过程性评价。

(二) 组织原则

1. 关注活动开展过程的程序性

"双新"改革下的思想政治活动型学科课程,必须抓住学生成长需求和社会对其培养需求之间的结合点。因此,基于"两难"处置的学习,要历经一个循序渐进的过程,主要包括几个程序:(1)了解学生道德发展水平的真实状况;(2)创设适当的"两难"情境;(3)通过学习任务引导学生在原有经验基础上展开独立思考;(4)学生通过丰富的活动形式开展互动交流;(5)通过深度交流和反思再次完善自己的观点;(6)构建更高层次的认知;(7)教师在活动过程中实施过程性评价。

2. 发挥学生在活动中的主体性

在"两难"处置活动中,教师需要设置序列化的学习任务来帮助学生开展活动。一般情况下,这些学习任务是由一个较为完整的问题链串联起来的,学习任务的设计可以帮助学生的思维有梯度地形成递进。而这些学生任务的解决,又将依托一定的合作式学习来完成。除了观点陈述、小组辩论等方式外,学生也可以通过角色扮演等方式来呈现。学生可以通过角色代入、资料检索等方式,先独立梳理自己对问题的理解和认知,而后通过讨论、交流甚至是辩论等互动方式,将学生之间不同的道德认知和想法进行共享和讨论。"两难"处置活动,是一个在价值冲突中深化理解,在比较鉴别中坚定认识的过程。学生在经历自主陈述、辨识、分析、反驳、修正的过程后,自主地作出价值判断和价值选择。

3. 通过课堂互动激发思维的思辨性

在复杂的"两难"情境中，一般同时涉及两种相互冲突的处置选择，并且这两种处置选择彼此之间不能兼顾，需要师生、生生之间进行一定的深度讨论和辨析，并作出价值判断和价值选择。"两难"处置的学习往往不是依靠学生独立思考能够完成的，依托小组讨论、辩论等方式，寻找最佳解决方法的过程，也是智慧教育理念的显性育人成效。师生在集体交流过程中所出现的认知差异或者是观点上的冲突，有助于生成师生间彼此说服、彼此修正、彼此理解的活动过程，可以激发学生深度思考，最终实现道德认知的螺旋式发展。

活动示例一："小区加装电梯为何难"活动设计

(一) 活动目标

围绕议题"小区加装电梯为何难"，对情境中的悬念和障碍展开"两难"探讨。运用法治思维评价相邻关系的合理性与合法性，理解民事权利与义务的对立统一关系。

结合真实社会生活情境，综合运用相关学科知识辩证地分析社区加装电梯的"两难"问题背后的社会原因，并结合具体事例对观点进行论证，体会处理相邻关系的原则，提升解决真实生活中"两难"问题的能力。

通过小组合作探究，把握正确处理不同社会成员之间的个人利益关系，以及个人利益与国家、社会公共利益关系的基本原则。在互相研讨和优化解决方案的过程中，树立正确的权利义务观念和承担社会责任的观念，对依法治国的基本原则形成认同。

(二) 活动过程

教师：大部分小区在加装电梯的过程中，受到了楼上的住户欢迎，但是低层住户因对于电梯的需求不高、房屋采光被遮挡、楼道安全存在隐患等缘由，表现出一定的抵触情绪，导致很多老式小区加装电梯的民生工程不得不半路搁置甚至无法启动。如果你是一位刚工作不久，依靠父母的资助购买了一套房子，几乎没有储蓄的低层住户,家庭月收入刚好支持日常消费支出,你是否会同意楼栋加装电梯的工程?

学生1:我可能也会非常犹豫,因为我的经济条件并不宽裕。如果我支付了电梯加装的费用,后续还会有维护费等费用,会给我带来一定的经济压力。

学生2:我同意楼栋加装电梯,也愿意支付电梯加装的部分费用,但是我可能不会愿意支付后续的电梯维护费用,因为我对电梯的使用率远低于高层住户。

学生3:我会去和我的邻居还有居委会进行沟通,把我的实际困难和想法表达出来,看是不是可以不支付或少支付电梯加装的费用,只支付日常的维护费用。

教师:同学们不仅结合自身的实际情况明确表达了自己的态度,有的同学也考虑到了邻居需要加装电梯的迫切性和实际需求,通过思考提出了一定的解决方案。同学们觉得,通过"三分之二"的住户同意等方式,降低加装电梯的支付门槛,来加快加装电梯的进程,是否能够真正解决不愿意加装电梯的住户的为难情绪呢?

学生1:我觉得并没有解决低楼层住户的情绪和支付困难的问题,而且在后续的电梯维护过程中,仍然会遇到居民不愿意支付维护费的问题。我们家小区就遇到了类似的问题。

学生2:我觉得虽然没有能够满足不愿意加装电梯的住户的实际困难,但是能够解决楼栋中绝大部分住户的困难和需求,才是最重要的。毕竟公共生活,就是一个互相理解和体谅的过程。不仅如此,降低加装电梯的支付门槛,本身也是对困难家庭的一种照顾。

学生3:我觉得居委会或者业委会,应该在电梯加装完成后,继续做好困难家庭的关心和关爱工作,比如通过争取一些免息贷款、为无业居民提供职业技能培训等方式,帮助改善困难家庭的经济状况,来缓解一定的邻里矛盾。

学生4:我觉得这个问题,需要分类来讨论。如果遇到的是一些本身家庭经济没有困难,但是因为自己住在低楼层,就阻碍楼栋加装电梯的住户,要采用说理沟通和法律强制的双重方式来达成最终的和解。如果遇到的的确是因为家庭经济情况而对加装电梯有一定为难情绪的家庭,是需要予以照顾和理解的。

学生5:但是我认为,即使是通过法律强制手段让不愿意加装电梯的住户支付了电梯加装费用,在后期的电梯维护问题上,仍然存在很多阻碍,而且对邻里关系的维系也带来了很多隐患。

学生 6:我认为对于那些仅仅出于对自己利益的考虑而无理地拒绝加装电梯的住户,就是需要通过法律的强制手段予以批评和教育,因为只有这样才能够起到维护社会稳定和创造良好和谐邻里氛围的目的。

教师:同学们刚刚从社会、家庭、经济、文化等不同的角度,对加装电梯难问题背后的原因进行了分析,也尝试通过换位思考的方式,结合我们所学习过的有关"相邻关系"的相关知识,提出一定的问题解决方案,亮出了自己的态度和观点。法律的强制力和道德的感召力对于法治社会的建设共同发挥着作用。《中华人民共和国民法典》中处理相邻关系的基本原则有"有利生产、方便生活、团结互助、公平合理"等,但在现实社会生活中,"相邻关系"问题的发生和处理,仍然包含了非常多的独特性和突发性。在未来的生活中,希望我们都能够运用利益平衡、互相理解体谅并且符合道德规范的方式来处理相邻关系。

(三) 活动分析

1. 充分利用法治资源激活学生思维

本教学活动片段需要学生提前就"老式小区加装电梯所遇到的困难和问题"进行一定的新闻和案例的检索与收集。结合教师提出的"两难"问题,学生以小组为单位进行相关法律条文的检索和观点陈述,教师根据学生的陈述,抛出部分"两难"问题,引导学生换位思考。在课堂中,学生在寻找解决问题的方法的过程中,形成观点上的论辩。例如,对于不同家庭背景、个人品德素养、家庭经济状况的差异性,不同家庭实际诉求的多元化等因素,都会影响学生对同一"相邻关系"问题的分析和判断。

2. 在活动任务中培养学生的法治意识

本活动片段,属于高中思想政治选择性必修 2《法律与生活》第一单元综合探究《财产制度助力经济社会发展》的内容。《中华人民共和国民法典》不仅体现了法治观念,而且将社会主义核心价值观融入其中,更凸显中华民族的传统美德和社会公德的重要意义。"处理相邻关系的原则"和"法治和德治相结合的原则"是学生学习的难点。因此,需要学生在课堂活动和学习任务解决的过程中,通过查阅文献、观点辨析等方式,围绕"相邻关系是什么?""引发相邻关系矛盾的主要因素有哪些?""如何建立和谐相邻关系?"来展开讨论和思考。教师需要引导学生全面理解《中华人民共和国民法典》对于更好保障人民的合法权益的重大意义,在运用法治思维、法律工具的过程中培养学生的法治意识。

3. 在对话反思中实现思维螺旋式上升

在对复杂的情境进行思考、对"两难"问题进行讨论的过程中,如何更好地推动学生达到知行合一的活动目标,是本次活动的难点。一方面,活动中要以学生的自主探究和分享观点为主,促进学生独立思考;另一方面,教师需要根据学生的观点和案例,抛出一系列的引申问题,提供一定的法律视角促使学生体会现实生活中"相邻关系"的复杂性,并及时进行归纳点评。

活动示例二:"家庭的和睦应该谁来守护"活动设计

(一) 活动构思

本课的情境资源取自电影《我的姐姐》的片段,师生围绕已成年的姐姐安然在父母双亡后,对于未成年弟弟的照顾,是亲自"扶养"还是"送养"等一系列的"两难"问题,展开课堂活动。在活动开展之前,教师需要提前布置一些课前任务给学生。例如,收集我国相关法律中对于继承、监护、抚养、扶养、赡养等的相关规定。活动过程围绕四个分议题展开,在活动开展过程中,为了帮助学生更好地理解"两难"情境,教师通过设计一系列学习任务帮助学生达成由知识到方法的深度学习。学习任务的设置可以从"是什么""为什么""怎么做"三个层次依次递进,逐渐引导学生在"两难"情境中理性地作出自己的价值判断和价值选择,并结合课前自己的资料检索和课堂中教师提供的法律资料,理清条理的同时组织好论辩提纲。

(二) 活动目标

围绕议题"家庭的和睦应该谁来守护",结合情境思考不幸家庭产生的原因,以及家庭成员应当承担的家庭责任。明确法律在解决家庭矛盾方面发挥的重要作用,思考婚姻家庭关系中的情、理、法,树立正确的婚姻家庭观念。

综合运用生活的实际经验和所学的法律知识,对获得的多元信息进行判断和甄选,并作出客观正确的评价,增强守法意识与责任意识。

通过小组合作探究,综合运用相关学科知识对"两难"问题做出辨析,并进行有逻辑的表达,明确情、理、法三者的统一对于和谐社会建设的重要性。

(三) 活动过程

议题一:为什么要维护家庭和睦?

本环节旨在通过观看电影《我的姐姐》片段,引导学生进一步理解对监护、抚养、扶养、赡养、继承等民事关系在现实生活中的表现,引导学生思考不幸家庭产生的原因,能够结合情境,概述个人在现实家庭生活中的责任和义务,对于现实生活中的婚姻家庭关系的认识进行准确描述。在活动中,教师设置了"是什么"层面的学习任务:父母不幸车祸身亡,给影片主人公安然留下了年仅六岁的弟弟。原本一心想要摆脱家庭的束缚,即将学成,已经有了自己人生规划的姐姐,面临着原本就关系冷漠疏离的弟弟,陷入了追求个人事业发展和抚养幼弟的"两难"选择中。请学生谈谈,对"幸福的家庭总是相似的,不幸的家庭各有各的不幸"这句话的理解。

议题二:法律如何保护家庭生活?

学生在完成下发的学案笔记的过程中对于婚姻家庭关系的认识能够从感性层面上升到理性层面,明确法律在解决家庭矛盾中发挥的重要作用。教师设置了"为什么"层面的学习任务,请学生为以下三个问题找到法律依据:第一,父母过世后,姐姐安然对年幼的弟弟是否有养育的责任? 第二,弟弟对这套房子有没有继承权? 第三,姐姐有没有权利送养弟弟?

议题三:如何维护家庭和睦?

本环节,学生需要结合生活的实际经验和所学的法律知识,对情、理、法三者统一对于维系和谐家庭的重要性进行有逻辑的表达,并能够运用法律知识解决真实问题。本次学生要完成的学习任务仍然是解决"为什么"的问题:为什么亲戚和周围的其他人,都会普遍认为"养育弟弟是姐姐的责任"? 收养家庭提出"再也不见"的要求,是否合理? 请学生进行小组合作,以角色扮演的方式从当事人和旁观者、律师等不同的角度,陈述所扮演角色的观点。

议题四：家庭和睦为何如此重要?

针对姐姐安然将弟弟送养的行为,有网友说:"做人不能太自私,血浓于水,怎么可以就这么抛弃与你同根生,对你充满全身心依赖的弟弟呢?"也有网友说:"比较欣赏姐姐的做法,追求自己想要的生活难道有错吗?"请学生以小组为单位,进行讨论,并选派代表回答,如何看待姐姐将弟弟送养的行为,并举例子对小组的观点进行论证。学生需要将生活的实际经验和已有的学科知识进行整合,并进行有逻辑的表达,同时要在小组合作中进行观点的共享,在观点的碰撞中提升分析问题的能力,达成一定程度上能够解决问题的方案。

(四) 活动分析

1. 丰富活动形式,激发学生思维

本活动选取影视资源作为情境,题材贴近日常生活,源于生活中热议的话题,学生更容易形成共鸣和代入感,激起学生进行深入探究的兴趣。"两难"处置活动的实施经历了课前情境选取、活动任务布置、教学资源预习,课堂中情境呈现,以及围绕课堂思维轨迹完成课后作业,教师课后进行教学反思的过程。在课前,教师和学生都需要完成一定的法律资料的检索,为自己的观点提供一定的法律依据。

本活动的核心环节在于学生要通过多种形式完成一系列的学习任务,包括独立思考完成任务清单、角色扮演、小组互动分享观点等,张弛有度、形式多样的活动形式和内容充分体现了学生的主体地位,也完整地保留了学生分析问题的过程。学生通过序列化学习任务的深度思考,其分析问题和解决问题的能力也随之得到进一步提高。

2. 寓情于理,启迪智慧,塑造人格

婚姻家庭问题是与学生生活关系最为密切的社会问题之一,学生对此有一定的生活经验和感受,但是法律文本本身的理论性较强,较为抽象,因此在教学过程中需要选择设计更贴近学生生活实际的情境和学习任务,同时要充分挖掘法律背后的深刻内涵,把握本课的价值导向。小组进行观点分享和讨论过程中,学生需要结合生活的实际经验和所学的法律知识,对情、理、法三者统一对于维系和谐家庭的重要性进行有逻辑的表达,以此达到运用法律知识解决真实问题的学习目标。学生要不断对获得的多元信息进行判断和甄选,并作出客观正确

的评价,最终突破本课的难点,真正在"两难"选择中展现出分析问题的智慧,体会到家庭生活与其他社会生活不同,在处理家庭矛盾与纠纷时,既要讲情理,也要讲法理。

3. 关注学生的认知起点和认知差异

"两难"处置活动开展的目的是引导学生最终形成高于其原有道德发展水平的问题分析和解决能力。学生之间的道德认知水平是存在差异的,这背后有社会的因素、家庭的因素、生活经验的因素、理论水平的因素等。只有设计出符合学生认知水平的活动情境和学习任务,才能调动起学生课堂参与的积极性和主动性,让学生作为主体做出"两难"处置的选择。因此,教师在开展课堂活动前,必须对学生的相关道德认知水平进行初步的排摸和调查。

学生道德认知水平的差异,可以在小组活动中加以利用和充分地展示,接触到与自己的原有道德认知不同,甚至是更高一层次的道德观念与价值选择行为,学生更容易对自己原有的价值判断和价值选择进行反思,并吸收同伴的观点对自己的观点加以完善和调整,进而打通知行障碍,破解知行难题。

4. 过程性评价关注价值判断和价值选择

教师通过观察学生对于课堂问题和任务解决的思辨过程,聚焦科学精神和法治意识两大素养的落实过程,比如论据是否能够验证其观点,是否能够表现出法治意识,等等,给出实时的评价。与此同时,随着课堂活动的深入开展,学习任务的复杂性的提升,教师要随时关注学生偏离情境的"两难"处置情况,引导学生能够用发展的、矛盾的观点去分析和思考真实的家庭关系。评价的主体可以多元化,应当包括教师的评价、师生的互评、学生的自我评价、小组互评、课时内的即时评价和单元教学的持续评价。

关于"两难"处置的探讨,答案的得出并不在当下的课堂之中,而在于学生的整个学习过程中,随着学习的深入和个人生活经历的积累,会形成一个从量变到质变的过程。

上海市南洋中学　赵卿

第四节　论证提纲

活动概述

论证提纲是思想政治课教学中围绕议题、情境材料、问题链、理论知识等展开的序列化综合活动。论证提纲符合思想政治课综合性、活动型的学科定位和高中的学段特点，是思想政治课教学在真实复杂情境中采取议题式教学的重要抓手。论证提纲首先是论证，论证是包含议论、讨论、辨析、分析、证明等在内的推理推演过程，符合逻辑的规则和"论"的特点，即用一个或一些真实的命题确定另一命题真实性的思维形式，其过程具有逻辑性和说服力，是学生形成高阶思维的有效途径。

（一）主要特征

1. 纲要性

突出"纲目"和"要点"的有序排列，有时虽然材料繁杂具体，但因经过思维加工，所以不需要把全文的所有内容写出来，既不是大量摘抄教材，也不是理论观点的堆砌，更不是情境材料的直接引用。

2. 条理性

作为公文形式，条理清晰，一目了然，比如，共有几个大问题，每个问题之下分几小点，眉目清楚、层次分明，重点简明扼要。

3. 探究性

论证提纲是依托学科知识开展的具有探究性、半开放性的学习活动，能使学生掌握阅读分析、融会知识、逻辑思维、语言表达等多种方法或能力，开阔学生学科视野；是教师在思想政治课教学中基于议题和情境材料、问题等引导学生完成不同模块知识间融会贯通和综合建构的过程。

（二）组织原则

1. 要符合思维和逻辑的规律

论点的表达要准确到位、清晰简洁，通过深层次的高阶思维活动抓住关键内容从而实现深入浅出的论证。在对论证提纲展开评价时，也要做到理性客观。论证不但要具有严谨的说服力，还要注重全面性和有序性；既从整体着眼，又注意论证观点相互之间的逻辑关系，不能产生观点碰撞或逻辑矛盾，应该是具有层次且连贯的，从正面和反面、理论和现实等多角度展开分析论证。此过程是学生应对复杂情境时对书本知识和课外积累的自主建构，更是学科素养的综合体现。

2. 要实现批判性与建设性的统一

批判性是对已有思想、理论、实践行为等进行重新审视和评估的思维过程，突出分析、反思、质疑；建设性是基于情境建立起新思想、新理论或新实践行为，需要人充分发挥主观能动性和创造性，强调开拓、创新、探索。批判性与建设性在完成论证提纲的过程中相辅相成，在批判性论证中获得建设性观点的支撑，在建设性论证中批判性思维能弥补其漏洞与不足，论证提纲的撰写是实现两者相统一的过程，既能锻炼学生的综合能力，又培养高阶思维。

活动示例一："辩证思维的含义与特征"教学片段

（一）活动目标

通过阅读情境材料，回答"新发展理念提出的历史背景"，形成并表达自己的观点，给出合乎逻辑的论证提纲；培养综合运用所学知识跨模块分析问题的大单元学习意识，能运用辩证思维分析当前经济社会发展所处的具体历史方位，从深入理解学科知识能灵活运用，到逐渐形成能观察古今中外的广阔视野，再到形成高度概括、准确完整的语言表述；能掌握综合探究的方法，自觉坚定唯物辩证法立场，反对形而上学，坚持树立辩证思维意识的品质和习惯。

（二）活动过程

教师：请同学们思考、交流后以小组为单位，用论证提纲的形式回答新发展理念形成的历史背景是什么。

学生1：我们小组讨论后认为有两个方面。首先，从经济增长方式的角度看，1978年改革开放以来，我国经济进入了高速发展的阶段，此后，从又快又好，到又好又快，从数量型到质量型，都体现了国家坚持转变经济发展方式的决心，并且以创新作为首要驱动，这里说的创新不仅仅是科技的创新，还有制度、管理等方面的创新。其次，经济增长的根本目的是提高人民的生活水平和质量，让全体人民共享经济发展的成果，最终实现共同富裕。这就离不开经济增长与社会发展的协调，包括收入分配、城乡差距、经济增长与人口、资源、环境相协调等问题。

教师：很好，这一小组从两个角度展开了对新发展理念背景的论证，能否请这个小组的同学进一步再以论证提纲的要求来完善一下自己的答案呢？比如说，第一个方面，我们可以总结为：我国经济发展方式的转变需要新发展理念的引领。请同学按照这样的方式试一试。

学生1：那么，第二个方面就是实现经济高质量发展的根本目的需要新发展理念的引领。

教师：很好，刚才的小组应该说从我国经济增长的方式和经济增长的目的两个角度对问题进行了提纲式的论证，简明扼要，具有说服力。这两个方面都属于国内的发展环境，如果站在国际视野的角度看呢？

学生2：从世界发展的角度，我们小组想到的是顺应当今世界经济全球化的发展趋势和多极化的发展格局需要新发展理念的引领。

教师：这一组同学补充得很好，让我们给他们鼓鼓掌。当今世界经济全球化的进程不断加快，世界格局朝着多极化方向发展，在这样的背景下，必须坚持立足国内和全球视野，既能以新理念、新思路、新举措主动适应和积极引领经济高质量发展新常态，又从全球经济联系中进行谋划。

（三）活动分析

1. 撰写论证提纲要有综合探究的意识

综合探究的意识是学生在思想政治课堂中综合运用所学知识，从不同角度全方位论证、分析问题的主观能动性体现。从上述论证提纲撰写活动看,学生在独立思考和团队讨论中,已具备一定的综合运用所学知识分析问题的意识和能力。在教师的引导和示范下,两个小组分别从我国经济增长方式的转变、根本目的、外部环境三个角度围绕新发展理念提出的背景进行了深度思维活动。

2. 撰写论证提纲要有逻辑概括的能力

学生在分析、解决问题时,往往会犯一些类似的错误,比如回答问题不完整、不全面,甚至以偏概全;机械地照搬照抄,缺少思维含量;还有的会偷换概念,用已有答案生搬硬套等。上述活动锻炼了学生演绎推理和概括归纳的能力,主动将思维逻辑和语言逻辑有机结合起来,自觉实现了学科思维和语言美感的统一,严谨简洁的多角度论证是教学过程中对学生提出的要求。在应试中,也需要学生具备完整分析问题的独立性和字词达意的表达能力,进而用马克思主义的基本原理和方法分析时代背景下的问题。

3. 撰写论证提纲要发挥学生主体价值

在高中学段思想政治课中开展议题式教学,就是以学生为主体,能在课前、课上、课后的复杂情境中分析问题,使学生能通过自我思考、小组讨论、交流展示,自发关注时政,关心国家、社会和时代的发展脉搏。在本活动中,高中思想政治必修2《经济与社会》与高中思想政治选择性必修3《逻辑与思维》相结合共同研究"辩证思维"之"现实意义"问题,经过教师适时适当和适恰的引导与示范,旨在进一步发挥学生的主体价值,结合知识、热点、难点进行论证提纲的整理、编排和凝练,达到触类旁通、举一反三的效果。

活动示例二:"点赞中国道路: 科学社会主义的强大生机活力"综合探究活动

(一) 活动构思

本课是高中思想政治必修1《中国特色社会主义》中的综合探究内容,以"点赞中国道路"作为线索,围绕三个议题的论证提纲撰写活动,分别设定于课前、课上和课后完成,所涉及的内容和形式各有不同,是全方位、沉浸式的论证提纲撰写任务。活动一是课前学习任务,包括课前材料阅读、教材知识复习、预调查及对议题一的分解;活动二是在课堂上围绕"如何点赞"这一子议题展开论证提纲撰写,通过对"一带一路"倡议的历史背景和现状进行调查后形成未来预测,学生撰写合乎逻辑的预测依据,其难点是学生要在阅读情境材料、充分调研、讨论分析等一系列探究活动基础上对自己的理解和判断展开综合论证;活动三是课后学习任务,学生从经济、科技发展两个角度研究某一个国家选择的道路和发展现状并形成论证提纲,是通过本节课的学习积累后能力迁移和素养提升的直观呈现。在探究活动中,学生真实感受到科学社会主义的强大生机活力,继而在马克思主义的正确指导下,进一步坚定在中国特色社会主义伟大实践中的理想信念,同时在回答时代问题中厚植家国情怀。

(二) 活动目标

通过材料阅读、知识复习、调查问卷等课前学习任务,完成对议题"如何坚持并点赞中国特色社会主义道路"的分解论证,能综合运用所学知识说明新中国确立社会主义制度的历史必然性,能论证中国特色社会主义道路、理论、制度、文化是党和人民长期奋斗、创造和积累的根本成就,并给出合乎逻辑的论证过程。

通过搜集资料、梳理知识、讨论分析等课堂活动,能综合运用所学内容,以小组为单位完成对"一带一路"倡议发展前景预测,形成对"一带一路"倡议内涵和意义的总体认识并在课堂上交流展示小组探究学习成果后完成互相评价。

通过课后自主查阅资料、搜集素材,能综合运用所学知识,以课堂学习中的论证提纲形式,从经济和科技发展两个角度研究某一个国家选择的道路和发展现状,能用马克思主义基本原理和方法观察事物、分析问题、解决矛盾,运用科学精神,理性务实地筛选重点想论证的问题;能提高表达诉求和解决问题的能力,逐渐积累主动有序参与社会公共事务和国家治理的热情和信心,并形成合乎逻辑的论证提纲。

(三) 活动过程

议题一:点赞中国道路之科学社会主义在 21 世纪的中国焕发新的蓬勃生机

教材中的综合探究,是思想政治课探究性学习的载体之一,中心议题的设置和子议题的确立,是在课前依据课程标准、学情分析和教学目标的基础上完成的,即论证坚持并点赞中国特色社会主义道路的目的和方式。本课例综合探究的课题是"点赞中国道路:科学社会主义的强大生机活力",重难点落在"点赞"和"科学社会主义"这两个词上,学生在本单元前两课时中了解了新中国站起来的历程,以个人或小组的活动形式,借助教材、情境资料,在教师的帮助和引导下开始尝试分析问题;教师基于问题和目标导向,利用情境材料为学生营造探究的环境和条件,有利于学生自主构建知识体系,看到科学社会主义的强大生机活力。对中心议题"如何坚持并点赞中国特色社会主义道路"的分解,渗透了论证提纲的基本思路和逻辑要求,有了基本框架才能结合情境材料、任务和课堂活动继续开展探究分析。

在课前,教师布置课本知识复习任务,要求学生复习《习近平新时代中国特色社会主义思想学生读本(高中)》第八讲《和平发展:新时代中国特色大国外交》的内容,在课前完成学生点赞情况预调查及分析,同时完成课前材料阅读,要求学生阅读人民日报"宣言":《我们为什么能够成功》《我们怎样才能继续成功》,摘录观点并概括主要内容。

在课前的学习任务中,有这样的一些作业示例:

学生 1　子议题一:社会主义制度在中国的确立;子议题二:中国特色社会主义的创立;子议题三:坚持发展中国特色社会主义道路。

学生 2　子议题一:为什么要为中国特色社会主义道路点赞? 子议题二:如何坚持并发展中国特色社会主义道路?

议题二:点赞中国道路之"一带一路"倡议

教材综合探究的学习充分调动学生主动参与探究学习的意识和积极性。教师引领学生通过对"一带一路"倡议的历史背景、现状调查、未来预测,形成对"一带一路"倡议内涵和意义的总体认识,在此基础上完成对"一带一路"发展前景的预测并给出合乎逻辑的论证提纲。学生在课堂上交流展示小组探究学习成果后,完成互相评价。在课堂活动中,每个学习小组都对背景、现状和未来发展进行了深入探讨。通过探究,学生获得知识,提高能力,逐渐形成"提出问题—形成假说—制定方案—实施方案—分析论证—交流分享—评价完善"的自主学习模式。

教师:在课前,教师要求同学们复习《习近平新时代中国特色社会主义思想学生读本(高中)》中第八讲《和平发展：新时代中国特色大国外交》的内容,现在以小组为单位(6—7人一组),按以下要求搜索资料进行探究并完成论证提纲后作展示交流。其中,发展现状包括参与国家情况,经济、文化等不同领域,预测要有依据。学生完成论证提纲并作展示交流。

学生小组1：经过近几年的发展,"一带一路"共建国家的政策沟通不断深入,经贸合作日益加深,设施联通更加紧密,民心相通更加亲密,"一带一路"倡议的发展前景一片光明。

(1)近年来中国与世界各国政治互信日益加深,开展了多方面多领域的合作。

(2)"一带一路"共建国家占据全球贸易版图重要地位。

(3)中国与共建国家打造能源互通设施网络。

(4)中国与"一带一路"共建国家加强文化交流。

学生小组2：共建"一带一路"倡议,目的是本着共商共建共享原则,创造更多共同发展的机遇。

(1)增进理解信任、加强全方位交流的和平友谊,加深政治互信。

(2)投资贸易便利化,高标准自由贸易区网络使经济联系更加紧密。

(3)人文交流广泛深入,不同文明互鉴共荣,各国人民相知相交、和平友好。

针对小组探究,按照积极参与资料的搜集、整理,组内学生主动参与、配合默契,搜集信息充分、精确,能够有深刻、独到的认识,并能为主要观点提供例证四个维度考察评价学生作业。

议题三：点赞中国道路之探究他国选择的道路与发展现状

课后学习任务是完整教学设计中的一个环节,既是课堂教学设计和活动在课后的延续和拓展,也是对教学内容、教学成效、学习态度、学科素养的有效检验。课后学习任务是学生单独完成的作业,教师根据学生论证提纲的核心观点、逻辑性等展开评价,学生在课后实践中通过调查、走访等形式,增长理论联系实践的智慧。

请学生们在课后查阅资料,选择一个感兴趣的国家,从经济、科技两个角度探究其道路的选择与发展,并完成对该国选择道路与发展现状必然性的论证提纲,教师对论证提纲的科学性、完整性、逻辑性、原创性等作评价。

学生1：俄罗斯自苏联解体后选择了资本主义的道路。

（1）继承苏联航空航天、材料、核、军工产业等技术。

（2）横跨欧亚的广阔领土有丰富的自然资源。

（3）不断调整经济结构、恢复工业发展，加强自身综合实力。

学生2：日本因其地理位置等原因，在相当长一段时间内都是世界第二大经济体。

（1）沿海资源丰富、海运贸易方便。

（2）周边国家的市场、资源丰富且庞大。

（3）科技研发处于全球领先水平。

针对小组探究，学生应按时完成作业并提交。学生寻找并整理有针对性的阅读材料，摘录出主要或重要内容，在此基础上形成自己的概括和认识，对该国家选择的道路和发展形成较完整的论证提纲，论证提纲的原创性、逻辑性、科学性等维度考察评价学生作业。

（四）活动分析

1. 充分掌握学生的认知起点和问题储备

充分掌握学生的认知起点和问题储备是开展议题式教学分析问题的学情依据。第一个论证提纲撰写活动的开展建立在对学生学习基础的分析上，在对本校高一年级学生进行的抽样调查中（共回收 383 份有效问卷），60.05％的学生平时"点赞"的内容倾向于对时政热点，其中涉及社会民生、大国外交、科技创新、政策制度等方面；86.95％的学生认为自己关注并点赞的原因是想要了解国家现实国情与发展进程；62.66％的学生展现了对自己点赞内容的认同与自信。至于点赞的方式，大多还是通过网络，如通过微博、微信的点赞或转发功能来表明自己的态度。从课前学情调查看，现在的学生并不缺乏道路自信，但是点赞的内容没有经过学生自己的努力和实践，能够持久吗？从这个角度出发，结合部分学生的课前学习任务，将子议题确定为"点赞什么""为什么点赞"和"如何点赞"。"是什么""为什么"和"怎么样"是论证提纲中常用且有效的一种结构，充分了解和分析学情能使教学设计、教学活动有底气，教师对整堂课的推进有把握，教学脉络更加宏观清晰。

2. 在教师正确引导下发挥学生主体作用

在高一年级开展议题式教学，围绕情境材料完成论证提纲的撰写，对学生来说是较新鲜的尝试,所以在搭建论证提纲框架时,在课堂小组探究活动的组织引导中都需要在教师的正确引导下充分发挥学生的主体作用。学生围绕议题首先要有一个大致的框架,和造房子是一样的,构建好布局、材料、思路和细节,才能游刃有余地开展提纲式论证。这就需要发挥教师在其中的主导作用,教师的视野开阔,学生就能紧跟其后,参与到深度学习中。在对议题一的分解过程中,经历了好几种思路,也曾想过从教材理论逻辑出发,按照学生学习任务示例一完成对课本知识的梳理,即中国特色社会主义道路从社会主义道路的选择,到中国特色社会主义的创立、发展、完善,这样虽与中国特色社会主义道路的历史进程相符,但完全按照教材的内容和顺序来分析问题时就会出现理论性过强,不利于学生用理论联系实际的方法深度理解、认同相关内容。因此教师可对教学顺序、内容略作调整,使之更加契合学生认知规律。

在议题二的教学活动中,全过程考验了学生自主综合探究的意识和能力,学生在活动中经历的商议、展示、辩论、撰写、微演讲等一系列活动形式,原本就是高中学段思想政治课的特色和优势所在,丰富的活动也是学生主体价值和作用充分展现的平台。每个小组都对"一带一路"倡议的背景、现状和未来预测展开了充分的讨论和深入的探讨。在课堂团队活动中,学生们能在独立思考、各抒己见的基础上取长补短,广泛听取小组成员的观点,最终形成小组的论证提纲成果。学生通过收集、分析、处理信息,直接感受思维碰撞和产生的过程,进而学会学习、了解社会,培养能独到分析问题的视角和能力,既掌握了思维方法,又开阔了学科视野。

议题三的设计意图是让学生通过论证提纲的学习和实践,初步掌握其方法,使学生的创造性思维得到启示和激发。面对网络信息化时代丰富多元又碎片化的资料,如何选择和取舍,信息资料如何为议题服务,又如何形成提纲式的论证,是在课后作业中发现的最大问题。针对课后论证提纲撰写中的问题,仍需教师循序渐进引导。首先,教师要引导学生选择客观有效且符合时代特征的资料和素材,使学生逐步形成实证意识和逻辑推导能力,掌握运用有效材料来分析问题的方法;其次,在教师的启发下,学生只有主动对所学知识进行重新建构,才能达到科学分析问题的目的;第三,教师可以在学生的选题、资料收集、论证角度等方面规定具体的框架、范围和格式要求。学生根据明确的要求,规范完成课后论证提纲撰写的学习任务,在写作中培养自觉性和自主性,进而激发其在知识、能力、情感、表达等方面的全面发展。教师也希望通过课后习作,使学生达到触类旁通,举一反三的良好效果,这也是教学设计中引领学生获得科学方法的智慧。

3. 翻转课堂让教学设计更具实效性

翻转课堂,是基于课程标准、学情分析等教学设计依据以及课堂教学的实际效果重新调整课堂内外的时间、课堂教学的顺序等,其最终目的同样是要将学习的决定权从教师转移给学生。在议题一中,以"是什么""为什么""怎么样"三个论证角度作为对议题一的回应,是教师基于课程标准和学生学情作出的教学思路预设,经教学实践后反思:学生的主体作用未能较好体现,未能使思想政治课堂回到学生的德性培养上。如果能够翻转课堂,不在课堂一开始提供"是什么""为什么"和"怎样做"的逻辑,而是采用归纳推理的方式,最后由学生总结"点赞什么""为什么点赞"和"如何点赞",将在更大程度上发挥学生对论证提纲这一活动和形式的深刻理解与掌握,也凸显出"双新"背景下学生的主体地位,真正做到"化理论为方法,化理论为德性"。

在议题二中,由于课堂时间限制,无法完成每一个小组全部内容的展示和汇报,同时也使得每一小组学习成果并没有得到充分的互相评价。既然课堂教学时间有限,也不能完全让学生在课堂上充分活动,那就可以将材料搜集和小组讨论环节作为课前学习任务,学生在课余时间针对关于"一带一路"倡议的问题,结合《习近平新时代中国特色社会主义思想学生读本(高中)》中对我国外交、对外开放工作的介绍,展开充分自主的探究。教师也可提前对小组论证提纲提出初步的指导意见。这样一来,课堂上可以让每个小组展示交流他们的学习成果,按照评价量表,由其他小组提出评价意见。这一翻转既考虑到了自主探究学习所需要的步骤和时间,又提高了课堂效率,最重要的是学生经过教师引导、同伴互评后,能逐渐熟悉论证提纲的方法。

上海市南洋模范中学　唐宇

第五节　图表分析

活动概述

数据图表分析是课堂教学中经常会运用到的一种教学活动。身处信息化时代,面对纷繁复杂的信息和数据,能够进行有效的学习和思考是一种可贵的能力。当学生离开课堂里老师的知识传授,在生活中看到各类数据图表,能明了它的发展趋势,能试着解释背后产生的原因,说明社会现象,并对未来大发展趋势有理有据地作出预测,这表明学生不仅仅学得了知识,更习得了能力,形成了素养,真正做到了转识成智。

(一) 主要特征

1. 直观性

数据图表一般文字较少,用简洁的形式表达,视觉效果比较直观。它不是由大段文字组成,因而可以分解较为复杂的问题,学生可以根据需求进行阅读,有利于学生从中筛选、整合、提取有用信息。它还可以更为直观地显示出不同信息之间的区别与联系,易于归纳比较,可以帮助学生更全面更直接地捕捉、认识和了解信息。

2. 整体性

数据图表往往由表格或者示意图予以呈现,其内容包括多种要素。例如,趋势图具有标题、时间、主体、趋势线、数值、图注等要素。这就是由若干要素以一定结构形式联结构成的有机整体,要求学生学会用综合的思维方式认识事物,先

229

梳理要素之间的关系,形成对事物的整体感性认识,再明确各要素之间的差异,有效地简化、处理、运用信息,将信息有效表达。

3. 关联性

数据图表由两个或两个以上的统计项目或多个维度组成。梳理统计项目、维度之间的关系,需要学生通过多维度比较的方法对事物进行观察了解、判断分析、解释说明。从比较的类别来看,可以是同一事物自身的比较,也可以是不同事物间的比较。同一事物自身比较可以是在时间维度上的比较,也可以是空间维度上的比较。不同事物间,除了在时间和空间维度上的比较,也可以是静态和动态的比较。培养学生的比较思维能力,有助于学生分清事物,提高分析能力,对事物获得全面的、规律性的认识。

(二) 组织原则

1. 结合文本原则

数据图表分析需结合文本,可以从两个方面理解。一是数据图表分析不是脱离文本内容独立存在的,必须以文本内容为依据,为文本内容服务,根据特定的教学内容要求进行相关的数据图表分析。二是对学生的要求,学生对图表进行数据分析时,不能只描述信息,还应从信息中提取关键内容,把握整体趋势,并学会用文本内容对问题现象作出判断,进行分析,进而得出结论,作出预测。

2. 注重逻辑原则

鉴于非连续性文本的特点,学生分析数据图表离不开分析问题、得出结论、作出预测三个方面。教师需要指导学生把握关键信息,综合考量多维要素,进而准确分析问题。学生要运用学科内容进行分析问题、解释说明现象,在具体的情境材料和学科内容之间建立起必要的关联,注重逻辑性和条理性。学生在分析数据时,如果缺乏学科内容作为支撑或者学科内容把握错误,就容易导致最后的推断结论、说明现象发生错误。

3. 多元发展原则

数据图表分析可以培养学生的多元智能,如语言智能、代表逻辑关系的数学智能、代表形态和线条组合的空间智能等。数据图表分析不仅有利于发展学生的多元智能,还有利于提升学生对综合信息的分解、组合和运用分析水平。

活动示例一："向校园欺凌说'不'"教学片段

(一) 活动目标

学生通过图表展示,认识到"校园欺凌"的治理成效,从而感受到法律对未成年人的切实保护,进而增强自身的法治观念。学生通过数据分析,能够掌握处理、运用信息的方法,初步学会综合运用所学内容,从图文资料中推断结论,说明获得结论的依据,进而为适应信息化社会发展要求奠定基础。

(二) 活动过程

教师:同学们,之前我们一起探讨了什么是校园欺凌,校园欺凌有哪些危害,如何来应对校园欺凌等问题。那么国家对校园欺凌这一现象是否重视呢?我们一起来看"2017—2021 年校园欺凌及暴力犯罪处理情况"图表。

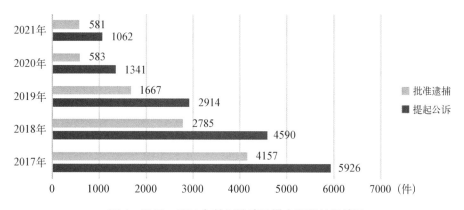

图1 2017—2021 年校园欺凌及暴力犯罪处理情况

＊数据来源:《未成年人检察工作白皮书(2021)》

教师:同学们,从这张图表中你读取了哪些信息?

学生 1:这张图表讲的是校园欺凌和暴力犯罪的情况。

学生 2:这张图表上有时间,是从 2017 年到 2021 年。

学生 3:这张图表上还有两组数据,分别是"提起公诉"和"批准逮捕"的数字,应该是案件数。

教师：同学们讲得非常好,这张图表的主要信息,大家都找到了。这张图表是出自《未成年人检察工作白皮书(2021)》,它主要想说明什么问题呢?

学生4：我觉得这张图表主要想说明：我国校园欺凌和暴力犯罪情况不断减少。

教师：好的,同学们是否同意他的观点? 如果同意的话,那么你们为什么能得出这样一个观点呢?

学生5：因为从这张图看,"提起公诉"和"批准逮捕"都是2017年最长,2021年最短。

学生6：我知道这个条形图是和下面的两组数据有关。2017年提起公诉是5 926(件),批准逮捕是4 157(件),而2021年,这两项的数字分别是1 062(件)和581(件)。所以,可以说明校园欺凌和暴力犯罪的情况正不断减少。

教师：好的,同学们能依靠图表中的信息来说明校园欺凌现象从2017到2021年是不断减少的。那么,同学们综合《法律为我们护航》的内容,想想为什么校园欺凌现象从2017年到2021年会不断减少呢?

学生1：这是因为我国从家庭保护、学校保护、社会保护、网络保护、政府保护和司法保护等方面,逐步构筑起全方位保障未成年人合法权益的防线,形成全社会关心、保护未成年人的有效机制和良好风尚。

(三) 活动分析

如何说明法律对未成年人的保护行之有效? 图表数据可以直观显现成果。七年级学生,可以从来自生活的数据统计中直观了解到校园欺凌及暴力犯罪的处理情况。本次课堂活动设计主要考虑两点：

1. 选取什么图表

教师要清晰地设置问题,这就要求所选的图表具有代表性,并且清晰明了。本课旨在通过校园欺凌这一现象来说明如何对未成年人实施全方位保护,进而体现我国法律对未成年人的关爱。从这一主旨出发,引用"校园欺凌及暴力犯罪处理情况"的图表是恰当的,它可以让学生掌握处理运用信息的同时,直观看到近几年我国对于校园欺凌及暴力犯罪处理的重视以及治理的显著成效,也有助于增强学生的法治观念。需要指出的是,七年级学生的思想还不成熟,有的图表反映的校园欺凌现象并不全面,有的会夸大校园欺凌的严重性,这些都不利于学生客观认识校园欺凌,甚至引起对校园欺凌不必要的恐慌。因此,教师有必要从正面进行教育,引导学生树立正确的法治观念。

2. 怎么和学生讲述

教师既要设置简单的任务和问题,引导学生进入探究状态,直击任务关键,也要设置有一定难度的任务和问题引导学生深入思考。对于七年级学生来说,他们接触道德与法治课中的图表类材料相对较少,缺乏将图表内容直接用语言准确表述出来的能力。因此,教师在教学过程中,首先,要引导学生说出图表中所含的信息,学生可以找出时间、主题、数值等要素;其次,要引导学生运用这些信息要素来说明反映出的问题;最后,请学生综合教材内容,说明问题的原因,并通过系列问题引导学生的深入思考。

活动示例二:"网络改变世界"教学设计

(一)活动构思

本课是初中道德与法治(五·四学制)八年级上册第一单元第二课第一框"网络改变世界"的内容,本课教学旨在引导学生对互联网运用的正确认识。我国未成年网民规模逐年提高,未成年人首次触网时间呈现低龄化趋势,网络安全问题日益凸显。本课力图帮助学生更清晰地认识网络环境,远离网络安全风险,更高效地享受互联网带来的便利。学生掌握数据图表分析方法,有利于他们在遇到难题时,能通过自觉和正确的价值判断,作出理性和正确的价值选择。

(二)活动目标

本课活动通过图表展示,旨在引导学生认识现今互联网发展的现状,从而感受互联网给生活和学习带来的影响变化,进而增强理性参与网络生活的意识;通过数据分析,逐步掌握处理、运用信息的方法,对社会现象进行分析说明,进一步学会综合运用所学内容,从图文资料中推断结论,并能说明获得结论依据的方法,增强自身的学科思维能力。

(三)活动过程

在课堂导入环节,教师向学生说明:"今天的时代是一个互联网的时代,是一个万物互联的时代,处在这样的时代中,我们对互联网的发展状况有着怎样的了解? 我们是否具备了相应的网络素养? 带着这些问题,一起进入今天的课堂《网络改变世界》。在 2022 年 2 月,由中国互联网络信息中心发布的第 49 次《中国互联网络发展状况统计报告》综合反映了 2021 年我国互联网络的发展状况,接下来通过几张图表一起来了解我国互联网络发展的现状。"

议题:网络如何改变世界?

环节一:网络丰富日常生活

设计意图:从两方面理解网络丰富日常生活,一方面是网络应用的多样性,从图表中学生可以看到各类网络应用,比如有即时通信、网络视频、短视频、网络支付、网络购物、网络直播等,几乎覆盖了我们生活的方方面面;另一方面是引导学生观察用户数量,做两方面的比较,一是时间的比较,同一应用在 2021 年 12 月与 2020 年 12 月的比较,二是不同网络应用之间的比较,比如即时通信和在线办公比较。

教师先出示图表"2020 年 12 月和 2021 年 12 月各类互联网应用用户规模和网民使用率"并提出问题:中国互联网络信息中心对网民进行抽样调查,得到以下图表,可以从图表中读取哪些信息?

学生在观察图表后可以从图表数据中找到各种网络应用类别,还可以看到在不同的时间点网络应用用户规模的变化,以及不同网络应用之间用户数量规模的差异。

教师再进一步提问:从应用的类别和用户规模的数量中可以得出怎样的结论?

学生在教师的引导下结合所学内容,认识到这些应用及数据可以说明网络让我们的生活变得更加便利和丰富多彩。借助互联网,不用舟车劳顿,我们就可以结交朋友、查阅资料、学习新知、购买物品、寻医问药、休闲娱乐,从而大大节约成本,提高效率。

表1　2020 年 12 月和 2021 年 12 月各类互联网应用用户规模和网民使用率

应　用	2020 年 12 月		2021 年 12 月		增长率
	用户规模(万)	网民使用率	用户规模(万)	网民使用率	
即时通信	98 111	99.2%	100 666	97.5%	2.6%
网络视频(含短视频)	92 677	93.7%	97 471	94.5%	5.2%

应　用	2020 年 12 月		2021 年 12 月		增长率
	用户规模（万）	网民使用率	用户规模（万）	网民使用率	
短视频	87 335	88.3％	93 415	90.5％	7.0％
网络支付	85 434	86.4％	90 363	87.6％	5.8％
网络购物	78 241	79.1％	84 210	81.6％	7.6％
搜索引擎	76 977	77.8％	82 884	80.3％	7.7％
网络新闻	74 274	75.1％	77 109	74.7％	3.8％
网络音乐	65 825	66.6％	72 946	70.7％	10.8％
网络直播	61 685	62.4％	70 337	68.2％	14.0％
网络游戏	51 793	52.4％	55 354	53.6％	6.9％
网络文学	46 013	46.5％	50 159	48.6％	9.0％
网上外卖	41 883	42.3％	54 416	52.7％	29.9％
网约车	36 528	36.9％	45 261	43.9％	23.9％
在线办公	34 560	34.9％	46 884	45.4％	35.7％
在线旅行预订	34 244	34.6％	39 710	38.5％	16.0％
在线医疗	21 480	21.7％	29 788	28.9％	38.7％
互联网理财	16 988	17.2％	19 427	18.8％	14.4％

＊数据来源：第 49 次《中国互联网络发展状况统计报告》

环节二：网络推动社会进步

1. 经济发展方面的变化

设计意图：教师引导学生从网络直播用户规模相关图表中读取内容、时间等信息，并且通过数值变化发现不断向上发展的趋势。引导学生依据生活经验，结合所学内容说明购物直播等网络形式对经济发展带来的积极影响。

教师出示图表"2017 年 12 月—2021 年 12 月网络直播用户规模"并提出问

题：中国互联网络信息中心对网民进行抽样调查,得到以下图表,可以从图表中读取哪些信息?

学生从图表中找出时间、对象等关键信息,并在教师的指导下发现网络直播的用户规模呈总体上升趋势。

教师结合生活,介绍网络直播的多种形式,特别是电商购物直播,从老字号品牌到地方特色农产品商户,都通过电商购物直播渠道获得良好营销效果。

之后,学生结合教材所学内容进行说明:网络为经济发展注入新的活力,同时互联网与传统行业的融合,推动了传统行业转型升级,创造了新业态,提升了经济发展水平。

单位:万人

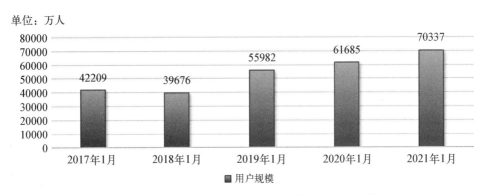

图 2　2017 年 12 月—2021 年 12 月网络直播用户规模

* 数据来源:第 49 次《中国互联网络发展状况统计报告》

2. 民主政治方面的变化

设计意图:教师引导学生从政府网站栏目这一图表中读取信息,如层级、栏目设置、数量等。引导学生了解随着网络的发展,让政务信息更加公开,更加方便公民浏览查阅,能更好促进民主生活的发展。

教师出示图表“各行政级别政府网站栏目数量”并提出问题:中国互联网络信息中心对政府网站进行调查,得到以下图表,可以从图表中读取哪些信息?

学生们观察图表后找出关键信息,这张图包括各行政级别政府的信息公开栏目、网上办事栏目和政务动态栏目等,其中信息公开栏目是最多的。

教师进一步追问:信息公开栏目最多,说明了什么问题?

学生结合教材所学内容进行说明:信息公开等栏目数量众多表明了网络促进民主政治的进步。互联网丰富了民主形式,拓宽了民主渠道,使人们更加便利、有序地参与社会生活和政治生活,对保障人民的知情权、参与权、表达权、监督权发挥着重要作用。

单位：件

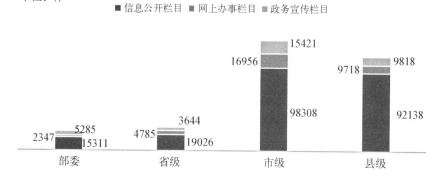

图 3　各行政级别政府网站栏目数量

* 数据来源：第 49 次《中国互联网络发展状况统计报告》

3. 文化发展方面的变化

设计意图：教师引导学生从网络文学用户规模这一图表读取相关信息,引导学生逐步认识网络的发展对于文化的传播和繁荣的积极作用。

教师出示图表"2017 年 12 月—2021 年 12 月网络文学用户规模"并提出问题：中国互联网络信息中心对网民进行抽样调查,得到以下图表,可以从图表中读取哪些信息？

学生观察图表,从图表数据中找出关键信息,发现网络文学用户规模呈上升趋势。

单位：万人

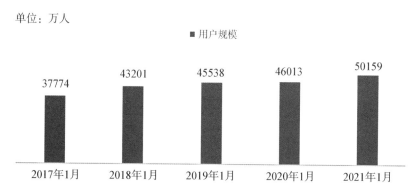

图 4　2017 年 12 月—2021 年 12 月网络文学用户规模

* 数据来源：第 49 次《中国互联网络发展状况统计报告》

教师请学生再综合所学内容进行说明。

学生结合教材内容进行说明：网络文学用户规模呈上升趋势表明网络为文化传播搭建平台，并提高了文化传播的速度。

环节三：网络是把双刃剑

设计意图：教师引导学生从网络安全问题这一图表读取相关信息，引导学生从图表中读取信息，如问题类别、问题所占百分比等。引导学生结合所学内容说明网络的危害性也是相当大的，例如，个人隐私泄露、网络诈骗、形成网瘾等都会有相当的危害，从而理解网络是把双刃剑。

教师出示图表"2020 年 12 月和 2021 年 12 月网民遭遇各类网络安全问题的比例"并提出问题：中国互联网络信息中心对网民进行抽样调查，得到以下图表，可以从图表中读取哪些信息？

学生观察图表，从图表数据中找出关键信息，网络安全问题有哪些类别以及各自所占的比例。

教师介绍网络给我们带来了精彩的生活，也推动了社会不断向前发展，这也是我们国家为什么要大力推行建设网络强国的原因，这是利国利民的好事。但这张图表说明网络在给我们生活带来便利的同时，也会带来各种危害。这也为

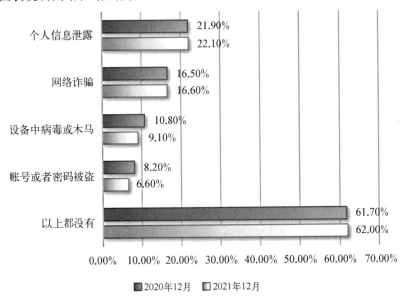

图 5　2020 年 12 月和 2021 年 12 月网民遭遇各类网络安全问题的比例

* 数据来源：第 49 次《中国互联网络发展状况统计报告》

下堂课学习如何合理使用网络做好铺垫。

（四）活动分析

1. 培养学生思维的逻辑性

智慧教学的渗透落实需要教师关注活动任务的设计。首先,体现在要求学生习得结合文本逻辑表达的能力。如在图 2"2017 年 12 月—2021 年 12 月网络直播用户规模"中,学生们如果认为网络直播仅指游戏直播,这样就无法得出正确的结论,所以要结合教材中"网络为经济注入新的活力",联系生活中的实际情况才能对图表作出正确的解读。其次,要求学生习得比较思维的能力。学生拥有比较思维的能力,对于图表这类呈现方式多样丰富、生动灵活的非线性文本的阅读就更加得心应手,通过比较,再进行分析、解释,总结事物的本质、规律和关系,升华对事物的正确认识。

2. 凸显活动设计的探究性

政治教师既需要把抽象的概念和原理与相关的事物和现象联系起来,也需要把这些概念和原理与学生已有的知识和经验联系起来,并通过联系实际的方式向学生阐释,增进学生对概念和原理的理解和应用。将网络生活的观点理论与学生的实际生活结合起来需考虑到以下两点。一是选择合适的材料展开探究。材料围绕互联网基础建设、网民规模、互联网应用、工业互联网、互联网政务发展、互联网安全等六个方面,通过多角度、全方位的数据,综合反映了我国互联网发展状况。二是指导可行的方法进行探究。通过课堂上这样的教学活动,把教材中抽象的内容形象化,通过图表形式把复杂的概念、现象展现出来,指导学生通过读取、识别、分析信息等方法,将这些信息用学科术语进行表述,能够帮助学生降低对教材中抽象概念和复杂社会现象的认识难度,形成图文转化的能力。整堂课共运用了五张图表,将"网络与我们的关系""网络推动社会的发展"等内容展现出来,并且有详有略。环节一"网络丰富日常生活"和环节二"网络推动社会进步"共用了四张表,环节三"网络是把双刃剑"用了一张图来说明可能遇到的各种网络危害,要求学生运用所学相关内容进行分析,突出我国建设网络强国的必要性,同时也不忘提醒学生对网络的警惕。通过这样的训练也为九年级的图表分析题打下基础,让学生们对图表分析题不再陌生。

3. 追求教学进程的层次性

这堂课还是具有一定挑战性的。在一堂课的教学中，要求学生通过观察、比较、概括等认知过程将统计图表的内容进行分析，进而说明所讨论问题的本质，得出正确的结论。这就要循序渐进，随着教学过程的推进，逐步提升学生的能力。

整堂课有五张图表，在图表的讲授上，笔者考虑到每张图表的运用上要做一些区分。在讲第一张图表的时候，讲得最细，让学生从图中读取信息，再让其他学生进行补充，引导学生关注用户规模不同和增长率的不同，并进行比较，比较后让学生运用教材内容说明现象。到了第二张图就要求学生在之前的经验上，尝试完整描述图中的各种信息，再运用教材内容说明。第三张图引导学生发现与之前图的不同之处，提醒学生关注时间点这一信息要素。第四张图是对之前的复习与巩固。最后一张图重在要求学生结合个人隐私泄露和网络诈骗两方面的教材内容来说明，与之前的又有所不同。所以五张图表都起到了不同的作用，整堂课的图表与教材内容的结合也较为得当。学生在整堂课结束后，既理解了教材内容，又进一步掌握了读取、运用信息的方法，提升了媒介素养，培养从图文信息中得出结论的能力。

4. 一些改进和不足

首先，本堂课着重对学生分析、解决问题的方法指导，但对学生道德品行的培养较弱，比如在"网络是把双刃剑"这一教学环节中，可以对网络道德和安全问题再进一步强调，引导学生认识到网络的危害，并且对自身可能存在的沉迷网络问题进行反思。

其次，本堂课对于学生的创造性培养较为薄弱。整堂课的教学过程中，学生围绕观察图表，运用所学内容进行分析说明，但学生创新性的内容输出几乎没有。这点可以考虑在课后作业环节中予以改进，比如写一篇《网络生活之我见》的小论文，培养学生的创新性。

上海市龙苑中学　林征

微课制作

活动概述

微课是一种短视频,通常时长在5—15分钟左右,它将互联网作为平台,对某一主题进行讲解和展示。当今社会,科技迅速发展,互联网和移动设备的普及为微课的产生和传播提供了信息技术支持。教师可以通过发布微课进行教学辅助,学生也可以利用智能手机、平板电脑等设备轻松录制、编辑和分享微课。智慧教学的终极目的是"使人成人",即使学生获得终身发展能力。学生制作微课的教学活动正符合这一理念,它鼓励学生主动参与教学过程,发挥创造力和想象力,从而实现个性化学习和全面发展。

目前,国内对微课的应用主要有两方面:一是通过微课竞赛提升教师的教学技能,如我国教育部发起的"中国微课大赛"、由全国高校教师网络培训中心举办的"全国高校微课教学比赛"等;二是通过学生观看学习教师精心制作的微课来提升对知识点的掌握,主要包括微课与各个学科相结合的应用。实际上,师生可以同是微课的"提供者"和"消费者",这就意味着学生也可以成为微课的制作者,在其中得到知识、素养和能力的提升。这种微课的应用形式是对传统教学环节的"打破",或是借助信息技术对传统"翻转课堂"的创新。在教师指导学生制作的过程中,可以让学生对知识重新构建。同时给予学生一个展示自己的舞台,一个"应用知识"的机会。学生通过自主制作微课,将课堂内容与实际生活相结合,促进学生提升创新精神和实践能力,助力学生转识成智,实现智慧教学目标。

（一）主要目标

1. 增强学生的自主学习能力

学生制作微课需要学生自主收集、整理、加工相关信息和素材，并进行编辑、制作和排版等工作，这可以锻炼学生的信息获取、加工和表达能力，培养其自主学习和自我探究的能力。准备微课需要学生深入分析并思考各种收集到的资料和素材的适用性、相关度，并从中提取关键信息，形成自己的观点和理解，这可以培养学生的思辨能力和创新能力。微课作为一种新型教学方式，也能够帮助学生更好地适应信息化时代的学习需求，为未来的发展打下坚实的基础。

2. 培养学生的合作精神

尽管一堂微课时间往往不超过 15 分钟，但由于微课的呈现形式多样，通常以图像、声音、动画等，生动、形象地呈现内容，因此制作微课需要学生进行合作，学生需要分工合作完成各个环节的工作，如收集资料、准备素材、剪辑视频、配音等等，这可以培养学生的团队合作精神和协作能力。因此，学生不仅可以学习到丰富的知识和技能，还可以通过合作和协作，增强团队意识和沟通能力。

3. 培养学生的跨学科能力

学生自主制作微课的过程中，需要涉及不同领域和学科的知识，如政治、历史、文化、科技等，这个过程不但可以拓展学生的知识面和视野，而且有利于培养学生的跨学科能力，达成智慧教学的目标。通过思政微课活动，学生可以借助信息技术的优势，拓宽知识视野，提高综合素质和创新能力。

（二）组织原则

1. 注重实践过程

正如上文所说，学生分组制作微课的过程的重要性大于结果，学生在准备和录制的过程中获取知识、解读知识、思考知识，从学习者的角色转变为讲授者的角色，在这个角色转变的同时，学生对教材知识的理解也会更加深入。同时，在小组合作的过程中，也会经历思路讨论、微课设计、工作分配、剪辑视频等团队工作，这对于培养学生的团队合作精神是有极大的帮助的。教师需在活动过程中把握节奏，从学生的行为、情感、态度、价值观等方面来关注学生，对学生进行恰当的提示和指引，实时地根据学生的反应进行调整，培养学生主观能动性，让学生更加享受制作的过程。

2. 维护教学秩序

由于微课录制是一项比较耗费时间的工作,对于学生自主制作微课的情况,虽然分组制作为个人减轻了工作量,但是仍有耗费时间长、事前准备工作较多的问题,这就要求教师在布置任务时要充分考虑学生的时间安排,在次数上也加以控制,在课时安排上需综合考虑学生的实际情况。微课录制需要学生进行较多的前期准备工作,如观看教师微课模板、讨论设计思路等,都会占据时间,故而要求微课录制必须严格控制时间,不能影响正常的教学进程。

3. 过程及时评价

根据斯金纳的操作性条件反射说,学生良好的行为需要加以正强化。正强化指通过呈现想要的愉快刺激来增强反应频率。在学生参与微课录制的过程中,由于其课外工作量较大,不和考试成绩直接相关,部分学生不免会产生一些消极懈怠情绪。因此,教师作为引导者,学生作为学习主体,两者在活动过程中形成双向对话至关重要,这要求教师在活动过程中调动学生的情绪状态,进行对话评价,鼓励学生大胆表达自己,尊重学生的话语空间,在对话中帮助学生建构起价值观念,并给予其鼓励和支持,以达成正强化机制。

活动示例一:"如何更好地发展中华优秀传统文化"教学设计

(一) 活动构思

"如何更好地发展中华优秀传统文化"这一主题情境属于高中思想政治必修4《哲学与文化》第七课第三框"弘扬中华优秀传统文化与民族精神"中的第一目"创造性转化与创新性发展"这部分内容。选择这部分内容开展学生制作微课的教学活动基于以下三点。

首先,该课题内容相对独立,虽然本课题与前面一框"正确认识中华传统文化"的内容以及后面"弘扬中华民族精神"的内容紧密联系,但其内容本身也具有一定的独立性。学生制作微课的活动需要提前准备,并延续一定时间,因而在开展该活动时并不会造成对学习内容的割裂。

其次，该课题信息量较小，教材中关于该课题的正文内容为两个段落，从学生的理解层面来说对知识本身的把握不会出现偏差。与此同时，该课题与学生的生活密切相关，容易激发学生兴趣，开拓思路，便于学生搜集素材。

最后，该情境探究具有较强的现实意义。习近平总书记在党的二十大报告中指出："坚持和发展马克思主义，必须同中华优秀传统文化相结合。只有植根本国、本民族历史文化沃土，马克思主义真理之树才能根深叶茂。"只有把中华优秀传统文化中与当代文化相适应、与现代社会相协调的文化基因挖掘出来，才能让中华文明同世界各国人民创造的丰富多彩的文明一道，为人类提供正确的精神指引和强大的精神动力。

（二）活动目标

1. 学生借助这一活动，走进社会，关注热点，了解中华优秀传统文化在当代的传播途径和传承方式。

2. 学生的团队精神、思辨能力和创新思维得到提升。

3. 制作微课需要学生进行合作，通过活动培养学生的团队精神和协作能力。

4. 提升学生的表达能力、多媒体制作技能和科学思维等政治素养。

（三）活动过程

第一阶段：前期准备工作（课余时间）

1. 确定活动时间

学生制作微课的过程中花费的时间较多，如果在学生学习任务较重的情况下强行要求，很容易引起学生的逆反情绪。《普通高中课程方案（2017年版2020年修订）》要求，高二思想政治课一般为每周2—3节，相对来说课内学习任务并不重，学生对社会热点话题探究的热情也比较高。由于高中思想政治必修4《哲学与文化》是高二一学年的教学内容，考虑到课时进度，在高二第二学期的五一劳动节假期安排此项活动，对于学生来说时间上比较宽裕。

2. 教师制作微课样例

在活动开始前，教师需要事先录制好微课样例。教师制作微课样例起到两个方面的作用,第一是通过对微课的设计、制作逻辑清晰有吸引力的微课,让学生通过观看微课提升兴趣;第二是为后续指导学生制作的过程打下基础,教师制作微课的过程可以提供经验借鉴,以便解答在学生制作微课过程中遇到的问题。

第二阶段:学生学习制作微课及分组(1课时)

教师通过提前告知学生制作微课的流程和时间安排,让学生做好统筹安排,明确时间节点、注意事项,使学生顺利按照计划落实,保证活动的质量和效果。

在学生分组前,教师需要向学生介绍制作微课的一般知识。然而,仅凭口述难以让学生直观认识到自己要制作的微课具体如何而成,这就需要教师进行实例展示和讲解。在具体操作中,教师可以先展示提前制作好的微课、讲解自身微课设计的模块和思路、应用的工具和方法等,让学生了解微课制作需要准备和设计的元素,同时给学生以引导和启发的作用。

关于微课制作工具,一般涉及录屏和视频剪辑软件的种类比较丰富。常用的有 Camtasia Studio、EV 录屏和 PPT 自带的演讲实录功能等。Camtasia Studio 是享誉全球的录屏和视频编辑软件,它功能强大,录制方便,录制后的视频可直接进行后期剪辑,且兼容多种视频格式;但安装包很大,不方便分享,且界面相对复杂,需要一定的指导、耐心地摸索,才能发挥其优势。EV 录屏的优点是安装包小,易分享、易安装,且录制方便;缺点是录制时无法选择特定区域,且无法直接进行后期剪辑。PPT 演讲实录是 WPS 的 Power—Point 程序自带的屏幕录制功能,它可直接在制作好的 PPT 窗口进行录制操作,方便,且不用单独下载软件;缺点是演讲实录的成品是 Webm 格式,常见的后期剪辑软件无法兼容。除了以上三款软件,拍大师、QQ 影音、手机自带的录屏功能等也都是不错的选择。视频编辑方面,除了前文介绍的 Camtasia Studio,Win10 系统也有自带的操作简单、素材丰富的视频编辑器。爱剪辑、会声会影和手机自带的视频编辑器也是易于操作的视频编辑软件。当然,以上软件不是唯一的选择,学生可根据自身了解和接受度,选择适合自己的软件。

在学生制作微课的过程中,教师必须予以指导,但是这种指导不是强行干预,否则便丧失了给予学生舞台,锻炼学生能力的初衷。在进行微课设计的阶段,教师应安排学生自主进行讨论,这种讨论不应该是完全随意的,而应在教师预设框架内进行讨论,讨论的内容应围绕微课设计与制作中的关键节点和问题,表1为讨论框架示例,教师在实际运用过程中可以根据需要进行调整、修改。

表 1　微课制作相关问题讨论提纲(示例 1)

1. 我们选择的具体案例或情境是什么?
2. 制作需要哪些具体工作?(如拍摄、剪辑、后期制作等)
3. 小组成员怎么分工?
4. 需要使用哪些工具?(如摄像机、手机、黑白板、剪辑工具等)
5. 利用哪些时间进行制作?(周末或晚自习)
6. 制作地点在哪里?(家庭、实景、课堂等)

表 2　微课内容相关问题讨论提纲(示例 2)

小组成员:	
内　容	问　题
课程引入	1. 课程引入如何体现趣味性? 如何吸引大家注意?
素材/情境选择	2. 我们选择的案例或情境的亮点是什么?
	3. 该案例或情境有哪些需要改编的地方? 怎么改编?
	4. 我们准备以什么样的方式呈现?(PPT、表演、动画等)

明确了微课制作流程和所需技能后,学生可以根据自身实际情况,以自愿原则,以 4—5 人为小组,以组为单位完成微课制作。在分组的基础上,每小组进行内部讨论,可以通过头脑风暴的方式确定微课的形式与内容,鼓励有创意性的想法。例如,学生可以从网上收集素材,发掘中华优秀传统文化的创造性转化和创新性发展的优秀案例,向同学介绍,加深对该内容的理解,或发散思维,通过设计情景小剧来展现自己对这一内容的认识。

第三阶段:小组合作确定分工,制作微课(课余时间)

在制作过程中,教师需利用课余时间和学生交流关于微课制作的问题,学生的主要问题有知识方面、素材方面、制作方法方面、后期剪辑等。教师通过讨论或提出建议的方式给予学生启发和指导,并进行过程指导。制作微课需要充分发挥学生的主观能动性,以达到学生沉浸其中,提升其学习兴趣的目的。

第四阶段：成果分享与评价（1课时）

教师在指导学生评价微课的过程中，可以引导学生通过自主讨论确定评价标准、制定评价细则，并参与评价投票。教师和学生一起评选出获奖作品，并由教师颁奖。教师给予获奖小组奖品奖状的过程，会极大地增加获奖小组的成就感，使其以更加积极的精神面貌和情绪来参与本次实践。

在具体的评价过程中，需要建立学生认同的评价体系，要使学生认同评价结果，则需要建立统一的评价标准，使评价具有公信力。教师可以通过和学生共同讨论的方式来确立评价维度，明确评价细则，表3为"微课评分表"的示例。

表 3　微课评分表

评价项目	评 分 标 准	分值	得分
内容质量	内容准确，逻辑清晰，深入浅出	20	
创意与创新	微课主题独特，展示形式新颖，富有创意	20	
结构与组织	微课结构合理，层次分明，过渡自然	20	
表达与演示	语言表达清晰，图文并茂，演示流畅	20	
技术应用	运用多种技术手段，如视频编辑、动画、特效等	10	
互动与参与	微课内容引发观众思考，鼓励互动与参与	10	
总分（满分100）			

（四）活动分析

1. 实际开展后的效果

在微课制作过程中，学生对中华优秀传统文化的创新性发展有着多样的思考。例如，有学生找到时下盛行的"国风潮"——传统文化元素融合现代设计的案例，将传统图案融入时尚服饰、家居用品等；有学生还展示了自己融合传统文化元素设计的校名礼品；也有学生针对这一现象进行反思，自编自演了一出"穿越式"情景剧，从中表达出他们对当今一些文化传播现象的反思，以及对如何更好传承民族精神的追问。大部分学生能够发挥各自所长，积极参与团队合作，并享受作品完成所带来的成就感。

2. 微课制作过程中的问题及解决策略

（1）微课制作重心偏移

一些学生在学习微课制作的过程中，出现重形式而轻内容的问题。部分小组的微课重心向技术、美观、形式创新方向倾斜，虽然这一方面提高了学生的审美和创新意识，但另一方面，减少了学生对课程内容本身的深入思考，不利于目标的达成。为了解决这一问题，教师应在艺术性和技术性上适当降低要求，以促进学生深度思考，对教学内容进行钻研。

（2）分工合作意识薄弱

在活动过程中，有的小组出现部分组员"搭便车"的现象。为了引导学生进行分工合作，教师可以将制作任务进行分类，制作成成员任务分配表（见表4），由组长负责填写，明确各组员职责，并由组长统一监督反馈。这样设定的优点是，在一定程度上提示了学生应当完成哪些工作，缺点是任务分配不够灵活。此外，在评价阶段，除设置团队奖项外，也可设置个人奖项，如"最佳组长""最强大脑""技术大师"等，以激励学生发挥各自所长。

表4　成员任务分配表

班级：_____　　组号：_____　　负责组长：_____

分　工	内　容	负责组员
任务一		
任务二		
任务三		
任务四		
任务五		

3. 微课制作活动对思政课教学的意义

现在的世界是知识大爆炸的时代，各种各样的信息都涌现出来，其中对的信息、错的信息都混杂在一起，让人们很难认清，甚至被错误的信息误导。因此，如何提高自身提炼讯息的素养,如何利用有限的时间提炼有用的讯息而且能够分析出这个讯息的意义,是现如今大家面临的压力。高中思想政治高考将"获取和解读信息"的能力作为考核的目标之一,在学生制作微课的过程中,需要从大量素材中筛选、整合有关信息,对于信息整合能力可得到提高。

一个人价值观的确立是由浅入深的过程。学生的微课可以为教师的教学提供更加生动、形象、具体的案例和实践,从而激发学生的学习兴趣和参与度,提高教学效果。微课制作活动通过社会中鲜活的人物与事件,可以给学生一种真实的现场感,在想象、移情的作用下,学生的情感被调动起来,从而达到知信行融通、知行合一的学习飞跃过程,这往往是其他教学形式都难以达到的。

华东师范大学第二附属中学　连舒婷

图书在版编目（CIP）数据

智慧思政：中学思政课活动教学实践 / 孟祥萍主编.
上海：上海教育出版社，2024.8.
— ISBN 978-7-5720-2648-5

Ⅰ. G633.202

中国国家版本馆CIP数据核字第20241RS594号

责任编辑　张璟雯
美术编辑　金一哲

智慧思政：中学思政课活动教学实践
孟祥萍　主编

出版发行　上海教育出版社有限公司
官　　网　www.seph.com.cn
地　　址　上海市闵行区号景路159弄C座
邮　　编　201101
印　　刷　上海叶大印务发展有限公司
开　　本　700×1000　1/16　印张 16.25
字　　数　265 千字
版　　次　2024年8月第1版
印　　次　2024年8月第1次印刷
书　　号　ISBN 978-7-5720-2648-5/G·2336
定　　价　68.00 元

如发现质量问题，读者可向本社调换　电话：021-64373213